스마트 지능정보시대

혁신을 위한 정책

스마트 지능정보시대

혁신을 위한 정책

김동욱 외 지음

서울경제경영

머리말

• 연구의 배경 – 지능정보사회의 도래

2016년 1월 스위스에서 열린 다보스포럼 주제는 '4차 산업혁명의 이해(Mastering the Fourth Industrial Revolution)'였다. 4차 산업혁명은 정보통신기술(ICT) 융합이 만드는 산업혁명이다. 제4차 산업혁명의 시대에서는 인공지능로봇, 사물인터넷(IoT), 모바일, 3D프린터, 무인자동차, 나노 · 바이오 기술 등을 응용한 새로운 제품이 사회발전의 원동력으로 작용한다. 이러한 기술혁신을 통하여 산업과 사회, 정부의 관리시스템은 물론이고 일반 시민들의 사는 방식까지 혁명적으로 달라질 수 있다. 이제 제4차 산업혁명으로 이제까지 우리가 살아왔고, 일하고 있던 삶의 방식을 근본적으로 바꿀 새로운 세상에 진입하고 있다. 이러한 변화 규모와 범위, 복잡성 등은 이전에 인류가 경험했던 것과는 완전히 다를 것이다.

제4차 산업혁명은 기계의 지능화를 통해 생산성과 효율성이 고도로 향상되어 산업구조의 근본이 변하는 것을 말하며, 지능정보기술이 변화의 동인이다. 1차 산업혁명은 증기기관을 통한 노동력의 변화, 2차 산업혁명은 전기를 통한 대량생산, 3차 산업혁명은 컴퓨터와 IT의 디지털혁명이라면, 4차 산업혁명은 지능정보기술이 제조업과 서비스, 사회에 체화됨으로써 산업과 사회가 지능화되는 혁명이라고 할 수 있다.

제4차 산업혁명은 효율과 생산성을 비약적으로 높일 수 있지만 '일자리 쇼크'의 관점에서 크게 주목받았다. 다보스포럼에서는 로봇 · 인공지능 발전으로 일자리가 감소하고 부의 불평등 심화가 초래될 것이란 우려가 제기됐다. 최근에는 로봇에 적합한 업종을 선별하여, 어느 분야의 어떤 직종이 위험하다는 언론 기사가 난무하고 있다. 물론 인공지능의 발전에 따라서 과거 업무 자동화 사례와 같이 인력 감축의 논의가 당연히 등장할 수 있다. 그러나 이보다 훨씬 중요하게 부각되어야 하는 측면이 정보통신기술(ICT) 발전에 의한 사회의 변화 패러다임을 제대로 인식하는 것이다.

ICT는 기존의 유비쿼터스 기술과 융합되고, 사물조차도 지능을 갖게 되는 스마트 정보기술로 급속하게 변화하고 있다. 따라서 공유와 개방의 정보사회 가치를 기반으로 인간 중심의 창의성과 유연성의 가치가 더욱 중요시되고 있다. 스마트 정보기술과 사회적 핵심가치의 변화는 인류의 역사를 정보사회에서 스마트사회(지능정보사회와 동일 개념)로 진화시키고 있다.

우리 정부도 이러한 제4차 산업혁명에 대응하고자 2016년 12월 27일에 제8차 정보통신전략위원회를 개최하고 범정부의 "지능정보사회 중장기 종합대책"을 확정하여 발표하였다. 이러한 정부의 종합대책은 미래창조과학부가 2016년 4월 28일 제17차 국무회의에서 "지능정보사회 중장기 종합대책 추진계획"을 보고한 이후에 8개월이라는 비교적 짧은 기간 안에 제시한 것이다.

지능정보사회의 등장에 대응하여 정책과 제도의 역할은 기술 진화가 가져오는 긍정적인 효과를 극대화하고, 부정적인 효과를 예방하고 교정하는 것이다. 그럼에도 불구하고 스마트기술의 진화가 급격하고, 스마트기술과 위험 간 관계의 복잡성으로 인하여 정책과 제도적 대응이 적절하게 이루어지기 어려운 것이 현실이다. 따라서 스마트 지능정보 기술의 발전과, 이에 따른 기회와 위험이 증가하는 지능정보사회에 대응하여 국가와 사회의 지속가능성을 확보하려는 정책 방안을 마련하여야 한다.

• 연구 진행 과정

2011년부터 서울대학교의 스마트사회연구팀과 서울과학기술대학의 위험정보사회연구팀은 한국연구재단의 지원을 받아서 "위험사회의 도래와 지속가능성"이라는 동일한 연구의제(agenda)를 수행하여 왔다. 그 동안 스마트사회연구팀은 거시적인 관점에서 스마트지식사회의 전반적인 동향과 다양한 변화를 기회와 도전의 관점에서 조망하고, 정책방안 마련을 통해 구체화하여 왔다. 위험정보사회연구팀은 빅데이터 시대의 위험이라는 보다 구체적인 주제에 초점을 맞추어 보안, 프라이버시 위협에 주목하여 왔다.

양 팀은 각자의 영역에서 소기의 성과를 거두어왔지만, 두 팀 간의 결합을 통해 연구주제의 연속성을 유지하면서도 변화의 시너지 효과를 만들 수 있을 것으로 확신하여, 2014년부터 두 팀을 통합하여 스마트사회 연구단을 출범시켰다. 연구주제 면에서 두 팀의 결합은 스마트사회에 대한 미시적 · 거시적 관점을 통합할 수 있는 기회가 될 것이다. 양 팀의 결합은 스마트 시대의 새로운 이슈들을 발굴하면서도 각각의 이슈들에 대한 깊이 있는 고민을 나눌 기회를 제공해 주었다. 따라서 양 팀은 행정학(정책학)이라는 공통의 영역을 가지면서도 각각 경영학과 법학, 미디어학의 새로운 분야를 공유하게 되었다. 이를 통해 사회 과학 전반을 보다 폭넓게 고찰하면서 스마트사회의 변화를 다양한 시각으로 고찰할 수 있게 되었다.

이제까지 스마트사회 연구단은 '지속가능한 스마트지식사회의 구현을 위한 사회과학적 역량 강화'라는 비전을 달성하기 위하여 구체적 연구 목표와 추진계획을 다음과 같이 마련하였다. 첫째, 스마트사회 연구단은 1) 스마트 기술의 변화가 미치는 기회와 위험을 선제적으로 확인하고, 2) 이로 인해 심화되는 위험을 다차원적인 측면에서 분석하여 3) 지속가능한 스마트사회의 발전을 위한 체계적 대응 방안을 증거 기반의 학술적 연구를 통해 공고히 하고자 하였다.

구체적으로 ① 빅데이터와 사물인터넷, 클라우드 컴퓨팅 등의 특성과 영향력을 국내외적 사례분석과 비교연구, 이론적 모형의 적용을 통해 검토하였다. ② 기술의 발전과 제도적 대응의 격차로 인해 심화되는 스마트 위험을 정보보안, 개인정보보호, 감시사회, 정보격차의 네 가지 차원으로 나누어 변화 양상과 영향력의 차원에서 분석하였다. 이를 위해 법이론적 고찰(잊힐 권리), 이론모형적 접근(기술수용모형, 정책수용모형, 사회관계망 분석), 정책 과정적 접근(정책흐름모형, 정책옹호연합모형, 정책네트워크 모형 등)과 같은 다양한 접근법을 통해 사례를 축적하고, 이를 통해 장기적으로 스마트사회에 대한 모형화를 시도하였다. ③ 스마트사회의 새로운 기회와 위험이 가지는 초국경적 특징을 반영하여 이를 체계적으로 관리하고 대응할 국내외적 정책 방안을 모색하였다.

• 책 내용 소개

이 책은 스마트사회 연구단의 공동 연구 열 번째 산물이다. 스마트사회 연구단의 연구원들은 앞에서 소개한 스마트기술과 위험에 대한 연구를 진행하는 과정에서 다양한 연구 결과물들을 발표하였고, 이러한 연구 내용들 가운데서 중요한 논문들 10편을 묶어서 총서의 10권으로 출간하게 되었다. 이러한 스마트사회 연구단의 연구 결과물 정리 작업은 올해 말까지 이어져서 모두 10권의 총서가 완간될 예정이다.

1부는 우선 이론적 접근으로 스마트 지능정보사회에 대한 딜레마의 주제들을 포괄하고 있다. 이제 급속하게 변화하는 글로벌 ICT 환경은 스마트 지능정보 기술 발전이 사회의 발전과 함께 움직여야 하는 공진화(共進化)의 국면에 진입하였다. 그러나 아직까지 이러한 ICT의 발전과 정부혁신은 별개의 과정으로 진행되고 있는 것이 현실이다.

1장의 "정보혁신의 딜레마"에서는 경제정책방향이 거시경제 환경이 안정적인 상황에서도 매년 정기적이며 의도적으로 바뀌게 되는 지와, 만일 변화하게 된다면 이를 어떻게 설명할 수 있는 지에 대한 질문으로부터 출발하여 논의를 진행하고 있다. 구체적으로 정책아이디어의 변화를 실증하기 위해 정부가 연말 또는 연초에 발표하는 경제정책방향 보고서를 텍스트마이닝(text mining)을 통해 정제 · 분석하였다.

아울러 정책엘리트가 자신들의 정책아이디어를 계속적으로 변화시키는 지를 경제정책방향에 대한 분석을 통해 탐색하고, 그러한 변화가 어떤 의미가 있는 지를 제도주의 시각으로 분석하였다. 경제정책방향 보고서를 단어단위로 분해하여 분석한 결과, 정책엘리트는 자신들이 과거에 구축한 정책패키지와의 차별화를 위해 의도적이며 정기적으로 정책아이디어를 변화시키는 것으로 나타났다.

이 연구는 제도 분석에 대한 미시적 접근을 통해 프로그램 아이디어의 형성, 변화, 지속이 정책엘리트의 의도적이며 전략적 노력의 발현으로 나타나고 있음을 탐색하였다는 점에 의의가 있다.

2장의 “전자정부와 정부신뢰의 역설”에서는, 다음과 같은 문제의식을 가지고 출발하였다. 즉 우리나라는 지속적인 전자정부 정책을 통해서 전자정부의 수준을 매년 향상시켜 왔고, 2010년 이후에는 세계 최고 수준의 전자정부를 구축하여 자타가 공인하고 있음에도 불구하고, 이 기간 동안 정부신뢰는 여전히 제자리걸음이거나 오히려 뒷걸음질을 하는, 전자정부와 정부신뢰 간의 이러한 역설(paradox)이 나타나는 이유는 무엇인가?

이 연구의 결과, 기존의 이론적 논의와는 달리 우리나라에서는 전자정부가 정부투명성과 정부신뢰에 긍정적인 영향을 미치지 못하거나 또는 오히려 부정적인 영향을 미치고 있음을 추론해 내었다. 이러한 역설적 현상은 정부신뢰와 전자정부의 개념과 범주의 차이, 측정 및 자료수집의 차이 등 때문일 수도 있고, 전자정부가 정부에 대한 시민들의 이해도와 지식수준을 높임으로써 정부에 대한 비판의식과 기대수준을 높이기 때문일 수도 있다. 따라서 연구자는 방법론적인 측면에서 전자정부와 정부신뢰간의 관계를 좀 더 객관적으로 일관성 있게 분석하기 위한 후속연구의 필요성을 제안하고 있다.

3장의 “데이터의 공개와 활용: 정부혁신에 기여할 수 있는가?”에서는 정부혁신이라는 시각에서 미국의 스마트공개 제도 정책을 조망해 봄으로써 개인정보의 활용이 과연 정부혁신에 어떤 역할을 할 수 있는지를 살펴보고자 하였다.

정권 출범 초기부터 열린 정부를 정책의 최우선으로 삼았던 미국 오바마행정부는 “정부투명성과 공개에 관한 성명(The Memorandum on Transparency and Open Government)”이라는 취임 최초로 서명한 행정업무(executive action) 문서를 통해, 사상 유례가 없는 수준의 정부공개를 이룩할 것이라고 천명하였다. 이러한 열린 정부를 위한 미국 정부의 다각적인 노력은 지금까지 지속적으로 이루어지고 있으며, “열린정부파트너십(Open Government Partnership)”을 통해 다른 국가들과도 협력하고 있다. 스마트공개 정책의 목적을 달성하고 이를 정부혁신으로 연결하기 위해 미 정부는 개인정보보호 및 자기정보통제권과 관련하여 다양한 정책과 제도들을 개발하고 실행에 옮겼다. 구체적으로는 디지털 정부전략을 수립하여 추진하였고, 정부가 국민들로부터 정보공개 요청을 받기 이전에 선제적이고 적극적으로 정보를 공개한다는 원칙을 정보공개법에 명시하였다.

연구자는 결론에서 미국의 스마트공개 정책의 시행과정에서 논의되었던 프라이버시 침해 문제 등 부작용들을 어떻게 해결함으로써 개인데이터 활용이 정부혁신에 이바지할 수 있을지에 대해서 논의하면서 강력한 프라이버시 보호 정책을 주문하고 있다.

2부는 스마트 지능정보사회의 역기능에 대한 연구 주제들을 담고 있다. 지능정보 기술의 비약적인 발전으로 다양한 역기능의 문제점이 나타나고 있다. 따라서 이러한 기술과 제도 그리고 프라이버시와 관련한 쟁점을 다루고 있다. 이와 함께 정보격차 및 데이터 감시와 이와 관련한 국제정치가 논의되고 있다.

4장의 "지능정보시대의 변화와 도전, 그리고 정책적 대응"에서는 지능정보시대 도래의 의미, 그로 인한 변화, 변화에 대한 정책 대응 방안을 살펴보고 있다.

지능정보시대에는 어떤 변화가 일어나게 될까? 지능정보사회로 전환에 따른 기회로는 생산성의 증대와 삶의 질 향상을 들 수 있으며, 전환에 따른 위험 요인으로 일자리 대체와 윤리 문제를 제시하고 있다. 이어서 지능정보사회의 도래에 따른 각 분야의 세부적인 정책을 구상함에 있어 다음의 사항을 고려해야 한다고 주장한다.

첫째, 한국이라는 맥락적 상황을 반영하여야 한다. 둘째, 지능정보사회를 대비함에 있어 다학제적 융합적 · 종합적 연구가 필요하다. 셋째, 변화의 패러다임에 대한 기술/제도/인식의 종합적 고려가 필요하다. 넷째, 지속적 발전을 위해 기대효과와 함께 역기능적 요인들에 대한 고려가 필요하다.

5장의 "프라이버시권 진화의 역사와 동시대 쟁점"에서는 현대 프라이버시권을 위협하는 역사적으로 중요한 몇 가지 국내 · 외 조건과 쟁점을 훑어보고, 향후 데이터 사회에서 인간에게 무엇보다 중요한 권리로 남을 프라이버시권을 재고할 수 있는 대안에 대해 논의하고 있다.

이제 프라이버시 권리 이슈는 시대적 상황, 기술 변수, 공적-사적 영역 간 붕괴, 개인 정보의 자발적 제공, 알 권리와 프라이버시의 충돌 등에 따라 이전과 다른 새로운 국면을 열고 있다. 따라서 프라이버시권을 디지털 현실에서 '정보인권'의 개념 속에 재창조하는 작업이 필요해 보인다. 다음으로, 자기정보의 온전한 제어를 위해선 먼저 개별 주체의 몸으로부터 빠져나와 외화된 데이터들에 대한 실질적인 '자기정보 결정권'을 발휘할 수 있어야 한다. 마지막으로 언급하고자 하는 디지털 정보인권의 중요 지점은, 의도하지 않은 외부 접속으로 인한 개인 노출에서 나타나는 데이터 탈취에 대해 우리 스스로 절연할 권리를 발동하는 일이다.

6장의 "지능정보사회 정보격차해소 연구의 필요성"에서는 새롭게 부상하고 있는 지능정보사회 환경하에서 정보격차해소에 대한 연구의 필요성을 제시하고 있다. 컴퓨터의 등장과 인터넷 보급 및 활용에 따른 정보사회에서 정부의 가장 중요한 정책적 이슈가 되어왔던 것이 바로 '정보격차(digital divide)' 해소 문제였다. 이런 정보사회에서 대두된 '정보격차' 문제들이 지능정보사회의 도래에 따라 지능화 기술에 대한 '지능정보에 관심이 있는 자'와 '없는 자' 간의 차이와 '지능정보를 풍부하게 사용할 수 있는 자'와 '그렇지 못한 자' 간의 불평등(Inequality) 문제를 발생시킬 가능성이 커지고 있다.

지능정보사회의 정보격차 해소와 관련한 연구는 다음과 같은 학문적 기여를 제공할 수 있다. 첫째, 지능기술 시대 새로운 세상에서 새롭게 발생할 가능성이 있는 '지능정보격차해소'에 대한 연구를 통하여 지능정보사회에서 발생할 수 있는 '지능정보 불평등'을 해소하기 위한 방안에 대한 정책적 시사점을 제시해 줄 수 있다. 둘째, 지능정보시대 지능정보격차 해소를 위한 정부 역할에 대한 시사점을 제시해줄 수 있다. 또한 지능정보사회에서 발생할 가능성이 극심한 사회갈등의 해소를 위한 정부의 역할에 대한 시사점을 제시해 줄 수가 있을 것이다.

7장의 "미국-EU간 개인정보보호 분쟁과 정보주권 연구"는 다음과 같은 질문에 대한 답을 구하기 위한 것이다. "미국과 유럽 간에 국가안보와 경제부문에서 국제협력을 촉진시켜왔던 세이프 하버 협정이 왜 프라이버시 옹호 사회운동가의 소송과 유럽사법재판소의 판결로 무효화되었는가? 또 이것이 데이터 시대 정보주권 논의에 주는 함의는 무엇인가? 인터넷과 빅데이터 환경에서 정보주권 이슈가 국가와 개인들의 관계에서 어떻게 전개되고 있는가?"

이 논문은 우선 세이프 하버 협정의 형성과 변화를 설명하기 위한 이론적 자원으로 제도주의 시각과 국가하위행위자의 영향력을 중시하는 '새로운 상호의존' 시각을 제시한다. 이어서 제도주의 이론을 기초로 EU에서 1970년대 이후 초기에는 개별국가별로 나중에는 유럽 지역 차원에서 포괄적이고 엄격한 개인정보보호 제도가 형성되었다는 점을 밝힌다. 또한 미국 국가의 데이터 감시를 통한 국가안보 이익의 추구, 디지털 경제의 주도권을 둘러싼 미국과 유럽의 경제적 이익 갈등, 유럽의 사회적 가치가 부딪혀서 일어난 미국과 EU간 개인정보보호 분쟁을 몇 가지의 사례를 중심으로 분석하여 세이프 하버 체제의 변화를 설명한다. 마지막으로는 또 이러한 설명을 바탕으로 세이프 하버 협정과 같은 개인정보보호 국제 거버넌스의 성격을 이익, 이념, 제도의 차원에서 분석하고 정보주권에 대한 함의를 제시한다.

3부는 지능정보사회에서 사회와 정부부문 및 보안 분야의 구체적인 정책 방안들에 대한 연구 주제들을 포함하고 있다.

8장의 "정부의 스마트사회 정책"에서는 지능사회에 대한 전반적인 개관, 지능사회가 가져올 사회 변화, 이에 따른 정부의 정책과제 등에 대해서 논의하고 있다. 이 연구는 지능사회의 정책 추진 기제를 크게 다음과 같이 정리하고 있다.

첫째는 지능사회의 핵심인력을 양성하는 방안이다. 둘째는 법과 제도의 정비 관점에서 국가지능사회기본법을 제정하는 방안이다. 이어서 지능기술을 적극 활용하여 기존의 포지티브 규제(법규에 명시된 행위만 허가 · 승인 등을 통해 허용됨)와 사전규제를 네거티브 규제(법규에 금지 또는 허가 · 승인 대상으로 명시되지 않은 행위는 허용됨) 및 사후 규제로 전환하는 방안을 제시하고 있다. 더 나아가 지능정보 사회에 대응하기 위한 다양한 법제 개선 방안을 제시하고 있다. 마지막으로 수많은 정책과제들을 추진하기 위하여 적절한 추진체계들을 마련해야 한다고 주장한다.

9장의 "전자정부 구현을 통한 정부혁신 방안 -정부3.0 실패의 교훈-"에서는 지난 10년간 이명박정부와 박근혜정부의 전자정부 정책이 얼마나 정치적인 수사(Political Rhetoric)에 의해서 왜곡되어서 추진되어 왔는지에 대하여 자세하게 기록하고 있다. 이명박정부와 박근혜정부에서 추진된 비정상적인 ICT정책들로 인하여 전자정부 분야에서는 "잃어버린 10년"이 되었으며, 정부경쟁력은 지속적으로 하락하였다.

이명박정부는 전자정부를 통하여 정보기술을 활용한 행정개혁을 추진할 수 있는 기회를 놓치고, 전자정부를 정부혁신이 아니라 정보시스템의 구축사업으로 전락시켰다. 박근혜정부에서 개방, 공유, 소통, 협력을 통하여 투명한 정부, 서비스정부 및 유능한 정부를 구현하여 국민 모두가 행복한 대한민국을 만들겠다는 정부3.0 정책도 실패하였다.

따라서 이러한 ICT관련 정책 실패의 교훈을 통하여 차기 정부에 다음과 같은 정책을 제안하고 있다. 첫째는 대통령이 집권 초반에 정보화 전반을 포함하여 전자정부에 대한 명확한 비전을 제시하면서 국가적 의제로 설정하는 것이다. 둘째는 5년 단위의 대통령 단임제 하에서 ICT의 정치적 외풍 배격하고 지속가능성을 확보하는 것이다. 셋째는 ICT정책과 관련하여 범정부적인 위원회를 구성하고 강력한 권한을 부여하는 것이다. 마지막으로는 총체적인 정부혁신을 이루기 위한 거버넌스를 설계하는 것이다.

10장의 "스마트 시대 보안 뉴거버넌스 실천 전략"에서는 제4차 산업혁명의 도래에 따라 정보보안 환경이 어떻게 변화 하였는지 살펴보고, 새로운 문제에 대응하기 위한 거버넌스 도입의 필요성을 역설하고 있다.

우선 현행 사이버보안 거버넌스에서 기존의 방식과 전략 수립 및 거버넌스 현황은 다음의 세 가지 이유로 인해 현 시대 환경에 부합하지 않는다고 지적한다. 첫째, 거시적인 관점에서 보면 시시각각 대응하기에 기술의 변화 속도는 너무나도 빠르다. 둘째, 사이버 공격은 더욱 다양화, 고도화되고 있으며, 사물인터넷과 센싱기술 등 수시로 이루어지는 데이터 통신으로 인해 보안 사고는 더욱 복합적이며 동시다발적으로 발생한다. 마지막으로 우리의 보안 거버넌스는 매체 중심적 사고방식을 벗어나지 못하고 있다.

따라서 새로운 문제로서의 사이버보안과 새로운 해결방안으로서의 거버넌스를 다음과 같이 제시하고 있다. 우선 전문 분야의 대응 과제라는 인식,

다른 이들이 지켜준다는 인식과 같은 전통적 보안 관념을 타파해야 한다는 점이다. 이후에 국가 사이버보안 추진체계 정비를 제시하고 있다. 이어서 구체적으로 공동체 구성 주체의 사이버보안 추진체계 정비를 제안하였다.

이제까지 모두 10개의 논문 내용들을 살펴보았다. 앞으로 연구자들이 각자의 분야에서 보다 심층적인 연구를 수행하고, 다른 연구자들의 연구 성과와의 융합을 통하여 지속적으로 SSK 연구 총서가 발간될 수 있기를 기대해 본다. 스마트사회 연구단에서는 앞으로 연구 성과들을 묶어서 2017년 말까지 모두 10권의 총서를 발간할 것을 약속드린다.

대중성이 크지 않은 전문서의 출간을 흔쾌히 허락해 주신 서울경제경영의 김은중 사장께 깊은 감사를 드리고 출간 작업에 고생한 스마트사회 연구단 참여진과 서울경제경영 담당자께도 감사의 마음을 전한다.

2017년 5월

스마트지식사회연구단 집필진 일동

차례

제9장 전자정부 구현을 통한 정부혁신 방안-정부 3.0 실패의 교훈- 217

제 1 장

정부혁신의 딜레마*

* 이 글은 이은미.김동욱,고기동 "정책아이디어의 경쟁과 변화에 관한 미시적 고찰." 한국정책학회보 25.4 (2016): 221-239. 내용을 부분적으로 수정하였다

제 1 절

정책현실과 정부혁신

정부는 경제성장, 물가, 고용, 내수, 수출입 등 거시경제 전반에 대한 상황과 그 해 중점 추진할 정책과제를 담은 '경제정책방향'[1]을 매년 발표하고 있다. 이러한 경제정책방향은 국내 · 외 정책 환경을 종합적으로 검토하여 국민경제 전반의 효율성과 공공이익을 높이고자 하는 정책엘리트의 합리적 노력의 산물이라 할 수 있다. 하지만, 현실적으로 정책엘리트는 경제정책방향 보고서를 새롭게 보이도록 해야 하는 선택압(selection pressure)에 직면하고 있으며, 그렇지 않은 경우 '재탕 · 짜깁기'[2] 라는 언론으로부터의 비판을 감내해야 한다. 경제정책 환경에 급격한 변화가 없음에도 불구하고 자

1 경제정책방향은 1959년 1월 13일 '경제부흥 정책대강(經濟復□ 政策大綱)'이라는 이름으로 당시 부흥부에서 처음 제시하였다(동아일보, 1959.1.13.). '경제부흥 정책대강'은 경제동향, 경제부흥정책의 기본방향, 주요시책으로 구성되어 있었다. 그 후 경제부흥 정책대강은 기본경제정책, 경제운영방향, 경제정책방향 등으로 명칭이 변경되었다. 본 연구에서는 최근의 명칭인 '경제정책방향'을 사용하였다.

2 정부의 경제정책방향에 대해 언론은 '재탕 · 삼탕의 정책, 기존 정책의 백화점식 나열, 알맹이 없는 내용, 구체성 미흡'등으로 비판하곤 한다. 이러한 비판은 최초 경제정책방향이었던 '경제부흥 정책대강'에 대한 신문기사(경향신문, 1959.1.13.)에서 이미 나타났다. 신문기사는 "이번에 발표된 정책대강의 내용을 자세히 들여다볼 양이면, 별로 참신한 것이 없을 뿐만 아니라 또 이렇다 할 국가의 의사가 표현되어 있지 않다. 백화점진열장 모양으로 그저 좋다는 것을 쓸어 모아가지고 진열한 것 같은 인상이다. 이런 여러 가지 국가시책에 뚜렷한 의욕이 보이지 않으며, 그저 당면 미봉의 퇴적 이외에 아무 것도 아니다"라고 비판적으로 보았다.

신들이 기존에 구축해 놓은 정책패키지와 차별화되는 경제정책방향을 매년 재생산해야 하는 것이다. 정책엘리트들이 다른 경제주체와 경쟁(박홍식, 2005)하는 것이 아니라, 과거 자신들의 아이디어와 자기경쟁을 하게 되는 것이다.

본 연구는 이러한 시각에서 경제정책방향이 거시경제 환경이 안정적인 상황에서도 매년 정기적이며 의도적으로 바뀌게 되는 지와, 만일 변화하게 된다면 이를 어떻게 설명할 수 있는 지에 대한 질문으로부터 출발하였다. 종전의 제도주의 이론에 의하면, 외부로부터의 강한 경제충격이 없다면 정책엘리트들은 제도경로를 벗어나서 구태여 정책패키지를 바꿀 유인이 높지 않을 것이다. 제도 구성요소의 내적 모호성과 격차에 의해 내생적으로 변화될 수 있다는 입장(Campbell, 2007; Grief, 2006; Orren & Skowronek, 1996; Streeck & Thelen, 2005)에서 보더라도, 매년 의도적으로 정책패키지가 변화되는 것을 명확히 설명하기에는 한계가 있다. 아울러 행위자인 정책엘리트와 이익집단 간의 사적 이해(利害)가 맞아떨어진 결과로서 경제정책방향을 간주하기에 어려움이 있으며, 정책엘리트의 정책패키지에 대한 선호가 정기적으로 변화되는 동인을 설명하기도 쉽지 않은 측면이 있다.

이러한 질문과 한계에 대해 본 장에서는 최근 이론적 중요성이 부각되고 있는 아이디어의 관점에서 접근하고자 한다. 이익집단으로부터 요구가 없고 환경적 변화가 없는 경우에도 정책변화가 항시적으로 일어나게 되는 촉발기제로서 아이디어의 역할을 규명하고, 아이디어를 통해 의제설정단계에서 서로 다른 정책대안들이 경쟁하는 과정(조성은 · 김선혁, 2006: 127)을 설명한다. 이를 위해 매년 발표되는 경제정책방향이 얼마나 변화되는 지, 혹은 고정되어 있는 지를 비정형데이터 분석을 통해 확인한다. 그동안 제도 연구는 질적 자료에 기초한 서술식 과정분석 방식이 선호되어 왔으나(배유일, 2010; 하연섭, 2003), 본 연구는 컴퓨터 연산을 통해 의미 있는 데이터를 추출 · 해석하는 방법을 활용함으로써 보다 객관적으로 현상을 해석하는 데 중점을 둔다. 컴퓨터 연산에 기반을 둔 연구(Lazer, et al., 2009)는 비정형 데이터 안에 있는 패턴 또는 규칙을 파악하는 데에 도움을 주는 등 전통적 사회과학 방법론을 보완할 수 있을 뿐만 아니라(이은미 외, 2016), 역사적 제도주의가 안고 있는 '거시적 현상에 대한 미시적 분석틀의 부재'(주경일, 2005:92)를 보완하는 데에도 기여할 수 있다고 본다. 본 연구에서는 비정형데이터 분석 기법 중 하나인 텍스트마이닝(text mining)방법을 사용하여 경제정책방향 보고서를 분석하였고, 아울러 다양하게 제시된 단어들을 행과 열로 축소된 공간에 상대적 위치로 도식화하는 대응분석(correspondence analysis) 방법도 활용하였다. 요컨대, 본 장에서는 정책엘리트가 자신들의 정책아이디어를 계속적으로 변화시키는 지를 경제정책방향에 대한 분석을 통해 탐색하고, 그러한 변화가 어떤 의미가 있는 지를 제도주의 시각으로 분석한다.

제2절

정책아이디어와 제도

인간행위에 대한 미시적 분석을 기반으로 현상을 이해하는 형태주의, 다원주의, 합리적 선택이론에 대한 대안으로서 제도주의는 공식적 · 비공식적인 제도와 맥락의 중요성을 강조한다(March & Olsen, 1984, 1996). 초기 제도주의는 정치 · 경제적 구조가 정책을 제약하고, 제도적 맥락이 정책의 구체적 모습에 영향을 미친다는 것을 설명하는 데에 기여했지만, 불확실한 상황에서 어떤 정책이 왜 선택되고 변화되는 지를 이론화하기에는 한계가 있다. 제도변화와 관련하여, 초기 제도주의는 전쟁 · 경제위기 등 외부의 강한 충격에 의해 제도가 변화된다는 단절된 균형(punctuated equilibrium; Krasner, 1984, 1988)으로 설명하였다. 하지만, 이는 제도의 지속성과 안정성을 설명하는 데 유용하지만 점진적이며 완만한 변화에 대해서는 알맞은 답을 제공하지 못하였다. 이러한 한계를 극복하기 위해 제도주의는 제도 구성요소의 상호의존과 내적 모순으로 변화가 촉발될 수 있다는 내성적 변화에 관심을 두게 되었다(김태일, 2009, 2011; Campbell, 2007; Grief, 2004; Orren & Skowronek, 1994, 1996; Streeck & Thelen, 2005; Thelen, 2004). 제도를 질서정연하게 의도적으로 설계된 단일체로 보는 것이 아니라 여러 구성요소들이 시차적 간격을 두고 상호보완적으로 결합된 복합체로 간주하기 시작하면서, 내성적 변화를 설명할 수 있게 된 것이다. 즉 제도는 각기 다른 시간과 맥락에서 형성된 여러 구성요소들이 갈등적 또는 상호보완적 관계에 있게 되며, 이에 따라 외부적 충격 없이도 점진적 변화가 일어날 수 있다는 것이다.

내성적 변화에 대해 Campbell(1998, 2005, 2007, 2010)[3]은 브리콜라쥬(bricolage)와 해석(translation)으로 이를 설명한다. 새로운 구성요소를 덧붙이고 재결합하는 브리콜라쥬에 의한 변화[4]는 과거 제도가 계속적으로 잔존하는 경로의존의 형상으로 나타나게 되며, 새로운 구성요소는 해석을 통해 기존 제도와 융합하게 된다. Orren & Skowronek(1994, 1996)은 복합체로서의 제도는 그때그때의 필요에 따라 이질적인 제도 구성요소들이 겹쳐지는 제도 형성의 비동시성(nonsimultaneity)를 가지게 되며, 이러한 비동시성으로 인한 제도 요소간의 균열과 비정합성은 제도변화를 촉발하게 된다. 유사한 입장을 견지하는 Grief(2006)는 과거 제도의 유산이 제도변화의 초기 상태를 구성하기 때문에, 완전히 새로운 제도가 도입되는 것이 아니라 기존 제도를 보강하는 제도 정교화(institutional refinement) 수준으로 제도변화가 일어나게 된다고 본다.

복합체로서의 제도가 내부 구성요소들의 상호의존과 갈등으로 재배열 · 재결합되면서 변화하게 된다면, 이를 실행하는 행위자들이 어떤 방식으로 구성요소를 엮게 할 것인가에 대한 논의가 필요하게 된다. 최근 이러한 논의에 단초를 제공하는 것이 '아이디어'이다. 아이디어는 행위자 중심의 설명방식과 구조적 제약으로서의 제도 사이의 간극을 메울 수 있는 개념적 틀을 제공할 수 있게 된 것이다(하연섭, 2003: 227). 아이디어는 복잡한 현실의 불확실성 하에서 무엇을 정책문제로 인식할 것인지의 여과기제로서의 역할과, 인지된 문제에 어떻게 대응할 것인가에 대한 방향을 제시하는 역할을 수행한다(Blyth, 2002). 아이디어 개념을 도입함으로써 제도주의가 가지고 있던 '거시적 구조의 편향성'(주경일, 2005: 93)을 보정하고, 행위자와 제도 사이의 관

3 하연섭(2003, 2006)은 브리콜라쥬를 '존속변형'으로 서술하였으나, 부족사회에서 주변의 한정된 자원을 활용한다는 Levi-Strauss의 당초 개념에 따라 본 연구에서는 브리콜라쥬를 그대로 사용한다.

4 이은미 외(2016)는 개인정보보호제도의 변화를 브라콜라쥬의 개념을 활용하여 텍스트마이닝을 통해 시각적으로 분석한 바 있다.

계를 연결할 수 있는 기제를 갖게 된 것이다.

아이디어의 이론적 유용성과 역할에 불구하고, 아이디어에 대한 정의와 유형에 대한 논의는 다양하고 다층적으로 나타나고 있다. 예컨대 Campbell(1998)은 역사적 제도주의의 규범적 측면과 조직적 제도주의의 인지적 측면을 통합적으로 고려하여 아이디어를 프로그램 아이디어(ideas as program), 패러다임으로서의 아이디어(ideas as paradigms), 프레임으로서의 아이디어(ideas as frames), 공공정서로서의 아이디어(ideas as public sentiments)의 4가지 분류하였다. Mehta(2011)는 아이디어를 정책해결책(policy solution), 정책문제의 정의(problem definition), 공공철학을 반영하는 시대정신(zeitgeist)의 3가지 유형을 제시하였다. 하연섭(2006a: 232-233)은 Campbell(1998, 2004) 등의 논의를 종합하여 프로그램, 패러다임, 공공정서의 3가지[5]로 아이디어를 구분하였다. 이하에서는 하연섭(2006a)의 분류를 기준으로 아이디어의 종류를 설명한다.

우선 '프로그램 아이디어'는 당면한 정책문제를 해결하기 위한 구체적인 해결책을 의미하는 것으로, 문제해결을 위한 기술적 · 전문적인 특성을 가진다. '패러다임 아이디어'는 정책의 거시적 방향성을 제시하는 이론적 가정 또는 세계관으로, 정책엘리트가 문제를 어떻게 인식하며 수용 가능한 문제해결책의 범위는 어느 정도인지를 제한하는 준거로서의 역할을 한다. '공공정서 아이디어'는 문제해결책에 대한 일반국민이 가지는 판단기준이나 인식을 의미한다. 프로그램, 패러다임, 공공정서 아이디어는 일치성이 높을수록 정책으로 수용될 가능성이 높아지게 되는 반면, 정책엘리트의 문제해결책이 판단준거나 일반 국민의 인식에 어긋나게 되면 정책으로 채택될 가능성이 낮아지게 된다.

아이디어와 제도의 관계와 관련하여, 제도로부터의 행위라는 제도의 제약성만을 강조할 경우에는 동일한 제도적 맥락 하에서도 다른 결과가 나올 수 있다는 가능성을 경시하게 되며, 행위자가 어떤 정책을 왜 채택되는 지를

5 하연섭(2004)은 프로그램, 패러다임, 규범적 틀(normative frameworks), 공공정서, 프레임의 5가지로 아이디어를 분류한 바 있으나, 이후 프레임은 사람들의 문제에 대한 인식을 변화시키려는 의도적 노력이므로 아이디어로 보기 어렵다는 의견(하연섭, 2006a: 233)을 제시하였다.

설명하는 데에도 부족함이 있다. 아이디어 · 제도 · 행위자를 유기적으로 연계하는 설명이 필요한 것이다. 이에 대해 Genieys와 Smyrl(2008)[6]는 특정한 정책아이디어를 공유하는 프로그램 엘리트(programatic elites)들은 더 많은 지지를 얻기 위하여 아이디어 경쟁을 하게 되며, 이러한 경쟁을 통해 수용된 특정 엘리트의 아이디어가 제도변화를 추동하게 된다고 본다. Genieys와 Smyrl(2008)에 의하면 국가는 특정한 정책아이디어를 공유하는 복수의 정책엘리트로 구성되어 있으며, 이들은 정당한 권위(legitimate authority)를 획득 · 유지하기 위해 아이디어 경쟁을 하게 된다. 인지적 · 규범적 틀(cognitive & normative framework)을 우위를 점하기 위한 아이디어 경쟁 때문에 정책엘리트들은 계속적으로 변화를 추구하게 되며, 이에 따라 외부환경으로부터의 요구가 없고 제도가 안정된 상황에서도 정책변화가 일어날 수 있게 되는 것이다.

이상과 같이 제도연구에 있어서의 아이디어 의미와 중요성을 살펴보았다. 아이디어는 제약 기제로서의 제도와 정책 선택자로서의 행위자를 연결하며, 특정 상황에서 구체적 선택이 왜 이루어지는 지를 이해할 수 있도록 한다는 점에서 유용성이 크다고 할 것이다. 아이디어는 제도에 영향을 받는 종속변수이자 제도변화를 촉발하는 독립변수로서 쌍방향의 영향을 가지며, 제도맥락의 거시적 접근과 미시적 행위선택의 중간 접점을 찾는 데 기여한다고 할 것이다. 아이디어에 대해서는 앞서 언급했듯이 다양한 유형과 분류가 있을 수 있으나, 통화주의(Hall, 1992), 신자유주의(하연섭, 2006b; Bradford, 1999), 자본주의 다양성(Hall & Soskice, 2001), 공급중심 경제기조(Campbell, 1998) 등 패러다임 아이디어 또는 공공정서 아이디어와 같은 광의의 개념을 주로 활용하여 분석되는 측면이 있다. 그러하다 보니 제도와 아이디어 간의 경계가 혼용되고, 아이디어의 설명력이 저하되는 측면도 발생하고 있다. 제도와 아이디어 간의 개념적 차별성을 부각하기 위해 프로그램 아이디어로 분석대상을 축소하여 연구할 필요가 있는 것이다.

6 Genieys와 Smyrl(2008)은 교육적 · 사회적 배경이 유사하고 관료적 직업경로를 공유하는 복지 엘리트들의 보편적 복지에 관한 아이디어가 예산감축을 주장하는 재정담당 엘리트의 아이디어와의 경쟁에서 이김으로써 프랑스 사회복지제도가 구축될 수 있었다고 보았다.

아울러 아이디어와 제도변화와 관련하여 Genieys와 Smyrl(2008)은 여러 정부부처 또는 기관이 정당성을 획득하기 위하여 아이디어 경쟁을 하게 되며, 이로 인해 안정된 행정환경에서도 정책이 변화될 수 있다고 본다. 이것은 복수의 엘리트집단이 경쟁하는 것을 상정한 것으로, 단일 기관 또는 단일 엘리트집단이 왜 계속적으로 아이디어를 생성하는 가에 대해서도 논의를 확장할 필요가 있다. 현실적으로 정부 각 부문은 각자의 기능과 권능 하에서 독자적으로 정책아이디어를 생성하고 있는 등 단일조직에서도 아이디어 차별화 노력이 계속적으로 경주되고 있다고 할 것이며, 이에 대한 실증 연구가 보강될 필요가 있다.

제3절

행정환경과 정책변화 분석

본 장에서는 정책엘리트가 정당한 권위(legitimate authority)를 획득 · 유지하기 위해 자신이 과거에 구축해 놓은 정책패키지를 지속적으로 변화시키게 되며, 이를 통해 행정환경이 안정적인 상황에서도 정책변화가 이루어질 수 있음을 탐색적으로 실증한다. 복수의 정책엘리트 간의 경쟁(Geniyes & Smyrl, 2008)에서뿐만 아니라 정책엘리트가 정책수립을 독점하는 상황에서도 정책변화가 내부적으로 일어날 수 있다는 것을 모색한다. 아울러, 정책패키지를 구성하는 아이디어의 변화가 상위 아이디어 또는 제도에 제약을 받게 되는 종속변수인지, 아니면 독립변수로서의 역할을 할 수 있는지에 대해 탐색하고자 한다. 이를 위해 본 연구는 선행연구를 바탕으로 다음과 같은 내용을 분석의 대상 및 전제로 하였다.

우선 본 연구는 기획재정부가 중심이 되어 2001년부터 2016년까지 매년 발표한 16번의 경제정책방향 보고서[7]를 분석대상으로 하였다. 이는 역사적 제도주의에 기반한 연구의 대부분이 경제정책과 관련된 연구(하연섭, 2004: 51)임을 고려한 측면도 있다. 경제정책방향 보고서는 그 해의 정치 · 경제적 상황에서 어디에 정책중점을 두고 어떤 정책수단을 펼칠지를 포괄적으로 제

7 기획재정부에서는 매년 6월말에 '하반기 경제정책방향'을 수정 · 추가 발표하고 있으나, 이번 연구에서는 본래의 연도별 경제정책방향 보고서만을 분석대상으로 하였다.

시하는 종합 정책패키지로서의 성격을 가진다. 경제정책방향 보고서는 기본적으로 '지난 해 경제운영 평가, 경제여건, 경제정책 기본방향, 그해 추진할 주요정책과제'등으로 구성되어 있으며, 본 연구에서는 그 해의 정책패키지에 해당하는 '경제정책 기본방향 및 주요과제'만을 분석하였다.

둘째, 본 연구는 경제정책방향 보고서를 하나의 완결된 단일체가 아니라 다양한 정책아이디어의 혼합체이며 복합체로 결합(Blyth, 2002: Campbell, 1997, 2001; Hall, 1989; Stark, 1996)되어 있는 것으로 본다. 경제정책방향 보고서는 일자리, 가계부채, 주택시장, 대외 건전성 등 그해 정부가 추진할 여러 정책 내용을 담고 있으며, 다양한 정책수단이 결합되어 전체를 구성하고 있다. 경제정책방향의 구성요소들은 특정시점에 일괄적으로 생성된 것이 아니라 시간을 달리하면서 재결합 · 재배열된 것으로 각기 다른 시기에 형성된 이질적 아이디어가 병존(Orren & Skowronek, 1994, 1996)하고 있는 것이다.

셋째, 아이디어는 다양한 유형과 수준이 있지만 본 연구에서는 분석의 명료성을 위해 경제정책방향 보고서의 아이디어는 정책문제에 대한 구체적 해결책인 '프로그램 아이디어(ideas as program: Campbell, 2001, 2004)'인 것으로 본다. 프로그램 아이디어는 당면 현안문제를 해결하고 목표를 달성하는 수단을 제공하는 아이디어로서, 문제 정의와 관련된 '패러다임 아이디어' 및 문제해결에 대한 가정으로서의 '공공정서 아이디어'와 구분된다(하연섭, 2003: 216-217). 프로그램 아이디어는 '패러다임 아이디어'및 '공공정서 아이디어'와 합치성이 높을 때 영향력이 커지게 된다(하연섭, 2004: 40)

넷째, 본 연구는 프로그램 아이디어를 언어적 표현의 기본인 텍스트, 즉 단어로 분해할 수 있다고 본다. 사회과학의 연구대상은 정형(structured)적 성격보다는 비정형(unstructured)의 성격을 가지는 경향이 있다. 스프레드시트의 모습으로 고정된 필드로서 나타나는 것이 아니라 보고서 · 신문기사 · 책자 등 정형화되지 않는 형태로 축적되어 있으며, 특히 정보의 80% 정도는 텍스트 형식으로 저장되어 있다(Tan, 1999). 텍스트는 사회적 대표성과 정체성을 표현(Fairclough, 2003: 8)하는 것으로, 경제정책방향 보고서는 당시 정책문제에 대한 정책엘리트의 인식이 단어로 표출 · 구성된 것이라 할 수 있다. 즉 본 연구의 주요 분석대상이자 변수는 경제정책방향 보고서의 '단어'라고 할 수 있다.

다섯째, 본 연구는 경제정책방향 보고서에 나타난 단어의 빈도를 기준으로 해당 단어의 중요도와 아이디어의 존속을 파악할 수 있다고 본다. 단어의 등장, 지속, 소멸을 아이디어의 변동으로 해석할 수 있으며, 핵심적 단어일수록 경제정책방향 보고서에 자주 등장하는 것으로 전제한다. 이러한 전제를 바탕으로 본 연구는 단어에 대한 빈도, 백분율 등의 기술통계를 분석기법으로 적용하였다.

여섯째, 본 연구는 제도적 맥락이 행위자의 선호와 이해관계뿐만 아니라 아이디어에도 영향을 미치는 것으로 본다(Hall, 1989, 1992). 제도적 맥락은 정책엘리트가 아이디어를 어떻게 발현시키고 재구성하는 지에 영향을 줄 뿐만 아니라, 행정적 · 정치적 실행가능성에도 영향을 미치게 된다(하연섭, 2004: 42). 제도는 민주주의 및 자본주의 관련 기본적 구조, 선거제도, 관료제의 조직형태, 관행, 규정 등 공식 · 비공식적으로 행위자들의 이행에 영향을 미치는 모든 것을 의미(Hall, 1992)하기에 현시화 하는 것이 쉽지 않은 측면이 있다. 하지만 본 연구에서는 이해의 간편화를 위해 정치적 맥락으로 대통령 임기를, 경제적 맥락으로는 그 당시의 경제상황을 파악할 수 있도록 경제성장률을 고려하였다. 한편, 경제정책방향을 생산하는 주체인 기획재정부의 조직변화는 통제된 것으로 보았다. 그동안 기획재정부는 부총리 또는 장관급 기관으로 운영되거나, 예산편성 기능과 경제조정기능이 결합 또는 분리되어 운영되는 등 조직기능에 변화[8]가 있었다. 이러한 조직의 기능과 위상의 변화에 대해서 본 연구는 연구의 복잡성을 낮추기 위해 변수로서 고려하지 않았다. 조직변화와 아이디어 변화의 관련성에 대해서는 향후 추가 연구가 가능할 것으로 본다.

이러한 연구전제를 바탕으로 경제정책방향 보고서를 분석하기 위해 본

8 1948년 7월 17일 정부수립과 함께, 재무부가 설립되었고 1961년 7월 30일에는 경제기획원이 신설되었다. 1994년 12월 23일 재무부와 경제기획원이 통합되어 부총리의 재정경제원으로 개편되었다. 1998년 2월 28일, 재정경제원은 재정경제부로 개편되고 부총리제는 폐지되었으며, 1999년 5월 24일에는 기획예산처가 신설되었다. 2008년 2월 29일, 재정경제부와 기획예산처를 통합하여 기획재정부로 재편되었으며, 2013년 3월 23일에는 기획재정부 장관이 부총리를 겸직하도록 승격되었다.

연구는 비정형데이터 분석방법 중 하나인 텍스트마이닝(text mining)방법[9]을 활용하였다. 텍스트마이닝은 여러 형태의 텍스트에서 단어를 추출하고 이에 대한 불용어 처리, 구두점 제거 등의 기술적 처리를 하게 되는 자료정제(text refining) 과정을 거친다. 이후 의미 있는 지식을 추출(knowledge distillation)하기 위해 빈도분석, 클러스터링 등이 사용된다. 본 연구에서는 R프로그램을 활용하여 경제정책방향 보고서의 단어를 추출하였고, 연도별 단어빈도를 계산하였다. 한편, 다양한 단어들의 관계를 행(column)과 열(row)의 축소된 차원으로 제시하는 대응분석(correspondence analysis)기법도 적용하였다.

9 텍스트마이닝은 인터넷 사용자의 반응, 트위터, 언론기사, 연구동향 분석 등에 활용(김현정 외 2014; 배정환 외 2014; 송혜지 외 2013; 안주영 외 2015)되고 있는 추세이며, 정책학 분야에서는 개인정보정책을 분석한 이은미 외(2016)의 연구가 있다.

제4절

정책아이디어와 정부혁신 실증

1. 기초 분석

정책아이디어의 변화를 실증하기 위해 정부가 연말 또는 연초에 발표하는 경제정책방향 보고서를 텍스트마이닝(text mining)을 통해 정제 · 분석하였다. 2001년부터 2016년까지의 16번의 경제정책방향 보고서에서는 총 64,966개의 단어[10]가 사용되었고, 이 중에서 숫자 · 기호 · 중복단어 등을 제외한 분석기준단어는 9,044개였다.

16번의 경제정책방향 보고서 중 16곳 모두에서 사용된 분석기준단어는 82개였으며 이들 단어는 〈그림 1-1〉에서 볼 수 있듯이 해당 연도 경제정책방향 보고서 단어의 평균 27.95%를 해당[11]된 반면, 16번의 보고서 중에서 1곳에서만 나타난 분석기준단어는 5,166개로서 그해 경제정책방향 보고서 단어의 평균 9.4%에 해당되었다. 보고서 1-4곳에서만 등장하는 등 상대적으로 적게 사용된 분석기준단어들이 해당 연도 보고서에서 차지하는 비율은 평균 23.2%였으며, 13-16곳의 보고서에 등장하여 상대적으로 빈번하게 사용된 분석기준단어들이 해당 연도에 포함된 평균비율은 49.65%였다.

---

10 분석대상 경제정책방향 보고서의 총 글자 수는 359,208개였다.

11 (16곳 보고서에 모두 사용된 분석기준단어 * 해당단어 빈도수) / (당해 연도 경제정책방향 보고서의 총 단어수)로 계산하였다.

그림 1-1 보고서 등장 횟수별 분석기준단어 비율

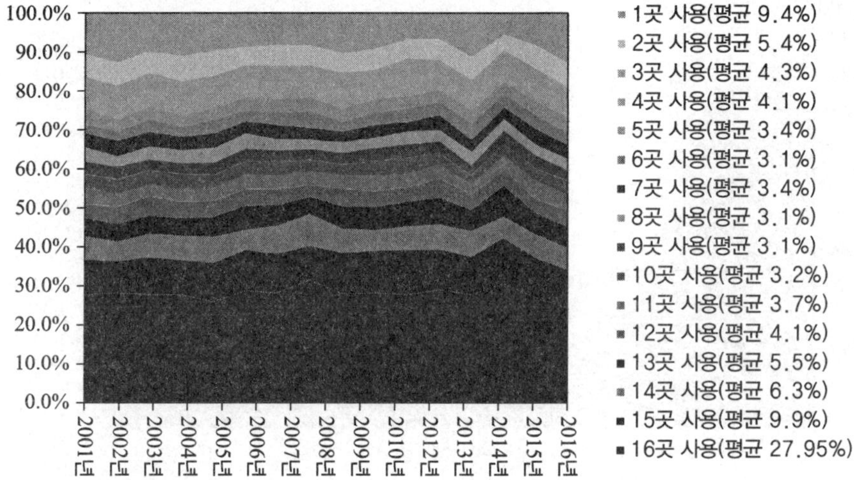

빈도수를 기준으로 할 때 100회 이상 사용된 분석기준단어는 94개였으며, 이들 단어는 20,328회 사용되어 총 누적단어 64,966개의 31.3%에 해당되었다. 1회만 사용된 단어는 7,005개로서 분석기준단어의 77.5%를 차지하였으며, 총 누적단어의 10.8%를 차지하였다. 〈그림 1-2〉은 분석기준단어 중 빈도수가 높은 상위 20개 단어[12]의 연도별 흐름을 나타낸 것으로 '확대, 지원, 추진, 강화'등 정부의 정책의지와 관련된 4개 단어[13]가 월등히 다수 사용되었고, 이후 '개선, 마련, 기업, 투자'등의 단어들은 매년 안정적으로 쓰이고 있음을 보여준다. 빈도수가 높았던 20개 단어들의 특징을 보면, '기업, 중소기업, 시장, 제도'는 정책프로그램의 대상으로 볼 수 있고, '확대, 강화, 개선, 제고, 확충'단어는 과거로부터 존재하던 기존 아이디어를 일부 변화시키는 것을 암묵적으로 전제로 하고 있다. 한편, '마련, 개발, 도입'은 새로운 아이디어와 관련 있다고 하겠으나, 그 빈도는 상대적으로 낮게 나타났다. 이러한 단어들을 종합해 보면, 경제정책방향은 '기업, 중소기업, 제도, 시장'관련 정책프로그램

12 상위 20개 단어의 빈도(9,618번)는 총 단어(64,966개)의 14.8%를 차지하였다.

13 빈도수를 기준으로 할 때 확대 1,098번, 지원 1,036번, 추진 982번, 강화 905번, 개선 579번, 마련 482번, 기업 449번, 투자 431번, 사업 380번, 활성화 376번등이다.

그림 1-2 누적빈도 상위 20개 단어의 연도별 흐름

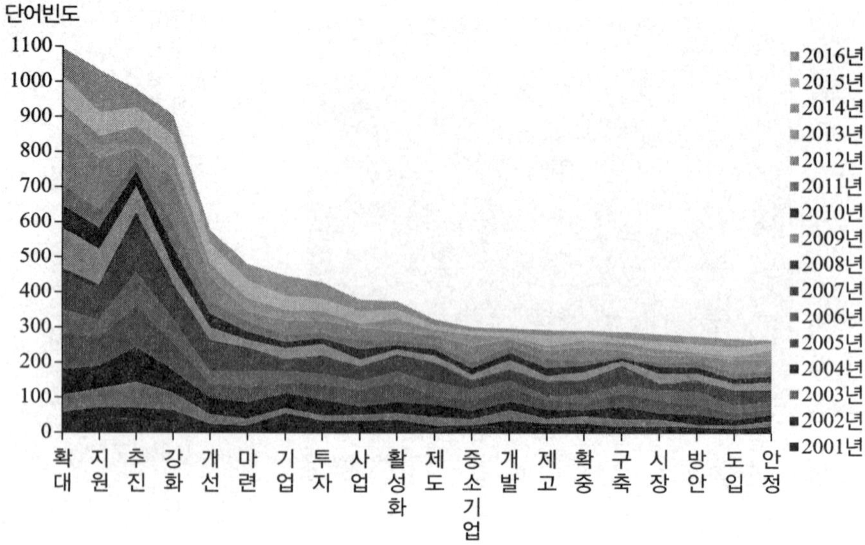

을 '확대, 강화, 개선'하거나 새로운 것을 '마련 또는 도입'하는 것이라 대략 설명할 수 있을 것이다.

단어 변화의 궤적 차이를 예시로 비교하기 위해 빈도수 상위 100-120번째 및 500-520번째 단어들의 연도별 흐름을 〈그림 1-3〉과 같이 제시하였다. 〈그림 1-2〉의 단어들이 매년 안정적으로 겹쳐 쌓여 퇴적된 것 같은 모습으로 나타난 반면, 〈그림 1-3〉의 단어들은 연도별로 차별적으로 나타나게 되며 그 흐름 또한 점차 복잡해지는 것을 보여준다. 예를 들어 '창조경제, 구조개혁'의 경우 박근혜정부 출범 이후인 2014년부터 새롭게 덧붙여진 것을 볼 수 있으며, '조세'의 경우 2007년도에 상대적으로 자주 사용[14]된 것을 볼 수 있다. 여러 정부에 걸쳐 사용되고 있는 'FTA'의 경우 노무현정부 전 · 후반기와 이명박정부 전반기에 사용되다가 이명박정부 후반기에는 소멸되었고, 박근혜정부에서 재현되었다.

14 이는 노무현정부 당시 '근로장려세제'와 같은 세제개편을 중점 추진한 것을 반영한 것이다.

그림 1-3 누적빈도 상위 100번째 및 500번째 단어의 연도별 흐름 예시

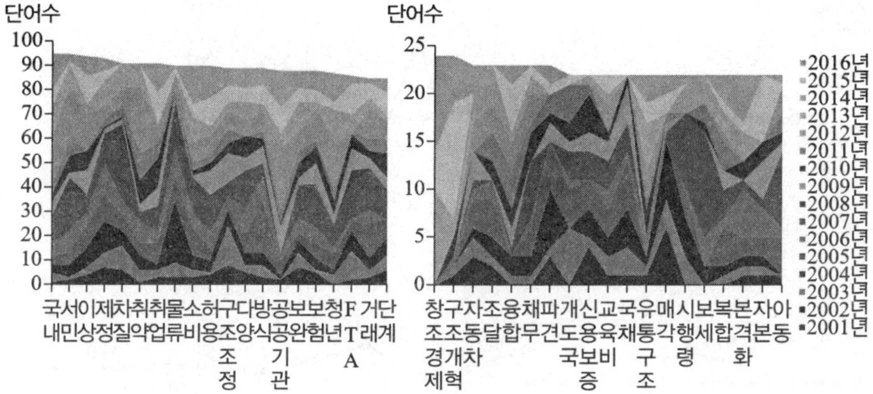

2. 연도별 분석

시간변화에 따라 정책아이디어로서의 단어들이 얼마만큼 존속되고 새로운 구성요소로 대체되는 지를 살펴보기 위해 직전 연도와 대비한 그해 신규단어 비율[15]을 분석하였다. 분석 결과, 그 해 경제정책방향 보고서의 평균 34.3%의 단어가 직전 연도와 비교하여 새롭게 나타나났다. 즉 정책엘리트는 전년도와 비교하여 경제정책방향 보고서의 대략 ⅓정도는 새로운 단어로 기술하였고, 나머지 ⅔은 종전 단어를 사용한 것이다.

이러한 변화는 당시의 정치적 · 경제적 상황의 맥락에 영향을 받았다. 〈그림 1-4〉에서 볼 수 있듯이 직전 연도 대비 신규단어 비율은 대통령 임기에 따라 변동되는 양상으로 나타났다. 노무현정부 초반기인 2003년 12월 30일에 발표된 2004년도 경제정책방향은 2003년도 대비하여 33.8%의 신규단어를 포함하고 있었던 반면, 노무현정부 후반기인 2008년 1월 10일에 발표된 2008년도 경제정책방향의 신규단어 비율은 25.2%에 불과하였다.

미국 금융투자회사인 리먼브러더스의 파산으로 촉발된 세계적 금융위기 상황에서 발표되었던 2009년도 경제정책방향(2008년 12월 16일)은 신규단

15 전년도 대비 신규단어 비율은 '(직전 연도 대비 새롭게 사용된 분석기준단어 ×빈도수) / (당해 연도 경제정책방향에서 사용된 총 단어수)'을 기준으로 계산하였다.

그림 1-4 직전 연도 및 2001년 대비 신규단어 비율 변화

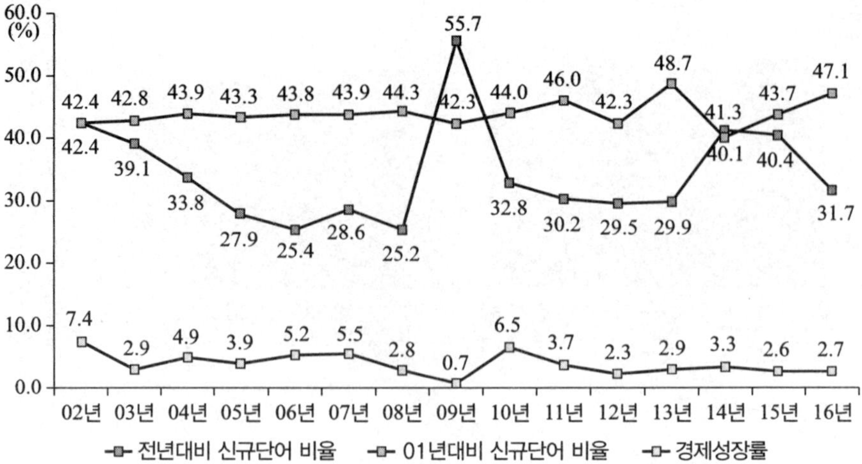

어의 비율이 55.7%에 달하는 대폭적인 변화가 있었다. 이것은 이명박정부 출범이후 처음[16]으로 제시하는 경제정책방향으로서의 특징과 경제위기 극복을 위한 정책프로그램의 변화가 복합적으로 작용한 것이며, 아울러 낮은 수준의 변화를 보였던 2008년도 경제정책방향에 대한 기저효과도 있었다고 할 것이다. 한편 2010년부터 2013년까지의 이명박정부에서 발표된 경제정책방향은 30% 내외의 수준에서 신규단어가 직전 연도 대비하여 등장하였다. 그리고 박근혜정부 출범이후 처음으로 제시(2013.12.27.)된 2014년도 경제정책방향에서는 신규단어 비율이 41.3%로 상승하였으나, 이후 2016년도 경제정책방향(2015.12.16.)에서는 직전 연도 대비 신규단어 비율이 31.7% 수준으로 낮아졌다.

한편, 경제성장률의 변화는 정부 경제정책에 영향을 미치고 이에 따라 신규단어 비율에도 변화가 발생할 것으로 가정할 수 있으나, 신규단어 비율과 해당 연도의 경제성장률 사이에 특징 있는 관련을 발견하기는 쉽지 않았다. 경제성장률이 7.4%로 가장 높았던 2002년의 경우 2001년 대비 신규단어

16 2009년 경제정책방향은 종전 재정경제부와 기획예산처를 통합한 정부조직개편(2008년 2월 29일)이후 처음으로 생산된 것이지만, 조직개편이 경제정책방향에 어떤 영향을 미쳤는지는 이번 연구에서는 확인할 수 없었다.

비율이 42.4%였으나, 경제성장률이 6.5%로 상당히 높았던 2010년의 경우에는 신규단어 비율이 32.8% 수준으로 평균 비율을 하회하였다. 경제성장률이 0.7%에 불과했던 2009년의 경우 신규단어 비율이 높았으나 앞서 언급한 것처럼 집권정부가 교체된 첫 해인 동시에 세계적 금융위기가 있었던 경우이며, 신규단어 비율이 가장 낮았던 2008년의 기저효과도 있었다. 2009년을 제외하고 가장 낮은 경제성장률(2.3%)을 보였던 2012년의 경우에는 신규단어 비율이 29.5%였고, 경제성장률이 2.6%였던 2015년의 경우에는 2014년과 대비할 때 신규단어 비율이 40.4%였다. 직전 연도와 대비한 신규단어 비율이 경제성장률과 직접적으로 연관된다고 단언하기에는 어려움이 있는 것으로 보인다.

또한 정책아이디어의 장기적인 변화를 살펴보기 위해 2001년 경제정책방향 보고서를 기준으로 신규단어 비율을 분석[17]하였다. 분석결과, 2001년과 대비하여 평균 43.99%의 단어가 달라졌으며, 이러한 변화는 비교적 안정적으로 제시되었다. 다만, 2013년의 경우 신규단어 비율이 48.7%로 높게 제시되었다. 이는 이명박정부의 마지막 해의 특성을 반영하여 종전과 달리 '이명박정부 마무리 과제'라는 별도 내용을 분리하여 작성한 특성에서 기인한 것이다. 2016년(2015.12.16. 발표)의 경우에도 47.1%로 높게 나왔으며, 박근혜정부의 '경제혁신3개년 계획'의 성과를 구체화하는 내용을 강조하다 보니 2001년과 대비한 신규단어 비율이 높아졌다.

한편 단어와 연도간의 연관성을 대응분석(correspondence analysis)한 결과, 〈그림 1-5〉에서 보는 것과 같이 대통령 임기별로 범주화할 수 있었다. 대응분석의 각 점은 해당 연도 경제정책방향 보고서의 상대적 위치를 나타낸 것으로, 김대중정부 및 노무현정부 기간이었던 2001년부터 2008년까지의 8년 동안은 유사한 위치에서 조금씩 변화되는 양태를 보였다. 한편, 이명박정부 시기였던 2009년부터 2012년은 종전 정부와는 떨어진 위치에서 변화가 진행되었다. 이명박정부였던 2013년의 경우는 앞서 언급한 바와 같이 이명박정부 마지막 해의 특성을 반영한 측면이 상대적 위치 변동으로 나타났다. 박

17 2001년 기준 신규단어 비율은 '(2001년도 대비 당해 연도 신규 분석기준단어 ×빈도수) / (그 해 경제정책방향에서 사용된 총 단어수)'을 기준으로 계산하였다.

그림 1-5 연도별 단어 관계에 관한 대응분석 결과

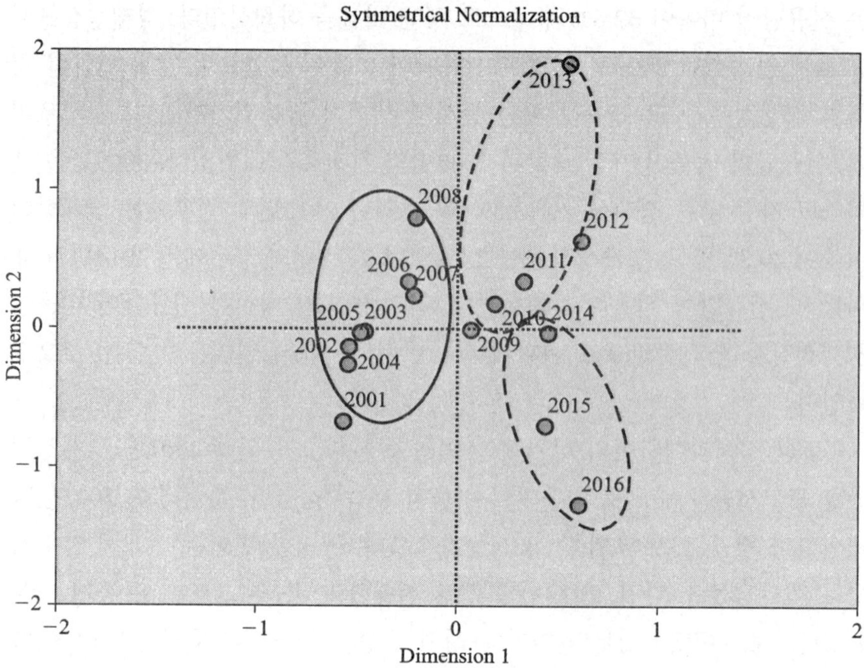

근혜정부인 2014년부터 2016년의 경우, 2014년은 이명박정부와 유사한 위치에서 시작하여 점차 멀어지는 위치로 이동하는 특성을 보였다.

제5절

함의 및 시사점

경제정책방향 보고서를 단어 단위로 분해하여 분석한 결과, 정책엘리트는 자신들이 과거에 구축한 정책패키지와의 차별화를 위해 의도적이며 정기적으로 정책아이디어를 변화시키는 것으로 나타났다. 이는 복수의 정책엘리트 집단이 인지적 · 규범적 틀(cognitive & normative framework)의 우위를 점하기 위하여 경쟁한다는 Geniyes와 Smyrl(2008)의 주장과 달리, 정책엘리트가 자신의 아이디어를 스스로 계속 변화시키는 모습을 나타낸 것이다. 과거 아이디어와의 차별화는 지배적인 정책아이디어에 세부 아이디어가 지속적으로 재결합되는 모습으로 나타났으며, 아울러 이러한 재결합은 외부환경이 안정된 상황에서도 항시적으로 이루어졌다. 본 연구의 실증분석 결과를 바탕으로 이를 세부적으로 논의하면 다음과 같다. 첫째, 경제정책방향 보고서는 '기업, 시장, 투자, 확대, 지원'등 반복적으로 등장한 소수 핵심 단어를 중심으로 아이디어의 기본 골격을 형성하고, 나머지 다수 단어가 그 주위에 부가되면서 전체를 형성하고 있었다. 예컨대 분석대상 보고서 16곳 모두에서 공통적으로 나타난 82개 단어는 해당 연도 보고서에서 평균 27.95%의 비중으로 사용되었고, 보고서 1곳에서만 나타났던 5,166개 단어가 해당 연도 보고서에서 차지하는 비중은 9.4%에 달하였다. 즉 아이디어를 구성하는 핵심요소는 유지한 채, 그때그때 상황에 따라 새로운 아이디어 요소들이 일시적으로 출현, 재배치, 보첨되거나 소멸하는 형태로 나타난 것이다. 이는 아이디어로서의 단어들이 끊임없이 새롭게 등장하거나 또는 부각되는 등 상호경쟁하며 혼합체적으로 재배치되고 있음을 보여주는 것이다.

둘째, 정책엘리트는 경제정책방향 보고서의 대략 ⅓정도를 전기(前期) 대비하여 신규단어로 교체하여 정책패키지 차이를 유발하였고, 나머지 ⅔는 종전 단어를 지속함으로써 경제정책방향 보고서가 적정 수준에서 매년 새롭게 보이도록 하였다. 전기(前期) 대비한 신규단어의 비율은 최대 55.7%에서 최소 25.3%로 연도별로 차이가 있었다. 정책엘리트는 아이디어로서의 단어들을 강조, 축소, 소멸, 재현하는 재배열을 통해 과거와 현재 시기 간의 차이를 부각시켰고, 새로운 정책패키지를 경제 상황에 맞게 만들어내는 것처럼 정돈하였다. 이는 정책엘리트가 다른 정책엘리트 또는 경제주체와 아이디어 경쟁을 하는 것이 아니라, 과거 자신들이 생산했던 정책패키지와의 차별화를 통해 정책엘리트로서의 정당한 권위를 매년 정기적으로 보존하고자 하는 의도로 볼 수 있다.

셋째, 직전 경제정책방향 보고서의 ⅓을 신규단어로 제약 없이 대체하게 되면, 얼마 지나지 않아서 경제정책방향 보고서는 완전히 새로운 것으로 바뀌게 된다. 하지만, 정책엘리트는 직전 보고서와의 차이 누적으로 인해 경제정책방향이 전체 경로에서 급진적으로 벗어나지 않도록, 그 변화를 일정 범위내로 스스로 제약하였다. 2001년 경제정책방향을 기준으로 할 때, 2002년부터 2016년의 경제정책방향 보고서는 2001년에 대비하여 평균 44.0%수준으로 정책패키지의 변화폭을 유지하였다. 이러한 아이디어의 제약은 패러다임 아이디어와 공공정서 아이디어(Campbell, 2004) 범위 내에서 단어의 선택과 재배열이 조절되고 있으며, 아울러 자유주의 시장경제의 제도 틀 내에서 단어들이 취사선택되는 것이라고 해석할 수 있다. 제도가 아이디어를 제약하고, 패러다임 아이디어와 공공정서 아이디어가 프로그램 아이디어를 제약하고 있는 것으로 볼 수 있다.

넷째, 아이디어의 차별화는 대통령 임기 주기와 관련이 있었다. 정책엘리트는 대통령 임기 초반기에는 대통령의 국정철학과 공약에 맞추어 경제정책방향의 단어를 상대적으로 많이 수정하였고, 임기 후반기로 갈수록 그 변화의 폭을 줄였다. 예를 들어 노무현정부 초반기인 2004년에는 전년 대비 신규단어 비율이 33.8%였으나 마지막 해인 2008년에는 25.2%로 하락하였다. 경제정책방향이 외생적 경제여건으로부터 영향을 받기보다는, 대통령 임기 주기에 따라 조율 · 조정되는 양상으로 나타난 것이다. 정책엘리트는 대통령 또는 수권정당으로부터 정당한 권위를 인정 · 유지받기 위해 직전 대통령 때의 경제정책방향 보고서와 차별성 있는 보고서를 생산하게 되는 것이다. 이러한 결과는 대응분석(correspondency analysis) 에서 경제정책방향의 단어들이 대통령 임기별로 범주화될 수 있었던 점에서도 확인할 수 있다. 다만, 이명박 대통령 취임 즈음에 이루어졌던 기획재정부 관련 정부조직 개편이 아이디어 변화와 어떤 연관이 있는 지를 본 연구에서는 확인할 수 없었다.

다섯째, 경제정책방향 보고서가 그해의 경제정책과 관련된 것임에도 불구하고, 경제성장률과 신규단어 비율 사이에 의미 있는 관련성을 찾기 어려웠다. 경제성장률이 낮아지게 되면 정책엘리트는 새로운 정책패키지를 만들어내야 할 것으로 기대되지만, 실제 신규단어 비율은 평균 이하로 나타나기도 하였고, 경제성장률이 높았던 시기에 신규단어 비율이 오히려 높게 나오기도 하였다. 정책패키지가 경제 상황을 반영은 하되, 새로운 아이디어가 반드시 경제 상황에 따라 움직인 것은 아니라는 것을 보여준다.

본 연구는 제도 분석에 대한 미시적 접근을 통해 프로그램 아이디어의 형성, 변화, 지속이 정책엘리트의 의도적이며 전략적 노력의 발현으로 나타나고 있음을 탐색하였다는 점에 의의가 있다. 이러한 결과는 제도 변화를 설명함에 있어서 내부 구성요소의 상호작용과 갈등뿐만 아니라 행위자의 인식과 아이디어에 초점을 맞추어가고 있는 최근 학계의 노력을 실증적으로 지원하는 것이라 할 수 있다. 하지만 다음과 같은 한계점은 향후 연구에서 보강되어야 할 것이다.

먼저 경제정책방향이 프로그램 아이디어로 구성되어 있으며, 프로그램 아이디어를 단어 단위로 분해할 수 있다고 전제한 것이 타당한 것인가에 대한 논의가 더 진행되어야 할 것이다. 연구의 간편성과 텍스트마이닝 분석의 용이성을 위해 경제정책방향을 프로그램 아이디어로 간주하였으나, 경제정책방향은 거시경제에 대한 정책아이디어와 공공정서를 함께 담고 있는 것으로 보아야 할 것이다. 이러한 포괄적 부분에 대해서는 서술식 질적 연구로서 보강될 필요가 있다고 본다.

둘째, 분석대상이었던 경제정책방향 보고서가 아이디어의 차별화를 분석하는 데에 적합한 지에 대한 논의가 제기될 수 있다. 경제정책방향 보고서가 그 당시의 경제정책기조를 담고 있다고 할 수 있으나 통화주의, 신자유주의, 자본주의 다양성, 공급중심 경제기조 등 거대 경제 사조를 분석한 기존 연구(하연섭, 2006b; Bradford, 1999; Hall, 1992; Hall & Soskice, 2001; Campbell, 1998)와 비교할 수 있는 지에 대한 논리적 보완이 필요하다 할 것이다. 즉 거시적 현상을 미시적으로 분해 · 분석하는 것이 타당한 가에 대한 합의가 요구되는 것이다.

셋째, 본 연구의 프로그램 아이디어가 제도에 제약을 받고 있는 지, 혹은 제도 변화를 촉발하는 독립변수로서의 기능을 할 수 있는 지에 대해서는 모호한 측면이 있다. 이 부분은 제도와 아이디어의 관계 정립에 관한 것으로 아이디어의 제도에 대한 순수 영향력을 파악하는 것에 대한 향후 연구가 진행되어야 할 것으로 본다. 아울러 제도로서의 정부조직 또는 행위자로서의 정부조직의 변화가 아이디어 변화에 미치는 영향에 대해서 심도 있는 실증 연구가 있어야 할 것이다. 이러한 한계점과 보강할 사항에도 불구하고, 본 연구는 제도변화에 있어서 아이디어 중요성을 재발견하고, 행위자 · 아이디어 · 제도변화를 연결할 수 있는 가능성(하연섭, 2006a: 233)을 제시하였다는 점에서 의미를 두며, 향후 이러한 논리구조가 더욱 정교화 될 수 있기를 희망한다.

참고 문헌

김태은. (2009). "제도의 변화와 지속요인에 관한 연구: 한국의 법조인력양성제도를 중심으로". 〈한국행정학보〉, 43(2): 45-72.

김태은. (2011). "두 가지 환류, 그리고 내생적 제도변화". 〈한국행정학보〉, 45(2): 27-56.

김현정 · 조남옥 · 신경식. (2014). "항공산업 미래유망분야 선정을 위한 텍스트 마이닝 기반의 트렌드 분석". 〈한국지능정보시스템학회 2014 년 추계학술대회〉,

194-202.

박홍식. (2005). "정책경쟁: 개념과 관심의 발전". 한국정책학회 추계학술발표논문집(단일호), 119-138.

배유일. (2010). "불확실성하의 정책이전, 확산 그리고 제도변화: 정책 아이디어를 중심으로". 〈국정관리연구〉, 5(2): 95-118.

배정환 · 한남기 · 송민. (2014). "토픽 모델링을 이용한 트위터 이슈 트래킹 시스템". 〈지능정보연구〉, 20(2): 109-122.

송혜지 · 박경수 · 정혜은 · 송민. (2013). "텍스트마이닝 기법을 활용한 한국의 경제연구 동향 분석". 〈한국정보관리학회 학술대회 논문집〉, 47-50.

안주영 · 배정환 · 한남기 · 송민. (2015). "텍스트 마이닝을 이용한 감정 유발 요인: Emotion Trigger에 관한 연구". 〈지능정보연구〉, 21(2): 69-92.

이은미 · 김동욱 · 고기동. (2016). "비정형 데이터 분석의 제도변화 적용에 관한 연구: 개인정보보호 제도를 중심으로", 〈한국정책과학학회보〉, 20(2): 217-240.

조성은 · 김선혁. (2006). "정책 결정요인으로서의 제도, 이해(利害) 그리고 아이디어: EU,한국, 미국의 GMO 표시정책 비교연구". 〈행정논총〉 44(3): 121-152.

주경일. (2005). ┌.16 군정기 지방행정체제 개편과정에 대한 행위자 중심적 접근-정책 아이디어의 개념 적용을 중심으로". 〈지방행정연구〉, 19(4): 91-121.

하연섭. (2003). 〈제도분석: 이론과 쟁점〉. 다산출판사.

하연섭. (2004). "정책 아이디어와 비교정책연구". 〈한국정책학회 추계학술발표논문집〉, 37-55.

하연섭. (2006a). "신제도주의의 이론적 진화와 정책연구". 〈행정논총〉, 44(2): 217-246.

하연섭. (2006b). "정책아이디어와 제도변화: 우리나라에서 신자유주의의 해석과 적용을 중심으로". 〈행정논총〉, 44(4): 1-27

Bradford, Neil. (1999). "The policy influence of economic ideas: Interests, institutions and innovation in Canada". Studies in Political Economy, 59(1): 17-60.

Blyth, Mark. (2002). Great transformations: Economic ideas and institutional change in the twentieth century. Cambridge University Press.

Campbell, John L. (1998). "Institutional analysis and the role of ideas in political economy". Theory and society, 27(3): 377-409.

Campbell, John L. (2004). Institutional change and globalization. Princeton University Press.

Campbell, John L. (2005). Social movements and organization theory. Cambridge university press, 41-48.

Campbell, John L. (2007). The rise and transformation of institutional analysis. International Center for Business and Politics.

Campbell, John L. (2010). Institutional reproduction and change. The Oxford handbook of comparative institutional analysis, 86-115.

Fairclough, Norman. (2003). Analysing discourse: Textual analysis for social research. Psychology Press.

Genieys, William. & Smyrl, Marc. (2008). Elites, ideas, and the evolution of public policy. New York: Palgrave Macmillan.

Greif, Avner, and David D. Laitin. (2004). "A theory of endogenous institutional change". American Political Science Review, 98(4): 633-652.

Greif, Avner. (2006). Institutions and the path to the modern economy: Lessons from medieval trade. Cambridge University Press.

Hall, Peter A., & David Soskice. (2001) Varieties of capitalism: The institutional foundations of comparative advantage. OUP Oxford.

Krasner, Stephen D. (1984). "Approaches to the state: Alternative conceptions and historical dynamics". Comparative Politics, 16(2): 223-246.

Krasner, Stephen D. (1988). "Sovereignty an institutional perspective". Comparative Political Studies, 21(1): 66-94.

Lazer, David., Pentland, Alex., Adamic, Lada., Aral, Sinan., Barabasi, Albert Laszlo., Brewer, Devon., Christakis, Nicholas., Contractor, Noshir., Fowler, James., Gutmann, Myron., Jebara, Tony., King, Gary., Macy, Michael., and Alstyne, Marshall Van. (2009). Life in the network: the coming age of computational social science. Science (New York, NY) 323(5915).

March, James G., & Johan P. Olsen. (1984). "The new institutionalism: organizational factors in political life". American political science review, 78(3): 734-749.

March, James G., & Johan P. Olsen. (1996). "Institutional perspectives on political institutions". Governance, 9(3): 247-264.

Mehta, Jal. (2010). The varied roles of ideas in politics. Ideas and politics in social science research. Oxford university press, 23-46.

Orren, Karen, & Stephen Skowronek. (1994). "Beyond the iconography of order: notes for a new institutionalism". The dynamics of American politics: Approaches and interpretations, 311-30.

Orren, Karen, & Stephen Skowronek. (1996). "Institutions and intercurrence: theory building in the fullness of time". Nomos, 38: 111-146.

Streeck, Wolfgang, & Kathleen Thelen. (2005). Beyond continuity: Institutional change in advanced political economies. Oxford University Press.

Tan, Ah-Hwee. (1999). Text mining: The state of the art and the challenges. Proceedings of the PAKDD 1999 Workshop on Knowledge Disocovery from Advanced Databases. 8: 1-6.

Thelen, Kathleen. (2004). How institutions evolve: The political economy of skills in Germany, Britain, the United States, and Japan. Cambridge University Press.

제2장

전자정부와 정부신뢰의 역설(paradox)*

윤상오**

---

* 이 글은 〈한국지역정보화학회지〉(2015년 제18권 제4호)에 실린 윤상오의 논문(전자정부와 정부신뢰의 관계에 관한 연구)을 부분적으로 수정한 것이다.

** 단국대학교 공공관리학과 부교수

제 1 절

서론

전자정부는 기존의 관료제 정부가 갖고 있던 각종 문제점과 병리현상을 극복하기 위해 정보기술을 활용한 새로운 정부 창출이라는 정부혁신 패러다임으로 등장하였다. 관료제 정부가 갖고 있던 가장 대표적인 문제들은 정부업무처리와 대국민 서비스 제공에서의 낮은 효율성, 공급자 중심의 권위주의, 불투명성, 부정부패 등이며, 이로 인한 시민들의 정부에 대한 불신은 정부정책에 대한 저항이나 반발을 야기하여 궁극적으로는 정부경쟁력뿐만 아니라 국가경쟁력까지도 저하시켰다. 전자정부는 정보기술을 활용하여 정부업무 처리와 대국민 서비스 제공에서의 효율성을 제고하고, 정보공개와 시민참여를 통하여 정책결정의 민주성을 높이고 부정부패를 줄이며, 다양한 자료와 정보를 효율적으로 수집하고 공유하고 활용하여 업무처리와 정책결정의 품질을 제고하기 위한 것이다(OECD, 2003; UN, 2003). 궁극적으로는 정부에 대한 시민들의 신뢰를 제고하고 국가경쟁력과 시민들의 삶의 질까지 높이고자 한다.

김대중 정부부터 본격적으로 시작된 우리나라의 전자정부는 노무현 정부까지 기반과 시스템을 갖추는데 주력하였으며, 그 결과 이명박 정부와 박근혜 정부에 이르러 본격적으로 효과를 나타내고 있다. UN의 세계 전자정부 평가[1]에서 2000년대 초반 10위권 밖에 있던 우리나라는 2000년대 중반 이후 10위권 안으로 진입하였고, 2010년 이후부터 2014년까지 3회 연속 세계 1위를 차지하였고 2016년에도 3위를 차지하는 등 세계 최고 수준으로 평가되고 있다. 또한 UN의 온라인 참여지수 평가에서도 2010년부터 3회 연속 세계 1위를 차지하였고 2016년에도 4위를 차지하는 등 세계 최고수준으로 나타났다(UN, 2010, 2012, 2014, 2016). OECD의 공공데이터 개방평가에서도 2015년 세계 30개국 중 1위를 차지하여 정보공개 및 데이터 개방[2]에서도 세계 최고수준으로 평가된다(OECD, 2015).

그러나 전자정부의 직접적이고 가시적인 성과와 달리 전자정부를 통해서 달성하려 했던 보다 상위 수준의 목표인 국가경쟁력이나 정부투명성은 아직까지 달성하지 못한 것으로 평가되고 있다. 매년 WEF가 실시하는 국가경쟁력 평가[3]에서 우리나라는 20위권 밖에 머물러 있으며, 국제투명성기구가 실시하는 국가청렴도 또는 부패지수 평가[4]에서도 여전히 40위권 밖에 머물러 있기 때문이다. 가장 심각한 것은 정부신뢰이다. OECD(2014, 2015)에 의하면 2013년 우리나라 국민들의 23%만이 정부를 신뢰하는 것으로 나타났으

1 UN(국제연합) 회원국 간의 전자정부를 비교 평가하고, 국가 간 경험과 노하우를 공유하기 위하여 2002년부터 실시하였다. 이후 2005년까지는 매년, 2008년부터는 격년제로 실시하여 '공공행정의 날'인 6월 23일을 기하여 개최되는 UN 공공행정포럼 기간에 UN 공공행정상과 함께 시상한다. UN 경제사회처(Department of Economic and Social Affair: DESA)에서 조사관들이 각국의 웹사이트를 직접 방문하여 제공되는 서비스를 점검하고 종합적으로 분석 평가하여 지수화한다(두산백과, 2015).

2 경제협력개발기구(OECD)는 매년 회원국을 대상으로 '정부백서(Government at a Glance 2015)'를 발간하고 있는데, 공공데이터 개방지수는 OECD에서 각국의 공공데이터 개방 전략수립, 이행을 돕기 위해 개발하여 2015년 처음 발표하였으며, 가용성(availability), 접근성(accessibility), 정부지원(government support) 등 3개 분야 19개 지표로 구성되어 있다. 이 평가에서 우리나라는 공공데이터 개방지수 0.98(1점 만점)을 기록하여 세계 30개국 중 1위를 차지하였는데, 이는 OECD 전체 평균치(0.58) 보다 크게 높은 수준이다(OECD, 2015)

3 WEF(World Economic Forum)는 스위스에 있는 국제기관으로 1979년* 이후 매년 국가경쟁력을 평가해서 발표(WEF Global Competitiveness Report)하고 있는데 우리나라는 2011년 24위, 2012년 19위, 2013년 25위, 2014년 26위를 차지하였다(기획재정부, 2015).

4 국제투명성기구(Transparency International)에서 매년 전 세계 170~180여개 국가를 대상으로 실시하는 평가로서 우리나라는 2011년 43위, 2012년 45위, 2013년 46위, 2014년 43위로서 OECD 국가 중 최하위 수준을 나타내고 있다(TI, 2011, 2012, 2013, 2014).

며, 2014년에도 국민의 34%만이 정부를 신뢰한다고 응답하였다.[5]

그동안 전자정부는 정부신뢰에 긍정적인 영향을 미치는 것으로 논의되어 왔다. 그 이유는 전자정부가 목표로 하는 정부운영의 생산성과 효율성이 높을수록(Easton, 1975; Silver, 1987; North, 1990; 김철회, 2011; 김왕식, 2011), 그리고 투명성과 개방성, 민주성과 시민참여 등이 높을수록 정부신뢰는 증가하는 경향을 보이기 때문이다((Kim & Lee, 2012; Adrian and Smith, 2006; Christensen and Lagreid, 2005). 그러나 우리나라는 이러한 선행연구나 이론과는 역설적인 결과를 보이고 있다. 지속적인 전자정부 정책을 통해서 전자정부의 수준을 매년 향상시켜 왔고, 2010년 이후에는 세계 최고 수준의 전자정부를 구축하여 자타가 공인하고 있음에도 불구하고 이 기간 동안 정부신뢰는 여전히 제자리걸음이거나 오히려 뒷걸음질을 하였기 때문이다.

전자정부와 정부신뢰간에 이러한 역설(paradox)이 나타나는 이유는 무엇인가? 전자정부와 정부신뢰에 관한 이론이 우리나라에는 적용되지 않는 것인가? 전자정부는 오히려 정부신뢰를 저하시키는 작용을 하는가? 전자정부가 정부신뢰에 긍정적 효과를 가져옴에도 불구하고 이를 상쇄할만한 정부신뢰 하락요인이 작용하여 전체적으로 정부신뢰가 떨어지는가? 전자정부와 정부신뢰는 실제로 별 관련이 없는 것인가?

이러한 문제의식에 따라서 본 연구에서는 그동안 전자정부와 정부신뢰간 관계에 관한 선행연구들을 살펴보고, 최근 10여년간 우리나라의 전자정부 발전과 정부신뢰간의 관계를 UN, OECD, Transparency International의 국제기구와 Edelman 등의 국제 컨설팅 조직, 그리고 우리나라의 한국정보화진흥원, 행정자치부, 국민권익위원회 등에서 평가한 객관적인 평가결과를 활용하여 살펴보았다. 그리고 우리나라에서 전자정부의 발전에도 불구하고 정부신뢰가 여전히 낮고 오히려 하락하는 원인을 다양한 관점에서 추정해 보고 정책적 함의를 제시하였다.

---

5 OECD(2015)의 정부백서(Government at a Glance)에 의하면 2014년 기준으로 우리나라의 정부신뢰 수준은 41개국 중 29위에 불과하다.

제2절

전자정부와 정부신뢰의 관계에 관한 이론적 논의

1. 정부신뢰에 관한 논의

사전적 의미로 신뢰(信賴)란 '굳게 믿고 의지함', '다른 실체가 자신이 기대하는 바와 똑같은 행동을 하리라고 가정할 수 있는 믿음'(국어사전), '타인의 미래 행동이 자신에게 호의적이거나 최소한 악의적이지는 않을 가능성에 대한 기대와 믿음'(위키대백과사전)을 의미한다. 종합해 보면 신뢰란 주체와 객체 사이의 관계에서 형성되는 것이며, 주체가 객체에 대해서 거는 기대나 믿음이라고 할 수 있다(장용진, 2013). 이것은 주체가 바라는 대로 객체가 행동하는 것 또는 호의적이거나 악의적이지 않도록 행동하는 것을 모두 포함한다. 따라서 신뢰는 주체 요인과 객체 요인 그리고 이것들이 속해 있는 환경 요인 등에 의해서 영향을 받는다(Mayer, et al., 1995; 이선중, 2011; 김철회, 2011).

신뢰의 개념을 정부에 적용하면 정부신뢰의 주체는 시민[6]이고 객체는 정부이다. 주체의 입장에서 볼 때 정부신뢰란 시민이 정부를 얼마나 믿고 기대

6 이때의 시민은 포괄적인 의미로서 정부 및 공공영역 밖에 있는 일반국민, 기업, 비영리조직 등을 모두 의미한다.

하는가를 의미한다. 시민들이 '정부가 산출하는 각종 결과물에 대해서 내리는 평가 또는 정부가 국민들의 정상적인 기대에 부응하여 잘 운용되고 있는가에 대한 시민들의 평가'(Hetherington, 1998: 71)가 정부신뢰이다. 객체의 입장에서 볼 때 정부신뢰란 정부가 시민들의 기대에 어느정도나 부합하는가이다. '정부의 운영이 국민의 규범적 기대를 부응시키는 정도'(Miller, 1974), '정부가 역할기대의 내용에 따라서 행동할 확률'(이종범, 1983), '국민이 선호하는 산출물을 가져올 가능성'(Gamson, 1968) 등이 정부신뢰이다.

정부신뢰는 주체와 객체의 입장 모두에서 그 중요성을 갖는다. 주체인 시민의 입장에서 볼 때 정부신뢰가 낮을 경우 정부와의 각종 거래에서 발생하는 비용이 급격히 증가한다(Fukuyama, 1995). 정부가 발표하는 각종 정책이나 대책에 대해서 시민 스스로 진위성을 검증하고 행동해야 하며, 정부가 추진하는 각종 사업이나 업무처리에 대해서도 항상 감시의 눈을 뗄 수 없기 때문이다. 객체인 정부의 입장에서도 마찬가지이다. 정부신뢰는 정부기관과 시민을 연결하는 협력적 가치를 증진시킴으로써 정부효과성을 증진시키고(Evan, 1996:1130), 정책수용성을 제고하거나 거래비용을 절감시키는 등의 중요한 역할을 수행한다(김병섭, 1984; Bromiley & Cummings, 1996; Jones, 1995 등). 시민의 신뢰를 상실한 정부는 인적 · 물적 자원을 제대로 지원받을 수 없고, 정책에 대한 호응을 이끌어 내지 못하여 효과적이고 안정된 정부 기능 수행에 어려움을 겪게 된다(박천오: 1999). 정부신뢰는 법규준수, 정책순응, 나아가 정부와 국민 사이의 소통과 협력을 촉진시키는 중요한 매개요인이며, 행정의 민주성과 효율성의 기반임과 동시에 국가경쟁력의 초석이다(박통희 외, 2011).

왜 시민들은 정부를 신뢰하거나 신뢰하지 못하는가? 첫째, 정부신뢰의 가장 중요한 요인으로 거론되는 것은 정부의 성과이다. 납세자로서의 시민은 자신들이 낸 세금이 적절하게 활용되어 높은 성과를 내기를 기대한다(Moon, 2006; 이숙종, 2006). 정부정책의 성과는 정부신뢰를 결정하는 가장 중요한 요소이다. 정부가 각종 정책에서 높은 성과를 거둘수록 시민들은 정부를 신뢰한다(Easton, 1975; Silver, 1987; North, 1990; 김철회, 2011; 김왕식, 2011). 따라서 정부실패는 시민들의 정부에 대한 신뢰를 저하시키는 가장 중요한 요소가 된다.

둘째, 감시자로서의 시민은 정부가 투명하고 깨끗하게 운영되기를 기대한다. 시민들은 정부가 하는 일을 알고 싶어 하고 알 권리가 있다. 정부가 시민들에게 무엇이든 감추고 숨길수록 시민들은 정부를 불신하게 된다. 특히 투명성이 떨어질수록 부정부패가 만연하게 되고 이는 정부신뢰를 더욱 악화시키는 요인이 된다(Catterberg & Moreno, 2006; Moon, 2006; 류현숙 외, 2008; 53; 장용진, 2013).

셋째, 비슷한 맥락에서 시민들은 정부가 윤리적이고 도덕적이며 공정하기를 기대한다(손호중 · 채원호, 2005; Vigoda-Gadot et al., 2010; OECD, 2015). 정부가 불투명하고 부패한 것뿐만 아니라 공정하지 못하고 편파적인 것 또한 정부신뢰를 저하시키는 요인이 된다. 특히 정부 정책이나 사업이 특정 계층, 집단, 지역 등의 이익을 위해 편파적으로 집행되거나 운영될 경우 정부에 대한 시민들의 불신은 가중된다. 또한 정부가 정책결정이나 집행과정에서 절차적 공정성을 지키지 않을 경우에도 정부신뢰는 저하된다(박종민 · 배정현, 2011).

넷째, 주권자로서의 시민은 정부정책에 대한 객체로서 뿐만 아니라 주체로서 직접 참여하고 싶어 하고 참여할 권리가 있다. 정부가 시민들에게 주요 의사결정이나 정책결정 과정을 공개하고 참여 기회를 제공할수록 시민들의 참여가 증가하고 신뢰도 증가한다. 실제로 참여를 통해서 정부와 시민간의 접촉이 많아질수록 정부에 대한 시민들의 신뢰는 증가하는 경향을 보인다(OECD, 2015; Uslaner, 2000; 최연태 외, 2010; 손호중 · 채원호, 2006; 현승숙 · 이승종, 2007; 박희봉 외, 2003).

다섯째, 정부의 동반자이자 정책의 파트너로서의 시민은 정부와 소통하기를 희망한다. 원활한 소통은 신뢰의 근간이 된다. 대화와 소통의 단절은 관계의 단절을 의미하고, 관계의 단절은 신뢰의 단절을 의미한다. 시민들이 언제 어디서나 쉽고 편리하게 자신들의 의견을 정부에 묻거나 전달할 수 있고, 정부로부터 원하는 답을 얻을 수 있어야 한다. 또한 시민들은 정부와 주요 사안에 대해서 수시로 토론하고 논쟁할 수 있어야 한다. 정부가 시민들에게 일방적으로 하고 싶은 말만 하고, 듣고 싶은 말만 듣는다면 시민들은 정부를 신뢰할 수 없다. 소통의 증가는 정부에 대한 시민들의 이해도를 높이고 정부정책에 대한 시민들의 정책 리터러시를 높여주며, 이것은 정부신뢰의 증가로 나타나게 된다(박순애, 2006; 최연태 외, 2010).

여섯째, 고객으로서의 시민은 정부로부터 양질의 공공서비스를 기대한다. 시민들은 적절한 요금을 지불하고 사적 서비스를 향유하듯이, 자신에게 부과된 세금을 내고 자신에게 필요한 공공서비스를 향유하기를 기대한다. 공공서비스가 신속하고 편리할수록, 요구하는 바를 정확하게 충족시켜줄수록 시민들은 정부를 신뢰하게 된다(OECD, 2015). 공공서비스에 대한 만족도는 정부신뢰의 중요한 결정요인이다(현승숙 · 이승종, 2007; 최연태 외, 2010).

일곱째, 정치발전이나 민주주의의 성숙과 정부신뢰 사이에는 다소 혼란스러운 관계를 갖는다. 일부 연구에 의하면 정치가 발전하고 민주주의가 성숙할수록 정부신뢰가 증가하는 경향을 보이는 반면에(Catterberg & Moreno, 2006; Uslaner, 2000; 장용진, 2013), 일부 연구에서는 민주주의가 성숙할수록 정부신뢰는 감소하는 경향을 보이기 때문이다. 정치발전이나 민주화의 정도가 정부신뢰에 부정적인 영향을 미치는 이유는 민주화가 이루어질수록 시민의식이 성숙하고 정부에 대한 감시가 강화되며 기대가 높아져서 부정부패에 대해 보다 민감해지고 기대와 현실 사이의 격차가 더 벌어질 수 있기 때문이다(장용진, 2013).

마지막으로, 사회의 전반적인 신뢰수준도 정부신뢰에 영향을 미친다. 사회 내에서 개인들간 그리고 기업과 시민들간의 신뢰수준이 높을수록 정부신뢰도 높아진다. 사회의 신뢰문화가 높게 형성되어 있을수록 정부에 대한 시민들의 신뢰수준도 높아진다는 것이다(Catterberg & Moreno, 2006; 장용진, 2013; OECD, 2015).

2. 전자정부에 관한 논의

전자정부는 고정된 개념이라기보다는 정보기술의 발달과 정부혁신의 공진화 과정 속에서 지속적으로 변화하고 발전하는 개념이기 때문에 단정적으로 정의하는 것은 쉽지 않다. 우리나라 전자정부법에는 "전자정부"란 정보기술을 활용하여 행정기관 및 공공기관의 업무를 전자화하여 행정기관 등의 상호 간의 행정업무 및 국민에 대한 행정업무를 효율적으로 수행하는 정부를 말한다(법 제2조)고 규정하고 있다. 이 정의에 따르면 전자정부의 핵심수단은 정보기술이며, 대상은 행정기관 및 공공기관이고, 추진은 업무의 전자화를 통해서 이루어지며, 목표는 행정업무의 효율성 제고이다.

전자정부를 좀 더 깊이 있게 이해하기 위해서는 전자정부의 등장배경부터 살펴보는 것이 필요하다. 전자정부가 언제 처음 등장했는가에 대해서는 논란이 있지만 대체적으로 1993년 미국 클린턴 행정부의 출범 때로 보고 있다(정충식, 2013). 클린턴 정부 이전에 레이건 행정부와 부시 행정부의 12년간 공화당이 집권하면서 미국정부는 막대한 재정적자와 무역적자라는 쌍둥이 적자에 직면하는 등 심각한 문제에 봉착해 있었다. 이 문제를 해결하기 위해 새로 출범한 클린턴 행정부는 엘 고어 부통령을 국가 CIO(Chief Information Officer)로 임명하여 작고 효율적인 정부 구축을 목표로 정부혁신을 추진하게 되는데, 이 때 활용한 방법이 민간부문에서 성공을 거두고 있는 정보기술을 활용한 조직혁신이다. 정보기술을 정부업무처리에 적극적으로 도입해서 적은 비용으로 보다 많은 업무를 보다 신속하고 정확하게 처리함으로써 정부예산을 절약하고 효율성을 높이며 시민들에 대한 공공서비스의 품질과 만족도를 높이려는 것이 전자정부의 출발점이다(Osborne, and Gaebler, 1993).

우리나라의 전자정부 도입배경과 추진내용도 이와 유사하다. 1980년대 후반부터 행정전산화를 본격적으로 시작한 우리나라는 1990년대 중반 행정정보화와 초고속정보통신망 구축을 통해서 전자정부의 기초를 다지고 있었다. 그러던 중에 1998년 IMF 외환위기와 함께 출범한 김대중 정부는 외환위기 극복을 위한 정부혁신의 핵심 수단으로 전자정부를 추진하게 된다. 클린턴 행정부와 마찬가지로 작고 효율적이며 서비스지향적인 정부를 만들기 위해서 정부혁신을 적극 추진할 수밖에 없었는데 그 전략으로 선택한 것이 전자정부이다. 김대중 정부는 정부업무 중에서 효율성과 대국민서비스 품질 제고 측면에서 가장 중요성이 높은 민원서비스, 재정, 인사, 교육행정, 국세, 조달, 관세 등 11대 핵심과제를 추진하여 전자정부의 핵심적인 시스템들을 완성하였다. 이어 출범한 노무현 정부는 '일하는 방식 혁신', '대국민서비스 혁신', '정보자원관리 혁신'이라는 3대 주제에 대해 31대 세부과제를 추진하여 전자정부를 행정 전반으로 확산시켰다(정충식, 2013). 이후 이명박 정부와 박근혜 정부 들어서는 정보기술의 진화에 맞춰서 전자정부를 유비쿼터스 정부, 모바일 정부, 스마트 정부, 빅데이터 정부 등 다양한 명칭으로 부르면서 전자정부 정책을 이어오고 있는 상황이다.

이상 전자정부의 개념과 추진배경을 바탕으로 주요 내용을 정리해 보면 첫째, 전자정부에서 가장 핵심적인 수단은 정보기술이다. 과거에 수작업으로 처리하던 각종 정부업무를 정보기술과 시스템을 활용하여 자동화 · 지능화함으로써 생산성과 효율성을 극대화하는 것이다. 둘째, 전자정부는 근본적으로 정부혁신을 위한 수단으로 채택되었다. 기존 정부가 갖고 있던 비효율과 비능률, 부정과 부패, 낮은 서비스 만족도, 낮은 정책 품질 등을 혁신하기 위하여 정보기술을 활용하여 정부의 조직구조, 업무처리방식, 제도와 관행 등을 근본적으로 혁신하기 위한 것이 전자정부이다. 셋째, 전자정부의 영역은 크게 정부 내부(back-office)와 정부 외부(front-office)로 구분할 수 있는데, 정부 내부적으로는 업무처리의 전자화 및 지식정보자원관리의 전자화를 통해서 업무처리와 정보자원관리의 신속성, 정확성, 효율성을 제고하고 정책결정의 과학성과 품질을 제고하기 위한 것이다. 정부 외부적으로는 정부와 시민 간의 관계에서 행정서비스 전자화를 통해서 대국민 서비스의 편의성을 제고하고, 시민들에게 정부의 모든 자료, 정보, 지식을 투명하게 공개하고 정책결정과정에 대한 참여를 보장함으로써 부정부패를 줄이고 민주주의를 성숙시키기 위한 것이다. 넷째, 전자정부는 직접적이고 단기적인 목표뿐만 아니라 장기적이고 거시적인 목표달성을 위한 전략으로서 추진된다. 가장 단기적인 목표는 행정업무처리의 생산성과 효율성 제고이며, 이와 함께 정책결정의 과학성 제고, 대국민서비스의 고객지향성 향상, 정부의 투명성 제고 및 부패감소, 온라인 시민참여를 통한 행정의 민주성 향상 등도 추구한다. 전자정부는 이러한 직접적이고 구체적인 목표들을 통해서 보다 장기적이고 거시적으로는 정부경쟁력을 높이고 더 나아가 국가경쟁력과 시민들의 삶의 질을 제고하려 한다.

전자정부에서 정부신뢰는 직접적이며 단기적인 목표라기보다는 장기적이고 거시적인 목표달성을 위한 중간 목표라 할 수 있다. 전자정부를 통한 효율성이나 생산성, 고객지향성이나 투명성 등이 달성되면 정부에 대한 시민들의 신뢰가 증가하고, 정부신뢰의 증가는 정부 정책에 대한 시민들의 협조와 순응 증가, 정부와 시민간의 협업 증가 등을 통해서 정부경쟁력과 국가경쟁력 증가에 기여하게 되며 이는 궁극적으로 국민들의 삶의 질에 긍정적인 영향을 미칠 수 있기 때문이다.

3. 전자정부와 정부신뢰의 관계

전자정부와 정부신뢰간의 관계에 대해서는 그동안 다양한 연구와 논의들이 진행되어 왔다. 대체적인 경향은 전자정부와 정부신뢰 간에는 긍정적 관계가 있는 것으로 제시되는데, 직접적 관계라기보다는 다른 요인들을 매개로 한 간접적 관계가 대부분이다. 전자정부를 통한 효율성, 효과성, 투명성, 서비스 만족도, 민주성(정치적 효능감) 등을 제고시키면, 이것들이 정부신뢰에 긍정적 영향을 미친다는 것이다(Moon, 2006; OECD, 2003).

전자정부가 갖고 있는 특징이나 성과가 어떻게 정부신뢰와 연결되는가에 대해서 가장 일반적으로 논의되는 것은 전자정부의 발전이 가져오는 효과와 영향이 클수록 정부신뢰가 높아진다는 것이다. 전자정부는 곧 정부 자체를 의미하는 것이므로 전자정부의 품질이 높을수록 정부에 대한 만족도가 높아지고 이것이 정부신뢰의 증가로 연결된다는 것이다(Moon, 2006; 이선중, 2011). 전자정부의 품질 또는 성과 중에서 시민들이 가장 먼저 체감하는 것은 전자정부가 제공하는 공공서비스의 품질이다. 전자정부를 통한 대국민 서비스의 효율성과 편의성 제고는 정부서비스에 대한 시민들의 만족도를 높이고 이는 다시 정부신뢰에 긍정적인 영향을 미친다는 것이다(The OECD eGovernment Task Force, 2003; 이선중, 2011). 심지어 전자정부가 제공하는 서비스를 이용한 경험 자체가 정부신뢰에 긍정적인 영향을 미친다는 연구도 있다(최연태 외, 2010; Tolbert, et al., 2006; Parent, Vandebeek and Gemino, 2005; Welch, et al., 2005). 전자정부 서비스를 경험한 시민들일수록 정부에 대한 이해도 또는 정부 정책에 대한 이해도가 높아질 뿐만 아니라 전자정부 서비스의 효과도 체험하기 때문이다. 같은 맥락에서 전자정부 활용률이 높을수록 전자정부에 대한 만족도가 증가하고 정부신뢰도 증가하는 경향을 보인다는 연구도 있다(이선중, 2011).

전자정부가 정부신뢰를 제고시키는 또 다른 메커니즘은 시민참여이다(안문석, 2001; 윤상오, 2003; 오형국, 2006; 김찬곤 · 노승용, 2007; 박경효, 2009; 이선중, 2011). 시민들은 주권자로서 정부의 정책결정에 의견을 개진하거나 참여하고 싶은 욕구를 갖고 있는데, 온라인 시민참여는 시민들에게 참여기회의 확대, 참여비용의 최소화, 참여과정에서 정부와의 소통 증가, 참여결과의 피드백을 통한 참여효능감 증가 등을 통해서 정부에 대한 신뢰를 증가시킨다는 것이다. 더 나아가 온라인 시민참여를 통해서 정부에 대한 이해도와 만족도가 증가하고 이것이 정부신뢰를 높여줄 수도 있다. 비슷한 맥락에서 전자정부가 제공하는 시민들에 대한 대응성 향상도 정부신뢰에 긍정적인 영향을 미친다고 제시된다(윤상오, 2003; 박경효, 2009; Tolbert, et al., 2005). 전자정부를 통하여 시민들이 요구하는 각종 자료와 정보, 행정서비스 등에 대하여 즉각적이고 쌍방향적이며 적실성 높은 정부의 대응은 시민들에게 만족감을 높여주고 이는 정부신뢰에도 긍정적인 영향을 미친다는 것이다.

전자정부가 정부신뢰에 긍정적 영향을 미치는 또 다른 이유는 투명성과 책임성 그리고 부패의 감소이다(안문석, 2001; 윤상오, 2003; Moon, 2006; 류현숙 외, 2008). 전자정부는 다양한 경로를 통해서 정부운영과 정책결정과정의 투명성을 제고하고, 투명성 제고는 부정부패가 발생할 여지를 줄여주며 정부와 공무원들의 책임성을 높여준다는 것이다. 온라인 정보공개, 온라인 시민참여, 온라인 행정서비스 등은 행정의 효율성뿐만 아니라 정부 투명성을 높여주는 기능을 하며, 시민들의 정부에 대한 감시를 보다 원활하게 하여 권력 남용이나 부정부패를 줄여준다는 것이다.

한편, 전자정부가 정부신뢰에 영향을 주는 것뿐만 아니라 정부신뢰가 전자정부의 활용도와 만족도 그리고 성과에도 영향을 미친다는 연구결과도 있다. Horst, Kuttschreuter, and Gutteling(2007)은 전자정부 서비스 유용성 인식의 결정요인 조사결과, 전자정부 서비스 유용성 인식에 신뢰가 매우 중요한 결정 요인임을 검증하였고, Warkentin et. al(2002)도 전자정부의 확산을 위해서는 시민들의 적극적인 활용이 필수적인데, 이를 촉진하는 가장 중요한 요인이 정부신뢰라는 점을 제시하였다. Al-adawi, et al.,(2005), Gilbert, et al.(2004)의 연구에서도 시민들이 전자정부를 받아들이고 이용하는데 중요한 요인 중의 하나로 정부신뢰를 제시하고 있다. 국내에서도 김범수 외(2006)는 정부신뢰가 전자정부서비스 활용과 서비스만족도에 유의미한 영향을 미치는 것을 검증하였으며, 김경섭(2001)이나 김찬곤 · 노승용(2007)의 연구에서도 전자정부의 성공과 성과를 위해서는 전자정부 자체에 대한 시민들의 신뢰가 우선되어야 함을 제시하였다.

4. 전자정부와 정부신뢰에 관한 선행연구들에 대한 평가

지금까지 살펴본 선행연구들을 종합해 보면 전자정부의 효율성, 투명성, 시민참여, 대국민서비스 편의성 등 다양한 효과가 정부신뢰에 긍정적 영향을 미치거나 또는 정부신뢰가 시민들의 전자정부에 대한 긍정적 인식과 수용, 활용도와 만족도 그리고 성과에 영향을 미침으로서 양자는 밀접한 관련을 갖고 있다. 물론 최연태 외(2010) 등 일부 연구에서 중앙부처와 지방정부의 웹사이트 이용도가 정부신뢰에 긍정적 영향을 미치는 증거를 발견하지 못한 경우도 있지만, 대체적으로 대부분의 연구는 양자간의 인과관계나 상호인과관계 또는 상관관계를 제시해주고 있다.

그러나 선행연구들은 다음과 같은 한계를 가지고 있다. 첫째, 대부분의 연구들이 특정 시점에서 전자정부와 정부신뢰의 관계를 규명하는데 초점을 맞추고 있다는 점이다. 시계열적인 종단연구를 통하여 전자정부와 정부신뢰간의 관계를 일관성 있게 검증하지 못하고, 횡단 연구를 통하여 특정 시점에서 일회성 검증에 그치고 있다. 둘째, 대부분의 연구가 거시적인 차원에서 국가를 단위로 하는 연구보다는 특정 부처나 지방자치단체 등 좀 더 미시적인 분석단위를 대상으로 하고 있다는 점이다. 전자정부는 중앙부처나 지방자치단체별로 다른 시스템과 서비스가 있을 수 있지만, 정부신뢰는 일반적으로 국가나 정부 전체를 단위로 형성된다는 점에서 볼 때 국가단위의 연구가 부족한 점은 지적하지 않을 수 없다. 특히 정부신뢰나 전자정부를 개별적으로 연구하거나 평가하는 국가단위의 노력은 UN의 세계 전자정부 평가나 OECD의 정부신뢰 평가 등에서 활성화되어 있지만 양자간의 관계를 국가단위에서 연구한 경우는 많지 않다. 셋째, 전자정부와 정부신뢰간의 관계 규명을 위한 자료수집에서 주로 설문조사 방법을 활용하고 있는 것도 한계로 지적할 수 있다. 설문조사는 응답자의 주관적 인식에 근거하여 객관성과 신뢰성을 확보하는데 한계가 있기 때문이다. 또한 각 조사마다 설문조사의 내용과 방법이 다르기 때문에 개별 조사의 타당성은 높을 수 있지만 조사들간의 일관성을 확보하는 데도 한계가 있다.

제3절

전자정부와 정부신뢰의 관계에 관한 실증 분석 방법

1. 전자정부와 정부신뢰간 관계분석 모형의 설정

본 연구에서는 전자정부와 정부신뢰간의 관계에 대한 선행연구들의 한계를 극복하기 위하여 다음과 같은 조사설계를 하고자 한다. 첫째, 분석단위를 국가로 설정하며 특히 우리나라를 대상으로 전자정부의 성과와 정부신뢰간의 관계를 분석하고자 한다. 우리나라를 대상으로 설정한 이유는 UN의 전자정부 평가에서 2010년부터 3회 연속 세계 1위를 차지한 가장 성공적인 전자정부를 구축한 나라인 반면에, 정부신뢰는 세계적으로 가장 낮은 그룹에 속하는 등 전자정부와 정부신뢰간의 역설이 가장 심각하기 때문이다. 둘째, 전자정부와 정부신뢰간의 관계규명을 위하여 2000년대 중반부터 최근까지 10여 년간의 자료를 분석해 보고자 한다. 이는 횡단적 설계의 일회성 분석이 가지는 한계를 극복하고 양자간의 관계를 좀 더 일관성 있게 규명하기 위한 것이다. 셋째, 연구자 개인의 설문조사방법 보다는 공신력 있는 국제기구와 우리나라의 공공기관이나 연구소 등에서 매년 조사하여 발표하고 있는 자료를 활용하고자 한다. 이러한 조사들은 국가를 대상으로 매년 일관성 있는 조사표와 자료수집방법에 근거하여 이루어져 시간의 경과에 따른 변화추이를 객관적으로 분석하는 것이 가능하기 때문이다. 이를 위한 본 연구의 분석 모형은 〈그림 2-1〉과 같다.

본 연구에서 분석하고자 하는 것은 전자정부가 정부신뢰와 어떠한 관련을 갖는가 인데, 정부신뢰와 전자정부 사이에 중요한 가교 역할을 하는 요인이 정부투명성 또는 정부부패이다. 따라서 전자정부와 정부신뢰 사이의 매개변수 역할을 하는 변수로서 정부투명성 변수를 설정하였다.

각 변수를 구성하는 세부지표를 살펴보면 전자정부 변수에서는 핵심기반이 되는 ICT 구축 수준, 전자정부 서비스 구축(준비도) 및 이용수준, 전자정부의 온라인 시민참여수준, 정보공개 및 제공주준 등을 설정하였다. 정부투명성 분야에서는 중앙정부를 대상으로 하는 정부청렴성과 부패 수준을 설정하였다. 정부신뢰 변수에서는 공공영역 전반에 대한 정부 신뢰도와 중앙정부에 한정한 정부신뢰도 지표를 설정하였다.

2. 주요 변수의 세부 지표 구성 및 자료수집 방법

각 변수의 주요 지표를 측정하기 위하여 활용한 자료의 세부 출처와 수집방법은 다음과 같다. 먼저, 전자정부 수준과 관련해서는 첫째, 전자정부의 기반인 정보통신인프라 수준은 인터넷 이용자수, 이동전화 이용자수 등을 조사하

그림 2-1 전자정부와 정부신뢰간 관계분석 모형

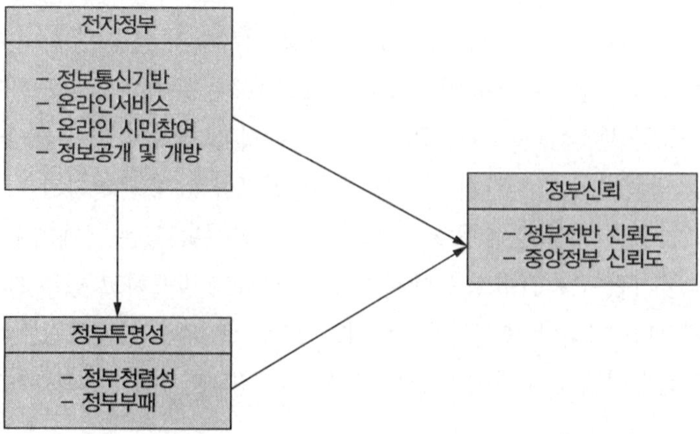

여 지수와 순위를 낸 UN의 정보통신인프라 지수를 활용하였다. 둘째, 전자정부서비스 제공수준은 UN의 전자정부 발전지수 중 정부부처 주요 홈페이지의 전자정부 서비스 제공여부를 종합한 온라인 서비스 준비도지수를 활용하였고, 온라인서비스 활용도는 한국정보화진흥원이 조사하는 행정기관 및 공공기관의 전자정부 서비스 활용 경험 인구 비율을 활용하였으며, 정부포털사이트 활용도는 「민원24」사이트에서 연간 처리한 온라인 민원처리 건수로 측정하였다. 셋째, 온라인 시민참여는 UN이 각 국가를 대상으로 전자정부 웹사이트를 통해서 시민들이 공공정책결정에 참여할 수 있는 정보와 서비스를 제공해 주는 정도로 측정하였다. 넷째, 정보공개 및 개방에서는 매년 공공기관에 접수된 정보공개청구 건수 중에서 실제로 공개가 이루어진 비율로 측정하였으며, 공공데이터 개방은 공공데이터포털(data.go.kr)에서 이루어진 공공정보 개방 건수로 측정하였다.

다음으로, 매개변수라 할 수 있는 정부투명성은 첫째, 국민권익위원회에서 매년 조사하고 있는 공공기관의 청렴도 평가 결과를 활용하였고, 둘째, 국제투명성기구에서 전세계 국가들을 대상으로 매년 실시하는 부패인식지수 조사 결과를 활용하였다.

정부신뢰 수준에 대해서는 첫째, OECD에서 회원국을 대상으로 매년 실시하는 「한눈에 보는 정부」(Government at a Glance) 중에 포함되어 있는 정부신뢰조사 결과를 활용하였다. 둘째, OECD의 조사는 최근부터 이루어져 자료가 충분치 않은 관계로 세계적 PR 컨설팅 그룹인 Edelman에서 매년 조사하고 있는 정부신뢰성 조사 결과를 활용하였다. 셋째, 우리나라의 한국사회과학자료원에서 매년 실시하고 있는 「한국종합사회조사」 중 우리나라의 기업, 국회, 군대, 법원, 학계, 청와대 등과 함께 조사되는 중앙정부에 대한 시민들의 신뢰도 조사 결과를 활용하였다.

3. 자료분석 방법

본 연구에서 전자정부와 정부투명성, 전자정부와 정부신뢰, 정부투명성과 정부신뢰간의 관계를 분석할 때 통계적 검증을 위한 상관관계분석이나 회귀분

표 2-1 주요 변수 및 측정지표의 세부구성과 출처

변수명	세부지표명	주요내용	작성기관	수집년도
전자정부	정보통신 인프라	전 세계 190여개국의 인터넷 이용자수 등 전자정부의 선행조건인 기본 정보통신관련 인프라 수준 측정	국제연합(UN)	2005, 2008, 2010, 2012, 2014
	온라인서비스 준비도	전 세계 190여개국의 국가포털사이트, 보건, 교육, 사회복지, 노동, 재정 등과 관련된 각국 정부의 대표 홈페이지를 대상으로 전자정부 발전단계가 요구하는 서비스의 제공여부 조사	국제연합(UN)	2005, 2008, 2010, 2012, 2014
	온라인서비스 이용률	지난 1년간 만16세~74세 인구 중 "인터넷/이메일을 이용하여 행정기관 및 공공기관에서 제공하는 행정서비스(전자정부서비스)"를 이용한 적이 있는 인구의 비율	한국정보화진흥원	2012~2014
	정부포털 이용도	정부민원포털 민원24 서비스 이용 민원처리 건수	행정자치부	2006~2014
	온라인 시민참여	전세계 190여개국을 대상으로 전자정부 웹사이트를 통해 시민들이 공공정책 형성 등에 참여할 수 있도록 관련 서비스 및 정보를 전자정부 웹사이트에 얼마나 제공해 주고 있는지를 정량적으로 평가	국제연합(UN)	2005, 2008, 2010, 2012, 2014
	행정정보공개	정보공개청구에 대한 정보공개율	행정자치부	2005~2014
	공공데이터 개방	공공기관이 보유하고 있는 공공데이터의 개방건수	행정자치부	2012~2014
정부 투명성	공공기관 청렴도	국민들을 대상으로 공공기관의 청렴도(부패도) 조사를 실시	국민권익위원회	2005~2014
	부패인식지수	전세계 170여개에 대해 기업경영자 등을 대상으로 공공부문 및 정치부문에 대한 부패의 정도를 조사	국제투명성기구(TI)	2005~2014
정부신뢰	OECD 정부신뢰도	OECD가 회원국 시민들을 대상으로 정부에 대한 신뢰정도를 조사	OECD	2012~2014
	Edelman 정부신뢰도	세계 최대규모의 독립 PR 컨설팅 그룹의 정부신뢰 조사	Edelman	2006~2014
	중앙정부 신뢰도	한국종합사회조사의 기관별 신뢰도 조사 중 중앙정부 신뢰도 수준	한국사회과학 자료원	2005~2012

석 등의 정교한 통계분석방법을 활용하는 것은 근본적으로 한계가 있다. 그 이유는 첫째, 각 데이터의 출처가 모두 다르고, 조사시점이나 방법 그리고 조사대상 등에 일관성이 없으며 측정단위도 모두 다르기 때문이다. 동일년도라 하더라도 조사 시점이 다르고 조사자료도 웹사이트에서 제공하고 있는 서비스 종류를 조사한 것도 있고, 일반 시민이나 기업인 등을 대상으로 의견을 조사한 것도 있고, 이용건수나 접속건수의 통계를 수집한 것도 있어서 일관성을 기하는데 한계가 있다. 둘째, 자료수집 년도를 2005년부터 2014년까지 10년으로 설정하였지만, 실제로 10년의 자료가 다 있는 지표도 있고 격년도로 있는 지표도 있으며 최근 년도만 있는 지표도 있어 결측치가 너무 많다. 셋째, 우리나라만을 대상으로 하여 표본의 수도 부족하다.

따라서 본 연구에서는 정교한 가설검증적 통계분석 방법보다는 변수들 간의 관계를 그래프나 도표에 의해 직관적으로 인식할 수 있는 추세분석의 방법을 활용하고자 한다. 예를 들어, 전자정부 순위는 연도별로 어떻게 상승해 왔는데 정부신뢰 순위는 해당 연도별로 어떻게 변화되어 왔는가를 그래프나 도표로서 제시하고 양자간의 관계의 정도나 일관성을 추정해 보는 방식이다.

제4절

전자정부와 정부신뢰간 관계에 관한 분석결과 및 논의

1. 주요 변수의 일반적 특성

본 연구에서 설정한 주요변수인 전자정부, 정부투명성, 정부신뢰에 관한 국내외 주요 기관들의 조사 및 평가결과를 정리하면 〈표 2-2〉와 같다.

첫째, 우리나라의 전자정부 수준은 전세계 최고 선진국으로 평가되고 있다. UN의 전자정부 발전지수 평가에서 2010년부터 2012년과 2014년까지 3회 연속 세계 1위를 차지한 것에서 알 수 있다. 구체적으로 살펴보면 전자정부의 기반이 되는 정보통신 인프라는 2010년까지 전 세계 10위권을 차지하다 점점 상승하여 2014년에는 2위를 차지하였다. 전자정부를 활용한 온라인 서비스 제공 역시 2010년 이후 줄곧 1위에서 3위를 차지하는 등 세계 최고수준으로 나타나고 있다. 온라인 서비스 이용률도 계속 상승하여 2014년 기준으로 17세 이상 74세 이하의 성인 중 온라인 서비스 이용경험이 있는 비율이 90% 정도까지 도달하였다. 또한 정부 포털사이트(민원 24)를 통하여 온라인 서비스를 처리한 건수도 2005년부터 지속적으로 상승하여 2014년에는 5700만 건을 상회하는 것으로 나타났다.

또한 온라인 시민참여도 2010년 이후 3회 연속 세계 1위를 차지하여 세

표 2-2 각 변수 및 세부지표별 현황

변수명	세부지표명	2005	2006	2007	2008	2009	2010	2011	2012	2013	2014
전자정부	정보통신인프라 점수 (전세계 순위)	67 (9)	–	–	69 (10)	–	64 (13)	–	83 (7)	–	93 (2)
	E온라인서비스 준비도 점수(전세계 순위)	94 (4)	–	–	82 (6)	–	100 (1)	–	100 (1)	–	97 (3)
	온라인서비스 이용률 (%)	–	–	–	–	–	–	–	88.6	84.4	90.3
	정부포털이용건수 (단위: 만)	–	413	722	1.95	1624	2111	2844	3944	5009	5749
	온라인 시민참여 점수 (전세계 순위)	87 (5)	–	–	98 (2)	–	100 (1)	–	100 (1)	–	100 (1)
	행정정보공개(%)	90.5	90.5	90.8	91.1	91.1	89.7	90.7	95.0	96.0	95.6
	공공데이터 개방 (건수)	–	–	–	–	–	–	–	2	4,718	11,796
정부 투명성	공공기관청렴도 (점수)	86.8	87.8	88.9	–	85.1	84.4	84.3	78.6	78.6	77.8
	부패인식지수[7] (전세계 순위)	50 (40)	51 (42)	50 (43)	56 (40)	55 (39)	54 (39)	54 (43)	56 (45)	55 (46)	55 (43)

7 100점 만점으로 점수가 높을수록 청렴하다는 의미이며, 순위는 전세계 170~180여개 국가 중 우리나라의 순위를 의미한다.

표 2-2 각 변수 및 세부지표별 현황(계속)

변수명	세부지표명	2005	2006	2007	2008	2009	2010	2011	2012	2013	2014
정부신뢰	정부신뢰 국민비율[8] (회원국 중 순위)	–	–	–	–	–	–	32.4	–	24.8 (26)	34 (30)
	Edelman 정부신뢰도[9](점수)	–	29	26	40	38	47	50	33	44	45
	중앙정부신뢰도점수[10] (16개기관 중 순위)	47.5 (15)	52.3 (15)	53 (15)	51.1 (14)	52.3 (15)	57.8 (14)	56.1 (15)	53.9 (14)	–	–

8 '정부를 신뢰하는가?'라는 질문에 대해 신뢰한다고 응답한 비율과, OECD 국가(2013년 41개, 2014년 43개) 중에서 우리나라의 순위를 의미한다.

9 100점 만점이며 점수가 높을수록 정부신뢰가 높다는 것을 의미한다.

10 100점 만점이며 점수가 높을수록 정부신뢰가 높다는 의미이다. 순위는 우리나라의 대기업, 신문사, 방송사, 국회, 학계, 법원, 청와대, 군대, 시민단체, 종교계 등 16개 집단 중에서 중앙정부의 순위를 나타낸다.

계 최고인 것으로 나타났다. 정부 및 공공기관에 청구한 정보공개 요구에 대해여 공개가 이루어진 비율도 2010년 이후 계속 상승하여 2014년 기준으로 95%를 넘는 것으로 나타났다. 정부 및 공공기관이 보유하고 있는 공공정보와 데이터의 민간개방도 2012년「공공데이터의 제공 및 이용활성화에 관한 법률」제정 이후 지속적으로 상승하였으며, 2015년 OECD(2015)의「한눈에 보는 정부」(Government at a Glance) 평가에서 세계 1위를 차지하였다. 이상의 내용을 종합해 보면 우리나라는 전자정부 기반, 전자정부서비스 준비, 전자정부서비스 이용, 정보공개, 시민참여, 공공데이터 개방 등 모든 분야에서 세계 최고수준에 도달하고 있다고 할 수 있다.

둘째, 우리나라 정부의 청렴도 및 부패정도는 전자정부와는 다른 성과를 보여주고 있다. 국민권익위원회의 공공기관 청렴도 조사 결과 우리나라 공공기관의 청렴도는 2005년부터 2014년까지 전반적으로 보통의 수준을 나타내고 있는데, 문제는 시간의 경과에 따라서 점점 개선되기보다는 나빠지고 있다는 점이다. 특히 2010년 이후에 공공기관 청렴도가 눈에 띄게 나빠지고 있는 것을 알 수 있다.

보다 심각한 것은 부패인식 지수이다. 국제투명성기구(TI)에서 1995년부터 공공부문 및 정치부문에 존재하는 것으로 인식되는 부패의 정도를 매년 측정한 결과 우리나라는 2005년부터 2014년까지 10년 동안 거의 개선이 없이 지속적으로 심각하게 낮은 수준을 나타내고 있다. 세계 170~180여개 국가 중 중진국 수준에도 못 미치는 40위권에 머물고 있는 것이다. 2014년 기준으로 부패인식지수가 100점 만점에 55점에 머물러 175개국 중 43위에 그치고 있으며, 이는 OECD 국가 평균인 69.2점에 비해서도 한참 낮은 수준이다.

셋째, 우리나라의 정부신뢰 수준도 상당히 낮은 것으로 나타났다. 특히, OECD의「한눈에 보는 정부」(Government at a Glance) 조사의 일부로 포함된 정부신뢰 조사 결과 우리나라의 정부신뢰는 매우 심각한 수준인 것으로 나타났다. 국민 중 정부를 신뢰한다는 비율이 2014년 조사에서 25%, 2015년 조사에서 34%에 불과한 것으로 나타났기 때문이다. 이는 OECD 회원국 중에서 2014년 26위, 2015년 30위로 최하위 수준이다. 2015년을 기준으로 보면 OECD 평균점수인 42%보다도 한참 낮으며, 스위스(75%)나 노르웨이(70%)는 물론이고 개발도상국가인 인도(세계 2위) 인도네시아(세계 5위), 러시아(세계 6위), 터키(세계 9위) 등보다 낮았다.

우리나라의 정부신뢰가 낮다는 것은 Edelman의 정부신뢰 조사에서도 일관성 있게 나타나고 있다. 2000년부터 매년 Edelman의 자회사이자 조사연구 전문기관 Edelman Berland가 세계 주요 27개국의 일반대중과 적극적 공중을 대상으로 신뢰도 지표조사(Edelman Trust Barometer)를 실시하고 있는데, 우리나라의 정부신뢰도 점수는 2006년부터 조금씩 상승하면서 등락을 거듭하는 경향을 보이고 있지만 다른 나라들에 비해서는 상당히 낮은 수준에 머물러 있다. 2015년에도 우리나라는 조사대상 27개 국가 중 18위로서 '불신국가'에 속한다는 결과가 나왔다.

한국사회과학자료원은 지방정부나 공공기관, 법원, 청와대, 국회 등과는 분리하여 중앙정부에 대한 신뢰도 조사를 매년 실시하고 있는데, 조사결과를 보면 우리나라의 중앙정부는 대기업, 종교계, 학계, 교육계, 신문사, 방송사, 법원, 군대, 시민단체, 청와대 등 16개 기관 중에서 국회 다음으로 신뢰도가 낮은 15위를 차지하고 있다. 또한 이러한 경향이 10년간 지속되어 가장 신뢰가 낮은 집단으로 고착화되고 있다.

2. 전자정부와 정부투명성 및 정부신뢰도간 관계분석

(1) 전자정부와 정부투명성 간의 관계 분석

앞서 살펴본 이론적 논의에서 전자정부는 정부투명성에 긍정적 영향을 미치는 것으로 제시되었다. 그러나 본 연구에서 전자정부와 정부투명성에 대한 각종 자료를 분석한 결과 양자간에는 긍정적인 관계가 없거나 오히려 역설적인 관계에 있는 것으로 나타났다. 대표적으로 〈그림 2-2〉에서 보는 바와 같이 UN의 전자정부 온라인 서비스 제공 및 온라인 시민참여 평가결과와 국제투명성기구의 정부부패지수 평가 결과를 비교해 보면 우리나라에서 전자정부 온라인 서비스 제공 그리고 온라인 시민참여는 정부부패 감소에 아무런

그림 2-2 전자정부서비스 및 온라인 시민참여와 정부부패 및 청렴도간 관계

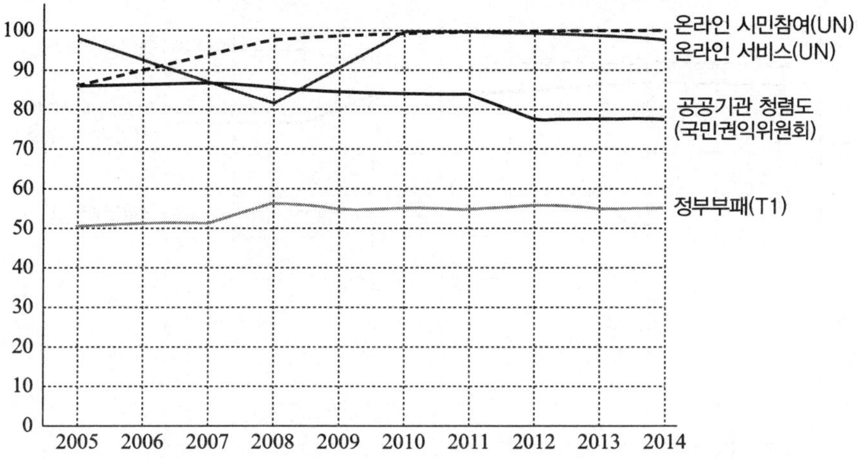

영향을 주지 못한 것으로 나타났다. 전자정부는 세계 최고 수준이지만 정부부패는 OECD 국가 중 최하위 수준이기 때문이다.

또한 전자정부 온라인 서비스 제공과 온라인 시민참여는 공공기관 청렴도와 관계가 없거나 오히려 역설적 관계가 있는 것으로 나타났다. 전자정부 수준은 2005년부터 조금씩 상승하여 2010년 이후에는 세계 최고수준을 나타내고 있지만, 공공기관 청렴도는 전자정부 수준과는 상당한 격차를 보이며 2010년 이후에 오히려 하락하는 경향을 보이기 때문이다.

〈그림 2-3〉에서 보는 바와 같이 행정정보공개와 정부부패 및 청렴도간에도 의미있는 관계가 없거나 오히려 역설적 관계에 있는 것으로 나타났다. 행정정보공개율은 매년 지속적으로 상승하고 있으나 정부부패는 행정정보공개율과 상당한 격차를 두고 매년 제자리걸음을 하고 있으며, 공공기관 청렴도는 오히려 조금씩 하락하였기 때문이다.

(2) 전자정부와 정부신뢰간의 관계

전자정부와 정부신뢰간의 관계도 이론적 논의나 선행연구와는 다른 결과를 보여준다. 〈그림 2-4〉에서 보는 바와 같이 전자정부서비스 제공과 온라인 시민참여는 세계 최고수준을 나타내고 있으나 정부신뢰는 OECD 국가들 중 최

그림 2-3 행정정보공개와 정부부패 및 청렴도간 관계

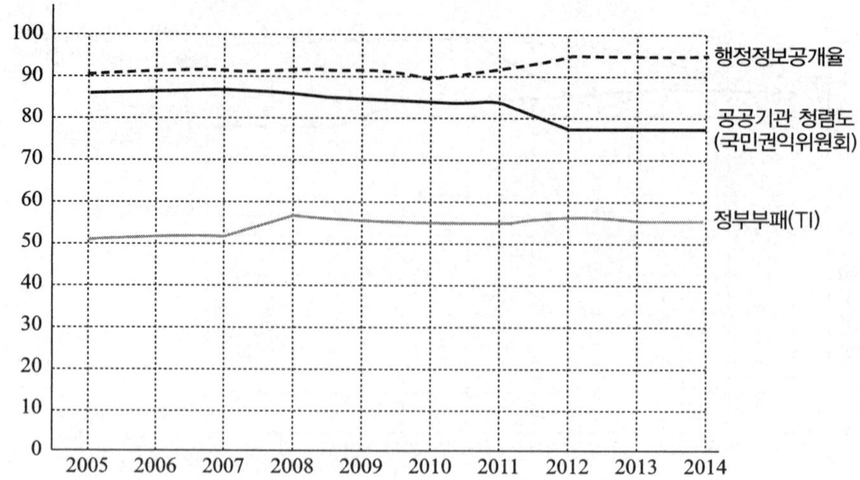

하위 수준으로 나타나고 있기 때문이다. 온라인서비스 제공수준과 온라인 시민참여가 Edelman에서 평가한 정부 전반에 대한 신뢰와 어떠한 관계가 있는가에 대한 분석에서도 비슷한 결과를 보여주고 있다. 2005년 이후 온라인서비스 제공이나 온라인 시민참여는 지속적으로 상승하여 세계 최고수준에 도달하였으나 정부신뢰는 2008년에 약간 개선되다가 그 이후로는 계속해서 매

그림 2-4 전자정부서비스 및 온라인 시민참여와 정부신뢰

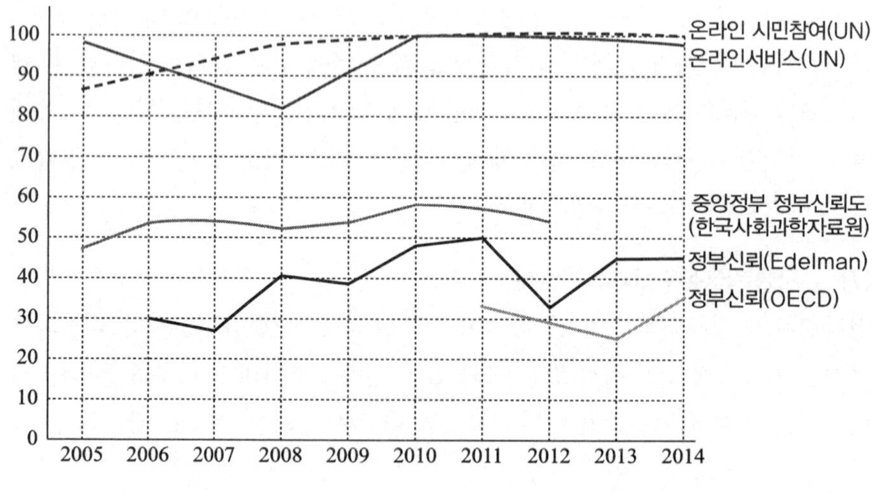

우 낮은 수준을 유지하고 있기 때문이다. 더 구체적으로 온라인서비스 제공과 온라인 시민참여가 중앙정부 신뢰도에 어떠한 영향을 미치는가를 살펴본 결과도 마찬가지이다. 전자정부 발전과 관계없이 중앙정부의 신뢰도는 다른 기관들에 비해서 2005년부터 2012년까지 지속적으로 최하위 수준에 머무르고 있기 때문이다.

온라인서비스 이용률과 행정정보공개율이 정부신뢰와 어떠한 관계를 갖는가를 살펴본 결과도 마찬가지이다. 〈그림 2-5〉에서 보는 바와 같이 온라인서비스 이용률은 2012년 이후 높은 수준을 나타내 2014년에 90.3%에 도달하였고, 행정정보공개율도 2010년 89.7% 이후 지속적으로 상승하여 2014년에는 95.6%에 도달하고 있지만, 정부신뢰는 매우 낮은 수준에서 제자리걸음을 하고 있기 때문이다.

행정정보공개와 정부 전반에 대한 신뢰도 그리고 중앙정부에 대한 신뢰도 간의 관계도 마찬가지이다. 행정정보공개와 정부 전반 신뢰도 및 중앙정부 신뢰도간에는 의미있는 관계가 없거나 오히려 역설적 관계에 있는 것으로 나타났다. 행정정보공개율은 2005년부터 매년 조금씩 상승하고 있으나 Edelman의 정부 전반 신뢰도나 한국사회과학자료원의 중앙정부신뢰도는 거의 변화가 없이 매우 낮은 수준을 유지하고 있기 때문이다.

그림 2-5 전자정부 온라인서비스 활용률 및 정보공개율과 정부신뢰간 관계

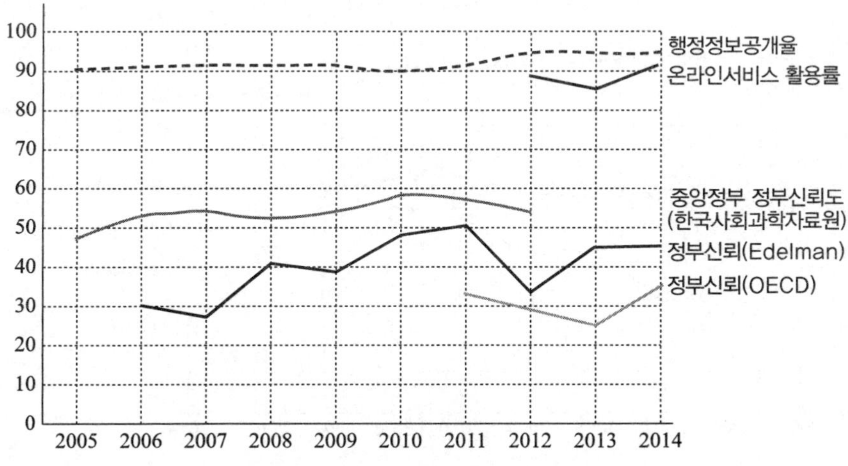

이 밖에도 〈표 2-2〉에서 보는 바와 같이 정보통신기반 수준, 정부포털 이용건수나 공공데이터 개방건수도 정부신뢰에는 의미있는 영향을 미치지 않는 것으로 나타났다. 정보통신기반 수준도 매년 개선되어 최고수준에 도달하였고, 정부포털 이용건수도 2006년 이후 급속히 증가하고 있으며, 공공데이터 개방건수도 2012년에 시작되어 2014년까지 급속히 증가하고 있지만, 정부전반 신뢰도나 중앙정부 신뢰도는 거의 개선되지 않고 낮은 수준을 유지하고 있기 때문이다.

(3) 정부투명성과 정부신뢰간 관계

반면에, 정부투명성과 정부신뢰 간에는 비슷한 점수 양상을 보여 양자간의 관계가 있음을 짐작할 수 있다. 즉, 2005년부터 2014년까지 국제투명성기구가 조사한 정부부패가 지속적으로 낮은 수준을 보이고 있는데 이것은 Edelman의 정부신뢰지수나 한국사회과학자료원의 중앙정부 신뢰도가 지속적으로 낮은 것과 동일한 양상이다. 결국 높은 정부부패와 낮은 청렴성은 낮은 정부신뢰와 직결된다는 것을 추론해 볼 수 있다. 〈그림 2-6〉은 정부투명성보다 정부신뢰 점수가 더 낮은 것을 보여주는데, 이것은 정부투명성이 낮을수록 정부신뢰는 더 낮다는 것을 추정할 수 있게 해준다.

그림 2-6 정부투명성과 정부신뢰간 관계

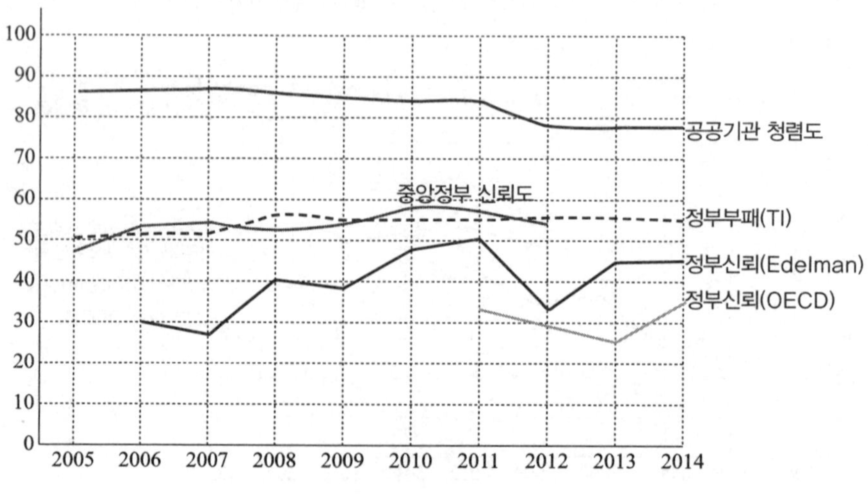

한편, 국민권익위원회가 조사한 공공기관 청렴도와 정부신뢰간 관계를 분석한 결과, 공공기관 청렴도에 비해서 정부신뢰는 훨씬 더 낮은 수준에 머무르고 있음을 알 수 있다. 공공기관 청렴도는 2005년부터 2007년까지는 약간 상승하다 그 이후로는 조금씩 지속적으로 하락하는 경향을 보이며, 정부신뢰도는 매우 낮은 수준에서 약간씩 등락을 거듭하고 있어 양자간의 의미있는 관계를 찾기는 쉽지 않다.

3. 분석결과에 대한 논의 및 시사점

이상의 분석결과를 보면 선행연구나 이론과 달리 우리나라에서 전자정부는 정부투명성 제고나 정부신뢰 제고에 효과가 없는 것으로 나타났다. 이러한 역설적 현상이 발생하는 이유를 어떻게 설명할 수 있는가?

첫째는 전세계적으로 광범위하게 확산되고 있는 정부신뢰 위기를 들 수 있다. 그동안의 다양한 연구에 의하면 전 세계 대부분의 국가에서 정부신뢰는 지속적으로 하락하여 왔다. 2015년 OECD의 발표에 의하면 선진국 클럽이라 할 수 있는 OECD 국가들도 정부신뢰 평균이 40% 정도에 불과한 것으로 나타났으며, 2007년 45.2%에서 2014년 41.8%로 평균 3.3%가 하락하였다(OECD, 2015).[11] 우리나라의 경우에도 2007년 한국행정연구원 설문조사에 의하면, 국민들의 정부신뢰도는 1996년 62%에서 2007년 33%로 크게 하락하였다(류현숙 외, 2008). 30%대의 정부신뢰도는 2000년대 중반 이후 지금까지 계속되고 있는 상황이다. 흥미로운 사실은 1990년대 중반부터 세계 대부분 국가들에서 국가정보화와 함께 전자정부 정책을 적극적으로 펼쳐오고 있는데, 이즈음부터 시민들의 정부에 대한 신뢰가 지속적으로 하락하고 있다는 사실이다. 이것은 전자정부가 이론과는 달리 정부신뢰에 부정적 영향을 미친다고 해석할 수도 있다. 또는 정부신뢰는 다른 요인들에 의해서 지속적으로 하락하고 있으며 전자정부는 정부신뢰에 아무런 영향을 미치지 못하

11 이 기간 중 정부신뢰가 크게 하락한 나라는 슬로베니아(30% 하락), 핀란드(29% 하락), 스페인(27% 하락), 포르투갈(22% 하락)이며, 크게 상승한 나라는 독일(25% 상승), 이스라엘(22% 상승), 아이슬란드(22% 상승) 등이다(OECD, 2015).

고 있다고도 할 수 있다. 또는 전자정부는 정부신뢰에 긍정적 영향을 미치지만 다른 요인들에 의한 정부신뢰 하락을 막을 정도의 큰 효과는 발휘하지 못한다고도 할 수 있다. 이에 대해 OECD(2015)는 정부신뢰의 하락 원인을 다양하게 제시하고 있는데 경제상황과 전망, 정치적 변화와 리더십, 재해 · 재난, 부정부패 등이 대표적인 것들이다. 특히 정부에 대한 시민들의 기대는 점점 더 빨리 증가함에 비해서 정부의 대응속도가 느리고, 시민들의 새로운 요구에 대한 정부의 대응능력이 떨어지는 것이 신뢰하락의 중요한 요인이 되고 있음을 지적하였다. 이 같은 논의는 일반 대중과 정부 사이의 인식적 거리(perceptual distance) 및 정보의 차이(information gap)를 정부신뢰 하락의 주요 요인으로 제시한 류현숙 외(2008: 47)의 연구와도 일맥상통한다. 이상의 논의를 종합해 보면 적어도 전자정부가 정부신뢰를 하락시키는 중요 요인은 아니라는 것이며, 정부신뢰를 증진시킬 수 있는 다양한 효과들을 갖고 있지만 다른 요인들에 의한 정부신뢰 하락을 상쇄시킬 정도로 강력하지는 않다고 추론해 볼 수 있다.

둘째는 정부신뢰의 개념과 범주의 문제이다. 근본적으로 정부신뢰는 객관적인 현상을 반영하기보다는 국민들의 정부에 대한 주관적인 기대수준과 실세 상황 사이의 차이에 따른 불만족을 반영하는 것이다(류현숙 외, 2008). 따라서 객관적으로 정부의 성과나 투명성이 아무리 높다 하더라도 이것을 국민들이 제대로 인식하지 못하거나 또는 국민들의 기대수준과 일치하지 않을 경우 정부신뢰는 낮을 수밖에 없다. 또한 정부신뢰는 좁은 의미의 공공역역이나 행정부문만을 대상으로 한다기보다는 좀 더 넓은 의미에서 중앙정부와 지방정부, 공공기관 및 공기업, 입법부와 사법부, 대통령 및 청와대, 정치인 등을 모두 포괄하는 것이 일반적이다. 반면에 전자정부는 훨씬 더 좁은 의미에서 행정부만을 의미하며, 넓게 잡아도 공공기관을 포함하는 수준에 그치는 것이 일반적이다. 따라서 정부신뢰의 상당 부분은 전자정부의 영향권 밖에 존재하기 때문에 전자정부의 성과를 통해서 정부신뢰를 높이는 데는 근본적으로 한계가 있다고 할 수 있다.

셋째, 전자정부와 정부신뢰를 측정하는 방법 때문에 양자간의 괴리가 발생할 수도 있다. 본 연구에서 전자정부에 관한 모든 지표는 전자정부의 객관적 성과를 나타내는 기반구축, 서비스 제공, 서비스 이용률, 시민참여 채널 제공, 정보공개, 데이터 개방 등이다. 즉, 모든 지표들이 개인의 주관적인 감정이나 인식과는 관계가 없는 객관적 지표로 구성되어 있다. 반면에 정부신뢰나 정부투명성에 관한 지표는 모두 시민들의 인식에 근거를 둔 주관적 지표들이다. 이것은 정부신뢰 자체가 개인의 주관적인 감정과 인식에서 나오기 때문이다. 따라서 개인의 연령, 성별, 학력, 정치적 이념이나 성향 등에 따라서 동일한 전자정부 성과에 대해서도 인식이나 만족도가 다르고 정부신뢰가 다를 수밖에 없다(Kim, 2010; 장용진, 2013). 또한 전자정부의 객관적 성과가 아무리 높다 하더라도 시민들이 이를 인지하지 못하거나, 또는 본인의 기대와 다르다고 인식할 경우에도 정부신뢰는 낮을 수밖에 없다.

넷째, 실제로 전자정부는 정부신뢰에 부정적인 효과를 발휘하기도 한다. 이유는 몇 가지로 제시할 수 있는데 가장 큰 이유는 전자정부는 국민들의 정부에 대한 불만과 기대수준을 높일 수도 있기 때문이다. 잘 몰랐을 때는 신뢰할 수 있지만, 정부에 대해서 많이 알면 알수록 정부의 문제점도 더 눈에 들어오고, 알면 알수록 불만도 늘어나고 기대와 현실사이의 격차도 늘어나며, 이에 따라서 정부신뢰는 떨어지게 된다는 것이다(장용진, 2013; Ven Deth, 2000; Warren, 1999). 실제로 2015년 OECD의 정부신뢰 조사 결과 OECD 선진국들의 평균 정부신뢰도는 42%였으나 민주화나 개방성의 정도가 낮고 전자정부 수준도 떨어지는 인도는 75%, 인도네시아 65%, 러시아 64% 등으로 훨씬 더 높은 수준을 보여주었으며, Edelman의 정부신뢰 조사에서도 2014년 기준으로 민주화나 전자정부 수준이 낮은 중국이나 UAE가 80%에 가까운 정부신뢰를 보여줘 세계 1위와 2위를 차지한 것이 이를 반증한다. 비슷한 맥락에서 전자정부가 촉진하는 시민참여도 정부신뢰를 떨어뜨리는 요인이 될 수 있다. 전자정부와 함께 참여정보 취득이 용이하고 참여채널이 다양하고 접근성도 향상되어 언제 어디서나 쉽게 참여할 수 있게 됨에 따라서 시민참여가 급속히 증가하였다. 시민참여의 증가는 비판적인 시민의 증가를 가져오고 비판적 시민이 증가할수록 정부에 대한 건전한 비판과 불만이 증가하며 이는 정부신뢰에 부정적 영향을 미친다는 것이다(Norris, 1999). 또한 전자정부는 개인정보침해, 전자감시의 증가, 사이버테러나 해킹 등에 의한 시스템 취약성 등 다양한 역기능들에 의해서 정부신뢰를 약화시키기도 한다(윤상오, 2009).

다섯째, 전자정부 이용자로서의 시민과 정부신뢰의 주체로서의 시민이 반드시 일치하지 않을 수도 있다. 일반적으로 정부신뢰는 전체 국민 또는 전체 유권자들에 의해서 형성되지만, 전자정부는 이용자가 제한되어 있기 때문이다. 특히 우리나라와 같이 전자정부 이용자가 젊은 고학력 계층에 집중되어 있고 고령층이나 저소득층, 저학력층 등에서 전자정부 이용도가 낮을 경우 이는 정부신뢰와 전자정부의 성과 사이의 관련성을 약화시키는 요인이 될 수 있다.

제5절

결론

본 연구에서는 전자정부가 정부투명성과 정부신뢰에 어떠한 영향을 미치는가 또는 어떠한 관련성을 가지는가를 실제 자료를 통하여 확인하고자 하였다. 주된 계기는 우리나라가 2010년 이후 자타가 공인하는 세계 최고의 전자정부 선진국이 되었지만 정부신뢰나 정부부패는 OECD 국가 중 최하위권에 머물러 양자간 격차가 매우 크기 때문이다. 분석결과 기존의 이론적 논의와는 달리 우리나라에서는 전자정부가 정부투명성과 정부신뢰에 긍정적인 영향을 미치지 못하거나 또는 오히려 부정적인 영향을 미치고 있음을 추론해 내었다. 이러한 역설적 현상은 정부신뢰와 전자정부의 개념과 범주의 차이, 측정 및 자료수집의 차이 등 때문일 수도 있고, 전자정부가 정부에 대한 시민들의 이해도와 지식수준을 높임으로써 정부에 대한 비판의식과 기대수준을 높이기 때문일 수도 있다.

실제로 전자정부는 정부신뢰를 결정하는 여러 원인변수들 중 하나이므로, 전자정부의 성과에 의해서만 정부신뢰를 제고하는 것은 불가능할 것이다. 또한 전자정부는 정부신뢰를 제고시켜 줄 수 있는 다양한 요인들과 함께 정부신뢰를 저하시킬 수 있는 위험요인들도 동시에 내포하고 있다. 대표적으로 전자정부가 초래하는 개인정보침해와 전자감시의 강화, 사이버 테러나 해킹 등에 의한 시스템 정지나 붕괴 위험의 증가, 정보의 홍수와 데이터 스모 그, 투명성 확대를 통한 부패적발의 증가, 공공정보 · 데이터의 낮은 품질, 온라인 여론조작 등은 정부신뢰를 약화시킬 가능성을 충분히 갖고 있다. 따라서 전자정부가 정부신뢰 제고에 기여하기 위해서는 전자정부의 순기능 강화와 함께 다양한 역기능에 대한 적절한 대비가 필요하다.

또한 거시적이고 장기적인 입장에서 볼 때, 전자정부가 정부신뢰 제고를 통해서 궁극적으로 국가경쟁력과 국민들의 삶의 질 향상에 기여하기 위해서는 전자정부의 대상 범주를 행정부 내에 국한하지 말고 공공기관, 청와대, 국회, 사법부 등을 총괄하는 방향으로 넓혀 공공영역 전반에 대한 혁신의 동력으로 활용해야 할 것이다. 또한 전자정부의 정책 초점을 기존의 효율성 관점에서 시민들의 신뢰를 높이기 위한 민주성, 투명성, 거버넌스 등 보다 상위의 가치를 높이는 방향으로 전환할 필요가 있다.

마지막으로, 방법론적인 측면에서 전자정부와 정부신뢰간의 관계를 좀 더 객관적으로 일관성 있게 분석하기 위한 후속연구가 필요하다. 즉, 전자정부와 정부신뢰간의 관계규명을 위한 단일한 조사모형을 설정하고, 동일한 조사방법에 의하여 정기적이고 일관성 있는 자료수집을 통해서 양자간의 관계를 통계적으로 검증하는 연구가 이루어져야 할 것이다.

참고문헌

김경섭.(2001). "미니포럼: 신뢰기반의 전자정부"「행정포커스」, 한국행정연구원.

김범수 · 이정 · 김경규.(2006). "인지된 신뢰, 위험, 유용성 및 편의성이 전자정부 민원서비스 사용의도에 미치는 영향 : 온라인 민원 안내와 민원 신청 서비스를 중심으로."「정보화정책」, 13(4): 186-202.

김병섭.(1984). "정책수용성 제고를 위한 행정의 신뢰성 확보". 「현대사상연구」, 1: 61-88.

김왕식.(2011). "정부신뢰에 영향을 주는 요인". 한국행정학회 2011년 하계학술대회 발표논문.

김찬곤 · 노승용.(2007). "전자 시민 참여 만족도 및 그 영향요인과 효과 분석", 「u-City와 미래도시 전망을 위한 국제 세미나」, 2007하계 한국지역정보화학회 발표논문집.

김철회.(2011). "국가재정의 건전성과 정부신뢰". 한국행정학회 2011년 추계학술대회 발표논문.

류현숙 외.(2008). "Web 2.0 시대 정부신뢰 제고를 위한 전자정부 추진전략 연구". 한국행정연구원 연구보고서.

박경효.(2009). "전자정부서비스 시민만족도와 정부신뢰: 서울시 강남구청의 사례", 한국지방자치연구 제10권 제4호: 213-231

박순애.(2006). "정부에 대한 이해와 정부신뢰의 관계: 우리나라 대학생을 중심으로", · 한국행정학보 · , 40(2): 73-97.

박종민 · 배정현.(2011). "정부신뢰의 원인 : 정책결과, 과정 및 산출". 「정부학연구」, 17(2): 117-142

박통희 · 김기현.(2011). "인터넷정보의 질에 대한 인식이 정부신뢰에 미치는 영향". 한국행정학회 2011년 추계학술대회 발표논문집

박천오.(1999). "정부관료제에 대한 시민의 불신원인과 처방에 관한 이론적 고찰".「행정논총」. 37(2).

박희봉 · 이희창 · 조연상.(2003). "우리나라 정부신뢰 특성 및 영향요인 분석", 「한국행정학보」37(3), pp.45-66.

손호중 · 채원호.(2005). "정부신뢰의 영향요인에 관한 연구 : 부안군 원전수거물처리장 입지사례를 중심으로", 「한국행정학보」39(3): 87-113.

안문석.(2001). "신뢰사회 구축과 전자정부".「행정포커스」, 서울 : 한국행정연구원.

오형국.(2006). "전자정부를 통한 시민들의 정책참여 영향요인에 관한 연구", 「정책분석평가학회보」, 16(3): 139-166

윤상오(2009). "전자정부 구현을 위한 개인정보보호 정책에 관한 연구: 정부신뢰 구축의 관점에서". 「한국지역정보화학회지」 제12권 제2호: 61-87

윤상오.(2003). "전자정부의 시민참여에 관한 연구". 「한국정책과학학회보」 제7권 제1호: 79-103.

이선중.(2011). "전자정부 신뢰와 정부신뢰의 영향관계에 관한 연구- 신뢰주체 및 신뢰대상 요인을 중심으로". 「정보화정책」 제18권 제2호: 49-71

이숙종(2006). "정부신뢰와 거버넌스". 「국정관리연구」제1집 제1호: 143-172

이종범.(1983). 「국민과 관료제」. 서울 : 고려대학교 출판부.

장용진.(2013). "정부신뢰의 원인: 국가간 비교연구". 「정부학연구」 제19권 제3호(2013): 189-214

정충식.(2013). 「전자정부론」. 서울경제경영.

최연태 · 박상인.(2010). "전자정부 서비스 이용이 정부 신뢰에 미친 영향에 관한 연

구". 한국행정학회 2010년 추계학술대회 발표논문.

현승숙 · 이승종.(2007). "주민접촉에 따른 지방정부 신뢰 분석."『한국지방자치학회보』 19(4): 93-112.

Al-adawi, Z., Yousafzai, S., and Pallister, J.(2005). "Conceptual Model of Citizen Adoption of e-Government", The Second International Conference on Innovations in Information Technology (IIT'05)

Andrain, Charles F., and James T. Smith.(2006). Political Democracy, Trust, and Social Justice. Boston: Northeastern University Press.

Bromiley, P., & Cummings, L. L.(1996). "The Organizational Trust Inventory(O-TI): Development and Validation." In R. M. Kramer & T. R. Tyler (eds.), Trust in Organizations: Frontiers of Theory and Research: 302-330. Sage Publications.

Catterberg, G., & Moreno, A.(2006). "The individual bases of political trust: Trends in new and established democracies." International Journal of Public Opinion Research 18(1), 31-48.

Christensen, Tom, and Per Laegrein.(2005). "Trust in Government: the Relative Importance of Service Satisfaction, Political Factors, and Demography." Public Performance and Management Reivew 28(4): 259-71.

Easton, D.(1975)."A Re-Assessment of the Concept of Political Support." British Journal of Political Science. 5:435-57.

Edelman.(each year), "Edelman Trus Barometer".

Evans, Peter.(1996). "Government Action, Social Capital and Development: Reviewing the Evidence on Synergy." World Development. 24(6): 1119-1132.

Fukuyama, Francis.(1996). Trust: The Social Virtues and the Creation of Prosperity. Free Press.

Gamson, W. A.(1968). Power and Discontent. Homewood: Dorsey Press.

Gilbert, D., Balestrini, P. & Littleboy, D.(2004). "Barriers and benefits in the adoption of egovernment", The International Journal of Public Sector Management. 17:4.

Hetherington, M. J.(1998). "The Political Relevance of Political Trust." American Political Science Review, 92(4): 791-808.

Horst, Mark and Kuttschreuter, Margot and Gutteling, Jan M.(2007). "Perceived usefulness, personal experiences, risk perception and trust as determinants of adoption of e-government services in The Netherlands". Computers in

Human Behavior, 23 (4): 1838-1852

Jones, T. M.(1995). "Instrumental Stakeholders Theory: A Synthesis of Ethics and Economics". Academy of Management Review, 20(2): 404-437.

Kim, Soonhee and Lee, Jooho.(2012). "E-Participation, Transparency, and Trust in Local Government", Public Administration Review, November/December 2012.

Kim, S.(2010). "Public trust in government in Japan and South Korea: Does the rise of critical citizens matter?." Public Administration Review 70(5): 801-810.

Mayer, Roger C. & Davis, James H. & Schoorman, F. David.(1995). "An Integrative Model of Organizational Trust." Academy of Management Review, 20(3): 709-734.

Miller, A. H.(1974). "Political Issues and Trust in Government: 1964-1970." The American Political Science Review. 17(4): 465-471.

Moon, M. Jae.(2006). "Prospects of eGovernment in Restoring Public Trust in Government: An Exploratory Study based on Four Illustrations." Korean Journal of Policy Studies.

Norris, P.(1999). Critical Citizens: Global Support for Democratic Governance, Oxford University Press.

North, Douglass C.(1990). Institutions, institutional change and economic performance, New York: Cambridge University Press.

OECD.(2014, 2015). "Government at a Glance".

OECD.(2003). OECD eGovernment Studies: FINLAND. OECD Publishing.

Osborne, David and Gaebler, Ted.(1993). Reinventing Government: How the Entrepreneurial Spirit is Transforming the Public Sector. Plume. February 1, 1993.

Parent, M. & Vandebeek, A. C. & Gemino C. Andrew.(2005). "Building citizen trust through e-government." Government Information Quarterly, 22(4): 720-736.

Silver, Brian.(1987). "Political beliefs of Soviet citizens: Sources of support for regime norms."In James R, Millar(Ed.).Politics, work nad daily life in the USSR: A survey of former citizens(pp.100-141), Cambridge, UK: Cambridge University Press.

Tolbert, C. J. and Mossberger, K. (2006) "The Effects of EGovernment on Trust and Confidence in Government", Public Administration Review, Vol. 66, (May/June): 354 ~ 369.

Transparency International.(each year). "Corruption Perceptions Index".

Uslaner, E. M.(2000). "Trust, democracy and governance." ponencia presentada en la mesa sobre Asociaciones voluntarias y capital social", ECPR Joint Sessions, Copenhague.

UN.(2005, 2008, 2010, 2012, 2014). "UN E-Government Survey".

UN.(2003), Benchmarking eGovernment: Global Perspective.

Van Deth, J. W.(2000). "Interesting but irrelevant: Social capital and the saliency of politics in Western Europe." European Journal of Political Research 37(2): 115-147.

Vigoda-Gadot, E., Shoham, A., & Vashdi, D. R.(2010). "Bridging bureaucracy and democracy in Europe: A comparative study of perceived managerial excellence, satisfaction with public services, and trust in governance." European Union Politics 11(2): 289-308.

Warkentin, Merrill and Gefen, David and Pavlou, Paul A. and Rose, Gregory M.(2002), Encouraging Citizen Adoption of E-Government by Building Trust. Electronic Markets,12(3):157-162 (2002). Available at SSRN: http://ssrn.com/abstract = 2380723

Warren, M. E.(Ed.).(1999). Democracy and trust. Cambridge: Cambridge University Press.

Welch, E. W., Hinnant, C. C., & Moon, M. J. (2005). "Linking Citizen Satisfaction with E-Government and Trust in Government", Journal of Public Administration Research and Theory, Vol.15, No.3, pp.371 ~ 391.

제3장

데이터의 공개와 활용, 정부혁신에 기여할 수 있는가?

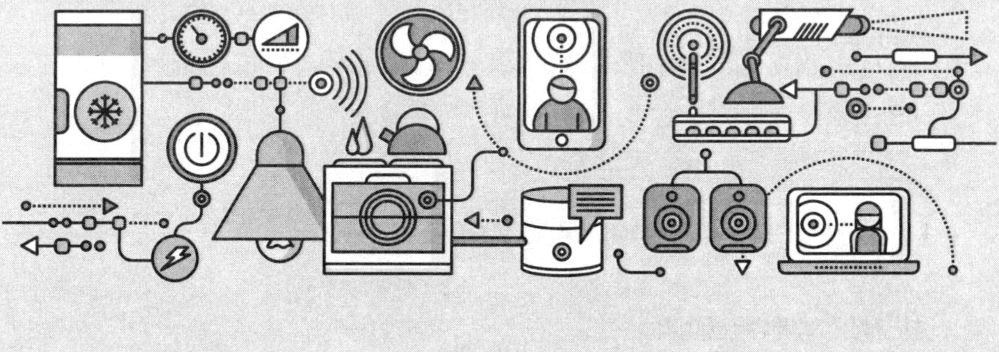

제1절

들어가며

최근 들어 개인정보 또는 개인데이터의 활용이 사회에 미치는 영향에 대한 논의가 다양한 분야와 시각을 통해 활발히 전개되고 있다. 한편에서는 활용의 필요성, 그리고 활용으로 인한 기대효과로서의, 후생증대, 삶의 질 증대, 산업의 성장, 국가 및 사회의 경쟁력 증대 등을 강조하는 반면, 또 다른 측면에서는 활용이 초래하는 역기능들, 수집, 유통, 활용과정에서 일어날 수 있는 개인 및 사회적인 해악들, 이로 인한 정보보호의 중요성을 강조하고 있다. 이 중 전자를 주장하는 입장은 개인정보의 성공적인 활용사례를 소개함으로써 활용으로 파생되는 여러 가지 긍정적인 효과를 제시하고 있는데, 대표적인 것은 미국의 스마트공개 제도이다. 이 장에서는 정부혁신이라는 시각에서 이 정책을 조망해 봄으로써 개인정보의 활용이 과연 정부혁신에 어떤 역할을 할 수 있는지를 살펴보고자 한다.

1. 개인정보는 무엇이며 왜 활용이 중요한가

(1) 개인정보와 개인데이터

「개인정보보호법」제2조 제1호에 의하면 개인정보란 살아 있는 개인에 관한 정보로서 성명, 주민등록번호 및 영상 등을 통하여 개인을 알아볼 수 있는 정보를 의미하며, 해당 정보만으로 특정 개인을 알아볼 수 없더라도 다른 정보와 쉽게 결합하여 알아볼 수 있는 것까지 포함하고 있다.[1] 한편, 「공공데이터의 제공 및 이용활성화에 관한 법률」 제2조에는 데이터를 광 또는 전자적 방식으로 처리된 정보로 한정하고 있으므로, 두 개념들을 종합하면 개인데이터는 광 또는 전자적 방식으로 처리된 개인에 관한 정보라고 해석할 수 있다.

그런데 우리나라는 빅데이터 정책, 정부3.0 정책, 공공데이터 개방정책 등 어디에서도 개인데이터를 별도로 분류하여 명확하게 규정하고 있지 않으며(김기환 · 윤상오, 2015), 「개인정보보호법」과 「공공정보의 개방 · 공유에 따른 개인정보 보호지침」 등에 따라서 개인정보라는 개념을 위와 같이 정의하고 있다. 또한 「전자서명법」과 「정보통신망 이용촉진 및 정보보호에 관한 법률」 등에서도 개인정보를 당해 개인을 직접적으로 식별하거나 다른 정보와 조합하여 간접적으로 식별할 수 있는 모든 정보로 규정하고 있다.

본문에서 살펴볼 개인데이터의 활용사례에서는 개인정보 보다는 개인데이터란 개념을 사용하고 있다. 하지만 논의의 전개상 개인'정보'와 개인'데이터'의 양 개념을 엄격하게 구분하는 실익이 없다고 판단되므로 이 글에서는 두 개념을 혼용하기로 한다. 한편 우리나라의 개인정보보호를 총괄하는 한국인터넷진흥원에서는 개인정보를 다음과 같이 세분하고 있다.

우리나라의 개인정보 개념의 주요 특징을 보면 첫째, 개인 속성에 관한 정보가 주류를 이룬다. 둘째, 일정한 틀과 형식을 갖춘 정형적 정보가 핵심이다. 셋째, 일단 정보가 생성되면 쉽게 바뀌지 않는 정태적 정보가 대부분이다. 넷째, 정보기술이 발달하기 이전부터 존재하던 정보가 대다수를 이루며, 정보화 이후에 생성된 정보는 통신정보나 위치정보 등 소수에 불과하다. 다섯째, 개인들이 스마트 기기와 소셜 미디어를 통해서 생산해내는 비정형적이고 동태적인 소셜 개인데이터는 제외되었기 때문에 그 규모나 증가속도가 상대적으로 작고 느리다. (윤상오 · 김기환, 2016)

1 개인정보에 관한 법률적 개념은 개인정보보호법 뿐 아니라 전자서명법과 정보통신망 이용촉진 및 정보보호 등에 관한 법률 등에서도 규정하고 있으나 개념상의 큰 차이가 없다. 다만 후자의 두 법률에는 개인정보의 형태를 부호, 문자, 음성, 음향, 영상 등으로 다양하게 열거하고 있다.

표 3-1 우리나라의 개인정보의 유형

구분	개인정보 유형
일반정보	이름, 주민등록번호, 운전면허번호, 주소, 전화번호, 생년월일, 출생지, 본적지, 성별, 국적
가족정보	가족구성원들의 이름, 출생지, 생년월일, 주민등록번호, 직업, 전화번호
교육 및 훈련정보	학교출석사항, 최종학력, 학교성적, 기술 자격증 및 전문 면허증, 이수한 훈련 프로그램, 동아리활동, 상벌사항
병역정보	군번 및 계급, 제대유형, 주특기, 근무부대
부동산정보	소유주택, 토지, 자동차, 기타소유차량, 상점 및 건물 등
소득정보	현재 봉급액, 봉급경력, 보너스 및 수수료, 기타소득의 원천, 이자소득, 사업소득
기타수익정보	보험(건강, 생명 등) 가입현황, 회사의 판공비, 투자프로그램, 퇴직프로그램, 휴가, 병가
신용정보	대부잔액 및 지불상황, 저당, 신용카드, 지불연기 및 미납액수, 임금압류 통보에 대한 기록
고용정보	현재의 고용주, 회사주소, 상급자의 이름, 직무수행평가기록, 훈련기록, 출석기록, 상벌기록, 성격 테스트결과, 직무태도
법적정보	전과기록, 자동차교통위반기록, 파산 및 담보기록, 구속기록, 이혼기록, 납세기록
의료정보	가족병력기록, 과거의 의료기록, 정신질환기록, 신체장애, 혈액형, IQ, 약물테스트 등 각종 신체테스트 정보
조직정보	노조가입, 종교단체가입, 정당가입, 클럽회원
통신정보	전자우편(e-mail), 전화통화 내용, 로그파일(log file), 쿠키(cookies)
위치정보	GPS나 휴대폰에 의한 개인의 위치정보
신체정보	지문, 홍채, DNA, 신장, 가슴둘레 등
습관 및 취미정보	흡연, 음주량, 선호하는 스포츠 및 오락, 여가활동, 비디오 대여기록, 도박성향

출처: KISA 보호나라(www.118.or.kr)

(2) 개인데이터 활용의 중요성

개인정보의 활용과 개인정보의 보호의 관계를 상충적으로 볼 것인가, 아니면 상생적으로 볼 것인가에 대해서 전자를 주장하는 입장에 의하면, 개인정보가 활발하게 이용될수록 개인정보의 유출로 인한 사생활이 침해되는 결과를 낳게 되므로, 개인정보를 안전하게 관리하기 위해서는 개인정보의 활용이 억제되어야 한다는 것이다. 따라서 지속적으로 발생하는 개인정보의 유출로부터 개인의 인권이나 사생활을 보호하고, 개인의 경제적 및 사회적 이익을 보호하기 위해서 정부는 개인데이터의 보호를 위한 정책적 대응이 필요하다. 이러한 입장은 개인데이터의 활용에 신중하게 접근할 필요성을 제기한다.

한편으로 양자를 상생적인 관점에서 보게 되면, 개인정보는 활용할 가치가 충분하며, 적절하게 보호될 수 있다는 전제에서 적극적으로 활용되어야 하는 대상으로 파악된다. 정보의 활용을 강조하는 시각에 의하면, 데이터를 수집, 생성하는 궁극적인 목적이 활용이고, 활용을 통해 비로소 데이터의 가치를 구현할 수 있게 된다. 최근 들어 개인데이터는 매우 빠른 속도와 큰 규모로 증가하고 있다. 특히 일상에서의 다양한 IT 기기의 사용이나 사회관계망서비스 활동 등은 개인데이터를 폭증하게 하는 중요한 요인이다. 이렇듯 엄청난 규모와 속도로 축적되는 개인데이터의 활용가치 또한 상당한데, 예를 들어 고객지향적인 서비스 또는 개인맞춤형 서비스의 제공은 개인데이터의 활용이 전제되지 않고는 불가능하다. 특히 공공부문에서의 '생애주기별 맞춤서비스,''맞춤형 복지'등은 개인데이터를 활용함으로써 질 높은 정부서비스를 제공하게 되는 좋은 예이다. 또한 민간부문에서의 고객선호 분석, 맞춤형 마케팅 등도 개인데이터의 활용이 가져다 줄 수 있는 영역이다.

2. 정부혁신과 개인데이터 활용의 관계

개인데이터의 활용이 정부혁신에 이바지할 수 있는가 또는 정부혁신을 위해 개인데이터의 활용이 갖는 중요성은 무엇인가를 논의하기 위해서는 먼저 정부혁신의 개념을 살펴볼 필요가 있다. 혁신은 흔히 개혁과 비교하여 설명되는데, 양자는 차별적으로 사용되기도 하며, 때로는 비슷한 개념으로 통용되기도 한다. 양자를 차별화할 경우 혁신은 일반적으로 과학기술분야에서 처음 사용된 이후로 경영, 정부, 교육 등 다양한 분야로 범위를 확대시켜서 적용된 점에서 알 수 있듯이 개혁보다는 대상의 광범위성을 갖는다. 또한 혁신이 기술혁신, 관리혁신 등에서 보듯 가치중립적인 성격을 띠는 반면, 개혁은 현재의 상태를 부정적으로 인식하고 이에 대한 인위적이고 의도적인 개선을 시도하는 가치함축적인 성격을 갖는 개념이다. 혁신과 개혁은 추진대상에서도 차이를 보이는데, 전자가 사람, 과정, 구조 등 조직과 그 구성원의 인식과 행태, 조직을 운영하는 원리와 방식 또는 그 절차 등 다양한 측면을 다루는 데에 비해서 후자는 주로 정부조직, 정치 및 행정체제와의 관계에 주목한다 (혁신이론연구모임, 2007). 혁신의 탈정치적 성격은 자연히 합리성을 강조하게 되는 한편, 개혁이 정치적인 성격을 탈피하기 어려운 이유가 여기에 있다.

개인데이터의 활용은 공공부문과 민간부문으로 나누어볼 수 있는데, 민간부문에의 활용은 개인이 자신 또는 다른 사람의 데이터를 통해서 시장에서 보다 합리적인 경제행위를 할 수 있게 해준다. 예를 들어 민간기업들은 개인데이터를 활용하여 소비자 개인에게 고객맞춤형 마케팅을 할 수 있으며, 고객들은 이러한 서비스를 통해 자신들의 소비의 효용성을 제고시킬 수 있게 된다. 이 때 정부는 기업과 고객간 개인정보의 제공 및 안전한 활용 등의 상호작용이 원활하게 이루어지도록 정책과 제도를 통한 혁신적 역할을 하게 된다. 즉, 개인데이터의 활용을 통해 사람, 과정, 그리고 구조에 걸쳐서 과거와는 다른 새로운 의사결정방식과 절차가 이루어지며 그로 인해 효용성이 제고된다. 이는 새로운 것의 창조, 과거의 익숙한 것으로부터의 단절 및 '창조적 파괴'를 뜻하는 혁신의 개념에 부합한다.

공공부문에의 개인데이터 활용은 기상, 환경, 교통, 복지 등의 공공적 영역에서 중앙정부 또는 지방정부가 국민 또는 주민개인의 요구와 선호사항들을 방대한 개인데이터를 통해 파악하고 분석하여 개인에게 최적화된 맞춤형 공공서비스를 제공하는 것을 가능하게 해줄 수 있다. 이는 주민에 대한 대응성을 제고시키고, 행정서비스에 대한 주민만족도를 높일 수 있다는 점에서 과거에 비해 혁신적인 정부기능을 창출시켜 준다. 대응성 뿐만 아니라 주민들이 기존에 갖고 있던 사회문제나 민원사항을 보다 신속하고 개인의 요구와 필요에 맞게 해결해 준다는 점에서 행정의 효과성과 효율성에도 기여한다. 이처럼 개인데이터의 활용은 현재의 부정적인 상태를 개선하기 위한 개혁적 성격 보다는 활용으로 과거에 누리지 못했던 혜택이나 보다 편리한 서비스를 제공받게 된다는 측면에서 혁신적인 성격을 담고 있다. 이와 같이 민간부문과 공공부문에서의 혁신적 기능을 수행하기 위해서는 무엇보다 풍부한 개인데이터의 수집과 유통, 분석 등 다양한 단계에서의 데이터 활용이 필수적이다.

한편, 정부혁신의 대상은 공공영역으로 한정된다. 따라서 개인데이터의 활용이 정부혁신에 기여하기 위해서는 공공분야에서의 개인데이터의 종류는 무엇이며, 이러한 종류의 개인데이터를 어떻게 수집/유통/관리함으로써 정부부문의 혁신을 달성할 수 있으며, 혁신의 효과는 무엇인지 등에 관한 논리적 서술이 필요하다. 예를 들어 치안분야에서 범죄자 개인의 데이터를 일반 국민에게 공개함으로써 안전한 거주지역을 선택하는 데에 도움을 준다거나, 특정시점에 특정지역의 범죄발생의 유형과 발생가능성을 예측함으로써 양질의 치안서비스를 제공하도록 하는 것이다. 이러한 행정서비스는 대규모의 범죄 또는 범죄자의 데이터를 체계적으로 수집, 관리, 분석함으로써 기존에 없었던 치안서비스를 시행하게 되고, 이로 인해 범죄율을 낮추고 보다 안전한 사회를 조성하게 되는 혁신의 효과를 창출하게 되는 것이다. 이를 위해서는 어떤 종류의 데이터가 필요하며, 어떤 방식으로 수집, 분석하여 그 결과를 기존의 서비스를 혁신하는 데에 어떻게 활용할지에 대한 논의가 필요하다.

아래에서 소개하는 스마트공개 정책은 민간부문과 공공부문의 혁신을 모두 포함하는 광범위한 영역에서의 데이터활용 제도이다. 그 중에서 이 글에서는 공공부문과 관련한 영역에 한정해서 논의함으로써 데이터 활용과 정부혁신과의 관련성을 살펴볼 것이다.

제2절

개인데이터 활용사례

1. 개인정보 활용의 필요성 및 활용정책의 배경

지난 10년 이래 새로운 정보활용 및 공유 아키텍처가 부상하고 있는데, 이에 따라 기존의 정책, 비즈니스모델, 사회규범이나 기술 등도 새로운 것으로 대체되고 있다. 데이터분석 기술은 사회 및 경제적 가치를 창출하는 데에 핵심적인 역할을 하는 새로운 엔진이 되고 있다. 새로운 시대에는 데이터를 보는 시각의 변화도 요구된다. 〈그림 3-1〉은 데이터활용에 대한 기존의 관점과 새로운 관점을 비교하고 있다.

새로운 관점에서 대부분의 데이터는 인간의 직접적인 행위(문서에 기입하거나 설문조사에 응답하는 등)에 의하기 보다는 인터넷검색 등 기계를 통한 행위에 의해 대규모적으로 생성된다. 개인데이터는 또한 정해진 특정형태가 아닌 상황이나 맥락에 따라 개념이 정의되며, 집적된 데이터에 대한 분석을 통해 사회적 가치나 혁신이 창출되기도 한다. 개인데이터의 제공자는 자신의 데이터에 대한 통제자이며 관리자의 역할을 함으로써 프라이버시 보호가 이루어지며, 개인은 자신의 데이터가 어디에 어떻게 저장되고 누구에 의해 어떻게 사용되는지에 대해 인식한다. 이 과정에서 정부는 개인데이터가 안전하게 사용되고 동시에 개인적 및 사회적 이익이나 혜택을 창출하기 위해 제도적 노력을 하게 된다. 이와 같은 정보에 대한 새로운 시각은 오바마 취임

그림 3-1 데이터활용의 전통적 접근과 새로운 관점

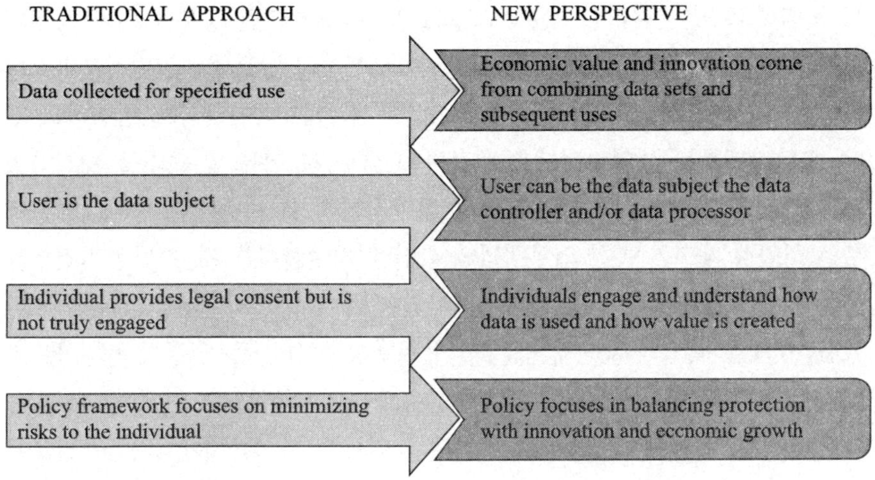

출처: WEF(2013), Unlocking the Value of Personal Data: From Collection to Usage, p. 7 재구성

이후 미국정부가 추구하는 "열린 정부(Open Government)"의 기본원칙과 부합하는데, 오바마 정부 초기부터 미국정부는 혁신, 일자리창출, 기타 사회적 편익을 위한 원동력으로서 "데이터개방"을 위해 노력하고 있다. 데이터는 소비자의 의사결정에 유용한 정보를 제공하는 강력한 수단이 될 것이라는 인식하에 오바마 정부는 데이터를 "현명하게 공개"하기 위해 각별한 노력을 하고 있는데, 현명한 데이터 공개란 시장에서 소비자들이 보다 쉽고 직접적으로 데이터를 활용하도록 하는 데에 목적이 있다.

정권 출범 초기부터 열린 정부를 정책의 최우선으로 삼았던 오바마행정부는 "정부투명성과 공개에 관한 성명(The Memorandum on Transparency and Open Government)"이라는 취임 최초로 서명한 행정업무(executive action) 문서를 통해, 새로운 행정부는 사상 유례 없는 수준의 정부공개를 이룩할 것이라고 천명하였다. 이에 따라 취임 후 연방기관들은 정부를 보다 투명하고 접근가능하며, 국민들에게 자신들의 일상생활에 관련한 유용한 정보를 더 많이 제공할 수 있으며, 정부정책에 국민들의 참여가 이루어지고, 사회

문제를 해결하는 데에 사회의 다양한 부문들과 협력하는 정부가 될 수 있도록 노력하고 있다(김기환 · 윤상오, 2015). 이러한 열린 정부를 위한 정부의 다각적인 노력은 지금까지 지속적으로 이루어지고 있으며, "열린정부파트너십(Open Government Partnership)"을 통해 다른 국가들과도 협력하고 있다. 오바마대통령은 열린정부를 추진하는 세 가지 이유 및 근거를 제시하였는데 그것은 책임성, 투명성, 그리고 집단지성의 활용 등이다. 첫째, 열린정부는 책임성 제고를 통한 업무성과의 확산에 기여한다는 것이다. 열린정부를 통한 책임성의 향상은 연방대법원 판사였던 브랜다이스(L. Brandeis)가 표현했던 "햇빛은 최고의 살균제"라는 말과 일맥상통하다. 즉, 정부를 공개함으로써 높은 수준의 도덕적 기준에 부합하는 행정을 수행할 수 있게 된다. 둘째, 열린정부가 지향하는 투명성으로 인해 국민들은 자신들에게 유용한 정보에 쉽게 접근할 수 있으며, 이를 위해 정부는 새로운 기술을 개발하고 대중들이 정보의 활용을 극대화할 수 있도록 다양한 요구를 수용한다. 마지막으로 열린 정부는 다양한 영역에서 대중들이 소유하고 있는 전문적인 지식에 접근할 수 있도록 정책이나 규칙을 신설하게 된다.

미국의 열린정부 정책을 구체적으로 실현하기 위한 중요 제도 중 하나가 스마트공개(Smart Disclosure)이다. 이 제도를 통해 미국정부는 정부가 가지고 있는 데이터를 직접 공개하거나 기업으로 하여금 공개하도록 지침을 수립하는 역할을 한다. 이 뿐 아니라 정부는 스마트공개를 원활하고 안전한 방법으로 추진하기 위해 스마트공개를 위한 기반이 되는 데이터표준과 같은 기술표준을 수립하거나 선택엔진을 운영하는 과정에서 기업들이 신의성실의 원칙에 따르도록 감독하는 역할을 한다. 이러한 정부의 역할은 스마트공개 정책이 보다 공정하고 투명하게 운영되도록 하는 중요한 기능이다. 또한 정부는 스마트공개의 활용성을 제고하기 위해 연구, 인프라, 각종 혁신사업 등에 적극적으로 투자하기도 한다.

한편, 스마트공개를 통해 소비자들은 웹기반 혹은 모바일앱 활용을 통해 시장에서 현명한 선택을 하게 된다. 예를 들어 기업들은 온라인과 모바일 형태의 "선택엔진"을 만들어 소비자들로 하여금 의료보험, 교육, 교통, 통신 등의 영역에서 유용한 결정을 하게 한다. 이 선택엔진은 소비자들로 하여금 자신의 취향과 요구분석, 제품간 비교, 모바일 쇼핑 등을 가능하게 하는 검색엔진의 역할을 한다. 여행사는 수많은 항공노선 중에서 소비자가 선호하는 항공사, 여행횟수, 가격대, 기타 요소들을 모두 고려하여 그들의 요구에 부합하는 항공노선을 선택하게 된다. 선택엔진이 효과적이기 위해서는 대규모 데이터에 다양한 형태로 접근하는 것을 보장해 주어야 하는데, 스마트공개로 인해 기업들은 소비자를 위한 훨씬 알찬 선택엔진을 구축할 수 있도록 데이터에 대한 적극적인 접근을 할 수 있다.

스마트공개 정책은 또한 소비자가 자신에 대한 정보를 활용하기 쉬운 형태로 제공받음으로써 시장에서의 자신들의 선택을 훨씬 쉽게 해준다. 선택엔진이 지속적으로 발전됨으로써 소비자의 데이터를 분석해서 그들이 선호하는 재화나 서비스에 대해 소비자들에게 맞춤형 추천을 해 준다. 예를 들어 환자는 자신의 의료보험청구 데이터 분석을 통해 새로운 의료보험선택의 범위를 결정하고, 주택거주자들은 자신들이 소비하는 에너지의 사용패턴을 분석함으로써 전기요금을 절약하는 방법을 알게 된다. 스마트공개는 선택엔진을 넘어 공공에게 도움을 주는 새로운 재화나 서비스를 창출하는 데에 유용하게 활용된다. 예를 들어 기업이 소비자금융보호국(Consumer Financial Protection Bureau)의 신용카드 불만데이터베이스를 분석함으로써, 소비자가 자신의 신용카드가 부당하게 사용되는지를 확인할 수 있도록 하는 신규서비스가 창출될 수 있다. 이렇듯 스마트공개는 소비자들로 하여금 현명한 선택을 하도록 함으로써 시장이 투명하고 효율적으로 작동하도록 하며, 경제성장을 촉진하고 새로운 일자리를 창출하는 데에 활력소로 작용한다.

2. 스마트공개를 통한 개인데이터 활용사례

스마트공개 정책의 내용은 크게 세 가지로서, 첫째, 제품과 서비스의 내용에 대한 정보, 둘째, 그것을 공급하는 회사들에 대한 정보, 마지막으로 소비자 자신들의 개인정보 등이다. 회사와 제품 정보들은 일반적으로 공공에 공개되지만, 개인정보는 그 데이터의 해당인이나 소비자가 직접 선택한 정보수령자에게만 안전한 방법으로 제공된다. 스마트공개는 데이터를 기계가 읽을 수 있도록(machine-readable) 함으로써 컴퓨터 프로그램을 활용하여 분석하고 결합하여 소비자와 개발자, 기업들에게 직접적으로 혜택을 주게 한다. 데이터에 입각한 제품이나 서비스의 형태들이 점차 늘어나고 있는데, 예를 들어 앞에서 언급한 선택엔진은 소비자로 하여금 제품비교 웹사이트, 모바일 쇼핑어플리케이션, 정부정보플랫폼 등을 통해 공공부문에서 필요한 정보나 서비스를 제공받거나 시장에서 현명하고 합리적인 선택을 하도록 한다.

이와 같은 스마트공개 정책의 대상을 개인정보의 활용으로 범위를 좁혀보면 스마트공개 정책은 소비자에게 사용자편의성이 높은 방법으로 자신에 대한 데이터를 제공함으로써 시장에서 현명하고 합리적인 의사결정을 내리도록 할 뿐 아니라, 기업가들 역시 이러한 개인정보를 안전하게 활용함으로써 소비자의 효용을 보다 증대시키는 방향으로 제품을 생산하거나 신상품을 개발하게 된다. 이러한 스마트공개가 적용되는 영역은 보건의료, 교육, 에너지, 재정 등 다양하다. 즉 소비자는 기존의 자신의 구매나 선호에 대한 데이터를 기반으로 자신에게 적합한 의료보험이나 교육기관 또는 교육프로그램, 카드 및 항공회사, 에너지공급 회사 등을 선택하거나 그 회사들이 제공하는 세부적인 상품을 구매하게 된다. 이렇게 본다면 스마트공개를 통해 이루어지는 공개의 내용과 대상은 조직(공공기관 또는 민간기업), 조직이 제공하는 재화나 서비스, 그것을 사용하거나 필요로 하는 개인들에 대한 정보이며, 개인들에 대한 정보는 다시 자신에 대한 정보 뿐 아니라 제한적인 범위에서 타인에 대한 정보까지 포함하게 된다.

공공부문과 민간부문에 걸친 다양한 스마트공개의 활용사례들 중 공공영역과 관련성이 있는 구체적 사례들은 다음과 같다.

(1) 교육

연방정부는 중등학교 및 대학교의 교과내용, 교육비 대출 등과 관련한 광범위한 정보를 제공한다. 최근 들어 교육과 관련한 정보에 대한 접근을 확대하는 정부지침들이 활발하게 시행되고 있는데, Education.Data.gov와 같은 연방정부 사이트는 그 좋은 예이다. 교육부는 학생과 그 가족들이 진학할 학교를 선택하고 교육비를 어떻게 대출할 것인지에 관한 정보를 제공한다. 교육부 산하의 College Affordability and Transparency Center와 국가교육통계센터(National Center for Education Statistics)에서 운영하는 College Navigator는 학생과 학부모에게 각 대학들의 가치와 비용 등에 관한 정보를 알려주는데, 특히 칼리지 네비게이터 웹사이트는 특정 학교에 진학하려는 학생들이 자신들에 관한 정보를 입력하면 그 학생과 비슷한 환경에 처했던 학생들이 실제로 작년에 어느 정도의 장학금을 받았으며, 어느 정도의 비용으로 학교를 다니고 있는지를 알려준다. 이는 개인들의 교육관련 정보를 안전한 방법으로 활용함으로써 다른 개인들이 교육과 관련한 중요한 의사결정을 내리는 데에 효용성을 증대시켜주는 좋은 사례이다.

(2) 에너지와 환경

연방정부는 스마트공개 제도를 통해 소비자들이 에너지 효율이 높은 제품들, 친환경제품들, 그리고 자신들의 에너지사용 패턴에 관한 다양한 정보를 제공받게 해준다. 특히 개인들이 자신들의 에너지 사용행태에 관한 정보를 획득하게 하는 과정에서 스마트그리드는 중요한 역할을 한다. 또한 정부의 Green Button 지침[2]을 통해 민간 에너지 공급업체들은 고객들에게 에너지 사용에 관한 각종 정보들을 제공하며, ENERGY STAR 프로그램을 시행함으로써 자동차나 그 밖의 제품들에 관한 에너지 효율성 정보를 제공한다. 한편 환경처는 Clean Water Act, Clean Air Act, 각종 폐기물 관련법률 뿐 아니라 Safe Drinking Water Act, Toxics Release Inventory, National Emissions Inventory 등의 법규들을 업체가 어느 정도 준수하는지에 대한 데이터베이스를 구축하고 있으며, 에너지와 환경에 관한 Energy.data.gov라는 포털[3]도 운영 중이다. 이 포털에서는 대체연료, 친환경건물, 에너지효율, 가정에서의 에너지

---

2 정부가 개인정보를 제공하는 영역 중 하나로서의 Green Button은 수요자에게 전기, 가스 등 에너지사용량과 사용행태에 관한 정보를 알기 쉬운 형태와 방법으로 제공해 준다. 이에 따라 에너지 회사들과 소프트웨어 개발자들은 관련 시스템과 앱을 구축하거나 개발하였다.

3 이는 data.gov라는 포털에서 제공하는 농업, 기후, 교육, 재정, 해양, 안전 등 다양한 정보영역들 중 하나이다.

절약 등 다양한 에너지 관련 이슈들과 정보를 제공해준다.

(3) 재정

많은 소비자들은 웹사이트나 모바일 앱을 통해 금융상품이나 서비스에 관한 정보를 검색하고 결재한다. 연방정부는 특히 재무성의 금융데이터 디렉토리(www.treasury.gov/financedata)를 통해 소비자나 투자자들이 금융기관이나 금융상품에 관한 정보를 쉽게 제공받을 수 있도록 한다. 예를 들어 Securities and Exchange Commission은 XBRL(eXtensible Business Reporting Language)을 활용하여 금융데이터를 수집하고 제공하는데, 이는 대규모 데이터를 전자적으로 쉽게 검색하고 분석하게 해주는 컴퓨터 언어이다. 정부는 또한 전 세계 금융시장의 참여자들에 관한 정보에 투자자들이 손쉽게 접근할 수 있도록 하기 위해 특정한 금융거래 주체들을 위한 확인시스템(Legal Entity Identifier)을 개발 운영하고 있다. 그 외에 스마트공개 제도는 또한 사용자와 근로자들이 퇴직 후 계획에 대해 의사결정을 하는 데에도 도움을 주고 있다. 이러한 개인데이터를 제3자가 분석함으로써 근로자들은 자신들이 퇴직 후에 선택할 수 있는 다양한 프로그램들에 대해 보다 잘 이해하고, 사용자들은 자신들이 근로자들에게 제공할 수 있는 퇴직 후의 각종 프로그램을 잘 이해하게 된다.

(4) 보건의료

성인들의 상당수가 온라인을 통해 건강정보를 얻고 있는 사실에서 알 수 있듯이 사람들은 웹사이트를 통해 자신들의 건강상태, 질병과 치료 등 다양한 건강 관련 정보를 얻는다. 미 보건성(Department of Health and Human Service)과 다른 연방기관들은 연방정부에서 제공하는 건강포털인 HealthData.gov를 통해 다양한 건강정보를 대중에게 제공한다. 이러한 정보를 활용하여 일반수요자나 건강관련 기업이나 단체, 그리고 질병예방, 건강증진, 건강관리법의 효과측정 분야에서의 서비스 제공자들에게 유용한 정보가 전달된다. 이 외에 의료보험 상품들이나 건강관리 업체들간의 상호비교도 가능하게 된다. 이러한 건강 데이터는 앞에서 살펴본 Green Button과 같이 오바마

행정부의 Blue Button 지침[4]에 따라 제공되는데, 즉 기관이나 회사가 개인들에게 개인들의 건강정보를 제공하게 해 줌으로써 공공과 민간의 협력관계를 구축하는 데에도 기여한다. 예를 들어 재향군인, 노인의료복지서비스의 수혜자, 군인들은 정부가 보유하고 있는 자신들의 건강정보를 공유함으로써 병원과 같은 의료기관에 제공하여 적절한 의료서비스를 받을 수 있으며, 의료보험회사나 민간의료기관과 같은 민간의 의료조직들도 이 제도를 통해 효용성을 증대시킨다.

(5) 안전

안전에 관련한 정보의 영역은 매우 다양한데, 제품의 리콜, 교통, 음식, 건강, 환경, 작업장 등 다양한 분야의 안전에 관한 데이터를 정부가 제공한다. 예를 들어 소비자생산안전위원회(Consumer Product Safety Commission)는 Saferproducts.gov에 중요한 제품안전 관련 데이터를 제공하는데, 이 사이트는 소비자, 유아서비스 제공업체, 건강관리 전문가, 정부관료, 그리고 공공안전기관들로부터 제공받는 제품의 해로운 내용에 대한 보고서를 정기적으로 발표하게 된다. 업체들은 이 보고서의 내용에 대해 자신들의 의견을 온라인에 게시하거나 대응하는 기회를 갖는다. 해로운 제품이나 결함에 대한 내용은 Recalls.gov라는 사이트를 통해서도 제공된다.

(6) 주요 개인들의 행태에 관한 정보

위에서 제시한 각 분야의 데이터를 활용함으로써 소비자들은 자신들의 행태를 변화시킬 수 있는데, 예를 들어 에너지와 관련하여 에너지 소비자들이 자신들의 사용패턴에 대한 정보를 제공받음으로써 에너지를 절약하는 방향으로 에너지소비행태를 전환할 수 있다. 건강과 관련해서 소비자가 자신의 건강과 관련하여 지출한 정보를 통해 건강관련 비용을 체계적으로 관리하고 이를 토대로 건강관리에 활용할 수 있다. 또한 건강의료보험의 과거 데이터를 활용하여 향후 의료비용을 예측할 수도 있다. 한편 금융과 관련해서 다양한 개인 금융정보를 바탕으로 특정 개인의 금융 및 은퇴 계획을 수립할 수 있

4 Blue Button은 환자가 자신의 의료정보를 쉽게 다운 받아서 자신의 주치의나 기타 관련 기관에 제공할 수 있도록 재향군인회, 국방부, 메디케어 등에서 시행하고 있다 (이유택, 2013).

으며, 개개인들의 투자데이터를 통합하고 투자 및 수수료에 대한 맞춤형 조언을 할 수 있는 플랫폼을 개발할 수 있다. 그밖에 다른 사람에 관한 정보로서의 신용카드 이용자들의 결제 데이터를 바탕으로 자신에게 적절하고 비용을 절감할 수 있는 신용카드를 선택할 수 있다. 이와 관련하여 개인들에게 자신들의 데이터를 저장하고 필요할 경우 공유할 수 있는 개인 데이터저장소를 제공할 수도 있다.

제3절

스마트공개의 정부혁신적 성격

앞에서 살펴보았듯이 스마트공개 정책은 민간부문과 공공부문 양 부문에 걸쳐서 개인데이터의 적극적 활용을 통해 개인들의 합리적인 의사결정, 개인의 맞춤형 서비스 제공, 그리고 이를 통한 효용성과 만족도의 증진, 그리고 행정의 대응성 제고 등의 효과를 가져올 수 있다. 의료나 교육, 에너지 분야에서는 공공과 민간의 양 부문에 걸쳐서 개인데이터의 활용이 이루어지고, 재정 분야에서의 개인데이터 활용은 주로 민간 부문에서 이루어지고 있다. 한편, 기상, 교통, 치안, 환경 등은 데이터 활용이 이루어지는 공적인 영역에 속한다. 스마트공개 정책을 정부혁신이라는 시각에서 볼 경우, 다양한 데이터 활용 영역 중에서 공공영역에서의 개인데이터 활용에 초점을 두게 된다. 따라서 공공영역에서 개인데이터가 어떻게 수집, 유통, 활용되며, 이를 위해서 정부는 어떤 역할을 할 수 있는지, 그리고 이를 통해 정부의 혁신이 일어날 수 있는지 등에 대한 논의가 필요하다. 즉, 데이터의 활용으로 인해 공공부문에서의 효용성이나 대응성, 주민들의 만족이 제고되는 경우 이는 정부혁신에 기여하게 되는 반면, 활용되는 과정에서 정보 유출 등의 부정적인 현상이 발생하며 이를 방지하는 제도가 확보되지 못하는 경우 개인데이터 활용은 정부혁신을 저해하는 걸림돌이 될 것이다.

스마트공개 정책과정의 주요 행위자들은 소비자 또는 시민으로서의 개인, 기업, 그리고 정부이다. 개인은 민간영역과 공공영역에서의 성격이 다른데, 민간영역에서는 소비자 또는 경제행위자로서, 자신 또는 다른 사람들의 경제행위와 관련된 정보가 공개되고 활용됨으로써 합리적인 소비행위를 하게 된다. 반면 공공영역에서는 자신들의 개인데이터를 바탕으로 자신에게 적합한 행정서비스를 제공받을 수 있게 된다. 기업은 자신들이 보유하고 있는 개인정보를 당사자인 개인 또는 다른 사람들에게 안전한 방법으로 제공하여 정보를 활용하는 개인들의 후생을 증진시키는 수익모델 개발을 통해 이윤창출의 기회를 갖게 된다. 한편, 정부는 개인데이터를 활용하여 시민들의 맞춤형 행정서비스를 제공하게 될 뿐 아니라, 민간영역에서 개인과 기업간 데이터가 안전하게 수집, 활용될 수 있도록 지침이나 기술표준을 수립하는 등 정보활용을 위한 진흥과 함께 안전한 활용을 위한 적절한 규제역할을 하게 된다.

이렇게 본다면, 개인데이터의 활용을 통해 정부부문에서의 혁신을 꾀하고, 활용으로 인해 야기되는 부정적 현상이 발생하는 것을 막음으로써 혁신과정에서의 갈등이나 역기능을 방지하기 위해서는 정부의 적절한 역할이 필요하다. 스마트공개 정책의 목적을 달성하고 이를 정부혁신으로 연결하기 위해 미 정부는 다음과 같은 정책과 제도들을 개발하고 실행에 옮겼다.

1. 개인정보보호 및 자기정보통제권과 관련한 제도

미국은 개인정보보호에 관한 사항을 포괄적으로 규정하는 개인정보보호법이 없는 대신 각 영역별로 개인정보보호 규범을 마련하고 있다. 공공부문에서는 1974년 제정된 프라이버시법(The Privacy Act of 1974)이 적용되는 반면, 민간부문에서는 연방거래위원회(FTC)가 아동의 온라인 프라이버시, 소비자신용정보, 공정한 거래관행과 관련하여 개인정보를 보호하는 법률을 집행하고 준수여부를 감독하는 권한을 가진다.

미국은 일반적으로 옵트아웃(Opt-Out)방식을 채택하나, 예외적으로 의료정보, 통신정보, 아동정보 등 민감정보에 한해서는 옵트인(Opt-In) 방식을 적용한다.[5] 따라서 민감정보가 아닌 이상 비교적 자유롭게 개인정보를 수집하고 이용할 수 있다. 그러나 최근 일련의 개인정보 침해 사고로 인해 규제를 강화하는 추세이다. 미국의 개인정보 활용과 관련한 법제도 현황은 대체로 소비자 프라이버시 권리장전, 소비자 프라이버시 권고, 그리고 알권리법 등인데 상술하면 다음과 같다.

(1) 소비자 프라이버시 권리장전(Consumer Privacy Bill of Right)

2012년 오바마 행정부는 디지털 경제의 발전과 함께 소비자의 프라이버시가 위협받고 있는 상황을 개선하여 지속적인 혁신을 촉진하면서도 디지털 경제에 대한 소비자의 신뢰를 형성하기 위해 「네트워크화된 세계에서의 소비자 정보 프라이버시(Consumer Data Privacy in a Networked World)」라는 보고서를 발표하였다. 이 보고서의 중심에 있는 소비자 프라이버시 권리장전은 소비자의 온라인 프라이버시를 보호하기 위해 첫째, 소비자 자신의 데이터에 대한 개별통제권, 둘째, 기업의 프라이버시 업무에 대한 투명성, 셋째, 개인 데이터의 공개 및 이용이 허락되는 상황을 명시함으로써 개인정보의 목적 이외의 이용 및 제공의 금지, 넷째, 소비자 자신의 데이터에 대한 보안성, 다섯째, 소비자 자신의 데이터에 대한 접근성과 정정요구권, 마지막으로, 기업의 프라이버시 권리장전에 대한 설명책임 등의 원칙을 제시하였다.

(2) 연방거래위원회의 소비자 프라이버시 권고

연방거래위원회는 기업간 공정경쟁과 함께 소비자 보호 업무를 담당하는 독립기관으로서 온라인 프라이버시 보호를 위해 업계를 관리하고 감독하는데, 대체로 업계의 자율규제를 유도하는 방향을 추구하고 있다. 2012년 3월 26일 위원회는 프라이버시 정책담당자와 사업자들을 위한 프라이버시 보호가이드로서 「급변하는 시대에서의 소비자 프라이버시 보호(Protecting Consumer Privacy in an Era of Rapid Change)」라는 제목의 보고서를 발간하였다. 이

5 옵트인은 개인정보를 수집, 처리하기 전 미리 정보주체에게 처리목적을 고지하고 정보 주체의 명시적인 동의를 받아야 하는 방식이며, 옵트아웃은 우편, 전자우편, 팝업, 인터넷알림 등을 통해 정보 주체에게 개인정보의 수집 및 처리를 알리고 이에 대해 정보주체가 공식적으로 이의를 제기하지 않으면 개인정보를 처리할 수 있는 방식을 뜻한다.

에 따르면 개인정보 수집 시 밝힌 목적과 다르게 수집하거나 이용할 경우 미리 정보의 주체로부터 명확한 동의를 받도록 하는 옵트인 제도를 명시하였다. 또한 온라인 추적차단(Do not Track: DNT)기능[6]의 의무화, 모바일 서비스의 프라이버시 관행의 개선, 대형 플랫폼 사업자의 개인정보 보호의무의 강화, 데이터 중개인(data broker)에 대한 규제강화를 주요 내용으로 하고 있다. 특히 모바일 앱 개발업체들에게도 프라이버시 대책을 마련할 것을 권고하였으며, 데이터 중개인의 정체를 일반에게 공개하고 이들이 어떤 정보를 어떤 방법으로 수집하는지를 소비자들에게 알리도록 관련법의 정비를 요청하였다. 예를 들어 연방거래위원회는 2012년 8월 페이스북에 대해 종합적인 개인정보 프로그램을 수립하고 그 이행여부를 독립적인 감독기관으로부터 감사를 받을 것을 명령하였는데, 구체적으로 개인정보를 공유할 때 당사자의 동의를 얻을 것, 소비자 약관에서 프라이버시 및 보안과 관련한 기만적인 표현을 개선할 것, 그리고 향후 20년간 관련 사항의 이행여부에 대한 감사를 받을 것 등이다.

(3) 알권리법 (Right to Know Act of 2013)

2013년 캘리포니아주 하원의원인 보니 로웬탈(B. Lowenthal)은 소비자는 자신의 개인정보가 어떻게 이용되고 있는지 알 권리가 있다는 내용의 「알권리법안」을 발의했다. 이 법안에 의하면 기업들의 사용자 정보 수집 및 활용에 대해 캘리포니아 주민의 요구가 있으면 30일 내에 정보수집, 사용, 혹은 제3자 제공 등에 관한 모든 기록을 공개하도록 되어 있다. 물론 기존에도 개인정보 활용 공개와 관련된 유사한 법안이 있었으나 이 법안은 사용자가 웹 사이트에 초기 가입 시 입력했던 정보 이외에 사용자의 웹 사용기록 정보 및 사진, 텍스트, 위치정보 등과 같이 사용자가 인터넷 서비스를 사용하며 생성한 정보들까지 포괄하고 있다는 점에서 차이가 있다. 즉 기존법안은 기업들의 우편, 전자메일 등과 같은 정크메일 발송에 이용했던 제한된 사용자 정보에

6 추적차단기능은 디지털단말기 이용자들이 자신의 개인정보 추적 수준을 직접 제한할 수 있도록 브라우저사업자들이 자신의 서비스에 추적차단옵션을 제공해야 함을 의미한다. 추적차단옵션을 통해 이용자는 개인정보 수집거부에 대한 선택권을 갖게 되며, 자신의 개인정보 추적의 수준을 스스로 제한할 수 있다.

초점이 맞춰져 있었지만, 새로운 법안은 사용자들이 트위터, 페이스북과 같은 SNS 서비스를 사용하며 만들어낸 정보까지 포괄하며 개인정보 범위를 기존보다 더욱 확대하여 해석하고 있다.

2. 스마트공개를 촉진하는 정책

(1) 열린정부

앞서 언급한 정부투명성과 공개에 관한 성명은 정부의 투명성, 대중의 참여, 그리고 협업적 시스템을 확립하는 것을 요구한다. 이 성명에 의하면 연방정부에 의해 보유 및 관리되는 정보는 국가적 자산이며, 행정기관들은 이러한 정보를 대중에게 공개하고 이를 바탕으로 의사결정을 하도록 새로운 기술을 개발하는 데에 박차를 가해야 한다는 것이다. 열린정부 정책을 구현하기 위해서는 이를 실행하는 기관들의 계획 수립, 정부와 시민단체간 열린정부 파트너십, 그리고 열린정부 실행계획의 추진결과에 대한 자율평가 등의 관련 제도들이 함께 수행되어야 한다.

첫째, 2009년 12월에 미국 관리예산처가 발표한 열린정부지침(Open Government Directive)에 의하면 행정기관들은 정부의 투명성, 정책과정에의 대중참여, 행정기관간 협업의 원칙을 실행하기 위해 구체적인 행동을 취해야 한다. 즉 정부기관들은 위의 내용과 관련된 정보를 보편적인 웹검색을 통해 다운로드하고 활용할 수 있도록 제공해야 하며, 중앙정부 플랫폼인 Data.gov를 통해 공표함으로써 일반 대중들이 손쉽게 접근할 수 있어야 한다. 지침의 일환으로 행정기관들은 자신들의 정부공개원칙에 부응하는 구체적 실행계획을 담고 있는 열린정부계획(Open Government Plans)을 매년 발표해야 한다.

둘째, 정부와 시민단체간 파트너십과 관련하여 2010년 9월 오바마 대통령의 UN연설에 대한 대응책으로 미국정부와 시민단체들은 열린정부파트너십을 결성하였는데, 이는 열린정부를 보다 활발하게 추진하기 위한 정부노력을 뒷받침하는 다양한 행위자간 다자간 노력을 의미한다.

셋째, 2013년 3월 오바마 행정부는 각 기관들이 열린정부 실행계획을 얼마나 실천했는지에 대해 자율적으로 평가한 뒤 보고서를 제출하도록 하였다. 보고서에 따르면 데이터의 공개를 통해 정부의 투명성, 주민참여, 그리고 협업 등의 측면에서 상당히 많은 진전이 있었으며, 향후 더욱 진전할 것이라는 예측이 담겨 있다.

(2) 규제적 측면

관리예산처는 데이터공개에 관한 지침을 발표했는데 이는 스마트공개에 관한 일종의 규제수단의 성격을 띠고 있다. 열린정부지침은 예산관리처 내의 정보규제처장(Administrator of the Office of Information and Regulatory Affairs)으로 하여금 열린정부 정책을 더욱 활발하게 추진하기 위해 기존의 관련 정책들을 검토하고, 열린정부를 저해하는 장애물들을 확인하며, 새로운 기술을 활용할 뿐 아니라 필요한 경우에는 열린정부 정책을 저해할 수 있는 기존정책의 내용을 수정할 것을 권고하도록 하고 있다. 2011년 발표한 행정명령 13563호 역시 규제적 접근을 강조하고 있는데, 이에 의하면 대중이 정보를 활용하여 의사결정을 보다 자유롭고 유연하게 하는 것을 막는 장애물을 줄이는 규제적 접근을 취하고 있다.

(3) 디지털 정부전략 및 정보공개법

스마트공개는 정부가 보유하고 있는 정보를 최대한 공개하여 국민의 삶의 질을 제고하도록 하는 디지털 정부전략의 일환이다. 정부가 국민들로부터 정보공개 요청을 받기 이전에 선제적이고 적극적으로 정보를 공개한다는 원칙은 정보공개법에 명시하고 있는데, 이에 따라 미국 환경처, 국가기록원, 상업성 등은 이 법률에 의거하여 관련 분야의 다양한 정보를 능동적으로 공개하고 있다.

3. 스마트공개와 개인정보보호

스마트공개의 중요한 한 부분은 소비자들이 자신 또는 제한된 범위 내에서의 다른 사람에 관한 정보에 손쉬운 방법으로 접근하게 되는 것인데, 이 과정에서 필연적으로 개인의 정보보호 및 프라이버시 보호문제가 제기되며 스마트 공개 정책 역시 이 이슈를 특별히 고려하고 있다. 즉, 정부는 개인이 자신의 건강, 교육, 에너지사용, 금융 거래 등을 포함한 다양한 개인정보에의 접근성을 확대하는 노력을 기울이는 동시에 프라이버시 보호를 위한 기본원칙에도 충실하고 있다.

특정한 법률이나 규칙에 의해 기업들은 개인들이 자신들의 정보에 접근할 수 있도록 하는데, 프라이버시 법칙에 의하면 개인들은 정보접근권 뿐 아니라 자신의 어떤 개인정보가 수집되었는지 인식하고 잘못된 정보를 수정할 수 있는 권리까지도 누리게 된다. 소비자들은 다음과 같이 민간 혹은 비정부 분야 및 정부분야에서 자신들의 정보에 대한 접근권을 가지며 프라이버시 보호를 받는다.

먼저, 민간부문(민간기업 또는 비정부기관이 보유하고 있는 개인정보의 경우)에서 미국국민들은 제3자가 갖고 있는 개인정보에 대한 일반적인 접근권은 갖고 있지 않지만, 특정 영역에서의 프라이버시 및 개인정보법에 의해 건강기록, 교육정보, 신용정보 등에 대한 개인정보접근권을 갖는다. 예를 들어 의료보험 양도 및 책임에 관한 법(Health Insurance Portability and Accountability Act)의 프라이버시 규칙은 개인들에게 거의 예외 없이 자신들의 의료기록에 대한 검색, 열람, 수령 등을 할 수 있고, 의료기관이나 의료보험회사가 소유하고 있는 결재기록에 접근할 수 있다. 또한 가족교육권리 및 프라이버시 법(The Family Educational Rights and Privacy Act)에 의하면 학생과 그 부모들은 약간의 예외 내에서 학교가 보유하고 있는 학생들의 교육기록을 열람할 수 있는 권리를 가진다. 부모와 학생들은 또한 자신들이 부정확하다고 생각되는 학교기록들을 수정하도록 요청할 수 있다. 공정신용보고법(The Fair Credit Reporting Act) 또한 소비자에게 자신들의 신용정보를 신용정보회사로부터 제공받을 권리를 부여하고 있다.

한편 프라이버시 관련 연방법률에 의해 적용받지 않는 영역에서 기업과 민간조직은 프라이버시 거래규정(Privacy Codes of Conduct)을 적용하고 있다. 어떤 회사가 그 규정에 따르겠다고 공개적으로 선언했음에도 불구하고 만약 실제로 실행하지 못했을 경우에는 연방거래위원회법(Federal Trade

Commission Act)에 의해 기만적인 행위로 간주된다. 이 규정은 개인들이 자신들의 정보에 접근할 수 있도록 하는 조항도 담고 있는데, 연방거래위원회는 개인의 자기정보접근권을 포함하는 공정정보관행원칙(Fair Information Practice Principles)을 오랫동안 관철하고 있다. 국가통신정보청(National Telecommunications and Information Administration) 역시 기업들, 프라이버시 옹호자, 그리고 다른 이해관계자들로 하여금 프라이버시 거래규정을 발전시키도록 하는 합의절차를 마련하고 있다. 소비자보호 규칙의 일부도 개인에게 특정 제품과 관련한 개인정보를 제공하도록 하고 있는데, 예를 들어 주택담보 관련 금융기관들은 정기적으로 자신들이 수집하고 있는 개인금융 정보들을 그 정보의 주체들에게 제공한다.

이와 같은 민간 또는 비정부부문 외에 정부부문에서도 개인정보 청구권리가 강조되고 있는데, 먼저 연방정부 수준에서 프라이버시 법에 의하여 개인들은 연방기관에 요구하면 특정한 제한 내에서 자신의 정보를 제공받을 일반적인 권리를 가진다. 이 권리는 앞서 소개한 정보공개법에 의해서도 적용받는다. 그 외에도 정부기관들은 정보를 선제적으로 공개하고 있다. 최근 보편화되고 있는 접근법은 안전한 온라인 계좌를 통해 정보를 제공하고 있는데, 보험청구, 보험상품 내역, 보험혜택, 편익 등과 같은 개인화된 의료보장정보 등을 제공하는 MyMedicare 포털, 보훈청이 소유하는 개인의 건강정보를 제공하는 MyHealtheVet 포털, 그리고 사회복지프로그램과 관련 있는 MySocialSecurity 포털 등이 여기에 해당된다.

제4절

나가며: 개인정보 활용은 정부혁신에 기여할 수 있는가?

앞에서 살펴본 바와 같이 개인정보는 다양한 부문에서의 활용을 통해서 개인들에게 유용한 정보를 제공하고 시장 또는 정부가 제공하는 재화나 서비스의 효용을 증진시키며, 사회 구성원들의 합리적인 의사결정에 도움을 준다. 정부 부문에 범위를 한정시키면 개인정보를 활용함으로써 과거에 정부가 제공하지 못한 새로운 서비스가 국민들에게 제공될 수 있으며, 이를 통해 개인의 후생과 정부서비스에 대한 만족도가 높아지고 정부의 경쟁력이 향상된다는 점에서 정부혁신에 긍정적인 기능을 하게 된다.

한편, 개인정보의 활용과정에서 개인정보의 부적절한 유출이나 프라이버시 침해 등의 문제는 현재의 상황을 악화시키거나 상황이 개선되는 것을 저해한다는 점에서 개혁 또는 혁신에 반하는 결과를 초래하게 된다. 이러한 부작용은 개혁이나 혁신 과정에서 저항을 야기하게 된다. 결국 개인데이터의 활용이 정부혁신의 기반이 되는 동시에 걸림돌이 되지 않기 위해서는 데이터 활용과정에서 발생할 수 있는 역기능을 어떻게 해소하고 방지할 것인가에 달려 있다. 아래에서는 미국의 스마트공개 정책의 시행과정에서 논의되었던 프라이버시 침해 문제 등 부작용들을 어떻게 해결함으로써 개인데이터 활용이 정부혁신에 이바지할 수 있을지에 대해 주요 이슈들을 중심으로 논의하면서 글을 맺고자 한다.

첫째, 강력한 프라이버시 보호야말로 스마트공개를 효과적으로 운영하는 데에 필수적인 요소이다. 스마트공개와 관련하여 프라이버시 이슈는 데이터의 형태에 따라 그 중요성과 심각성이 달라질 수 있다. 즉 정부조직이 기관이나 부서의 위치 또는 제공하는 서비스의 내용에 대한 정보를 제공하는 경우에는 프라이버시 이슈가 큰 문제가 되지 않는다. 하지만 특정한 인물에 관한 정보를 담고 있는 경우 혹은 비록 데이터가 특정인을 확인하는 내용을 담고 있지 않더라도 언젠가 추론 혹은 다른 정보와의 결합을 통해 특정인을 확인하는 데에 결정적으로 활용될 수 있는 경우에는 프라이버시 이슈가 중요하게 대두될 수 있다. 이 경우 스마트공개는 데이터의 주체인 특정 개인에게만 정보를 제공하거나 특정인을 확인할 수 없는 장치를 동반할 필요성이 있다.

둘째, 데이터의 정확성과 질은 데이터 활용의 핵심적 요소이다. 정부기관들은 데이터의 질을 확보하기 위해 다양한 전략을 수립하고 시행할 필요가 있는데, 미국의 Data Quality Act에서 보듯이 데이터공개에 참여하는 기관들은 해당기관이 제공하는 정보의 질, 객관성, 유용성 등을 제고하는 지침을 발표하며, 그 기준을 충족하지 않는 데이터에 대해서 개인이 수정을 요구할 권리를 갖게 할 필요성이 있다.

셋째, 데이터공개 정책의 편익과 비용을 계량적으로 산정하고 비교함으로써 이 정책의 효율성을 검증할 수 있다. 미국의 예산관리처는 정부기관이 스마트공개를 추진하는 데에 소요되는 비용과 그로 인해 발생하는 편익을 고려할 것을 권장한다. 예를 들어 미국의 국가해양대기청(The National Oceanic and Atmospheric Administration, 이하 NOAA)은 기상정보를 무료로 대중들에게 알기 쉬운 형태로 제공하며, 이 데이터는 새로운 형태의 기후 관련 서비스를 창출하는 데에 활용된다. NOAA는 이러한 기상관련 데이터의 영향을 가치화함으로써 서비스의 효율성을 화폐단위로 제시하였다. 또한 앞에서 논의했듯이 연방정부 기관들이 능동적으로 스마트공개를 추진함으로써 정보공개법을 준수하기 위해 소용되는 비용을 절감할 수도 있다.

넷째, 정부는 개인들이 자신들의 데이터에 손쉽게 접근하고 편리하게 활용하도록 하기 위해 여러 측면에서 노력해야 한다. 이를 위해 웹사이트나 애플리케이션을 쉽고 편하게 이용할 수 있도록 하며, 이용자들의 지속적인 평가나 피드백 등을 통해 단점이나 문제점을 보완하는 등의 노력도 필요하다. 미국의 디지털 정부전략처럼 이용자만족도 조사를 통해 해당 사이트의 성과를 측정하는 것도 고려해 볼 수 있다. 특히 정부는 디지털 디바이스를 통해 보다 편하게 정보에 접근하고 활용할 수 있도록 노력할 필요가 있는데, 이와 관련하여 이용자들이 어떤 수단을 얼마나 활용하는지에 대해 조사함으로써 소비자의 활용도를 제고시킬 수 있을 것이다.

마지막으로, 소비자들의 자기정보 통제권의 적용분야를 확대함으로써 안전하게 개인들의 정보활용 편익을 취할 수 있도록 해야 할 것이다. 또한 정부는 공개된 데이터를 사용하여 다양한 서비스를 창출할 수 있도록 자금지원 등 인센티브를 제공할 수 있을 것이다.

참고문헌

김기환.(2013). "공공부문 빅데이터의 활용성과 위험성". 정책분석평가학회보, 23(2): 1-27.

김기환 · 윤상오.(2015). "개인정보는 보호만 할 것인가?: 외국의 개인정보 활용정책 비교". 한국지역정보화학회지, 제18권 제3호: 65-93.

윤상오 · 김기환. (2016). "빅데이터시대 한국과 영국간 개인데이터 활용정책 비교", 정책과학학회보, 2016

이유택. (2013). 빅데이터 시대의 개인데이터 보호와 활용. IT & Future Strategy. 제8호. 한국정보화진흥원

혁신이론연구모임. (2007). 이론으로 풀어본 정부혁신. 행정자치부.

World Economic Forum. (2013). Unlocking the Value of Personal Data: From Collection to Usage, p. 7

KISA 보호나라(www.118.or.kr)

제4장

지능정보시대의 변화와 도전, 그리고 정책적 대응

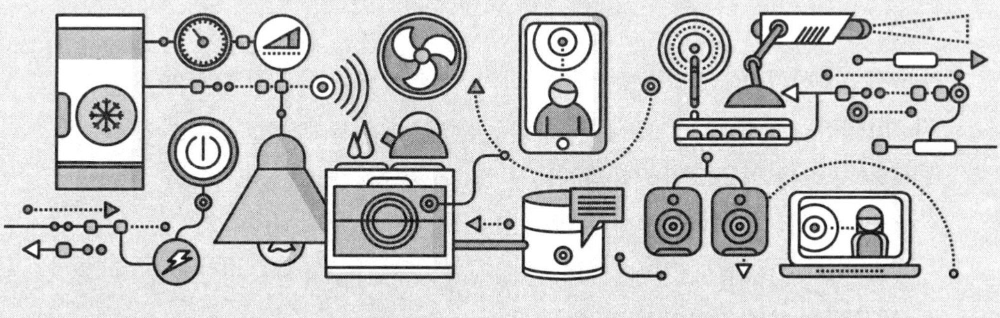

제 1 절

서론: 또 다시 새로운 시대인가?

정보화시대,
유비쿼터스 시대,
모바일 시대,
스마트시대
...... 그리고 지능정보시대.

또 다시 새로운 시대에 대한 이야기인가? 새로운 시대에 대한 피곤함이 몰려올 지도 모르겠다. 엘빈 토플러가 이야기하였던 제3의 물결을 넘어 다시 새로운 파고 앞에서 서핑을 할 때가 왔다. 두근거림에 몸을 맡기되 안전에 유의할 것.

정보통신기술(ICT)의 발전은 사회의 새로운 변화를 촉진하는 계기가 된다. 2010년을 전후한 스마트폰의 확산은 언제, 어디서나 연결되는 초연결 사회로의 변화를 알렸으며, 그 과정에서 Internet of Thing, Big Data, Cloud Computing 등의 기술들이 변화의 새로운 국면들을 만들어왔다.

그리고 2016년은 4차산업혁명의 등장과 인공지능의 재조명으로 큰 변혁의 물결을 맞이한 기간이라 할 수 있다.

새로운 변화는 우리에게 기회와 과제를 동시 안겨준다. 변화의 큰 흐름에 선제적으로 대응하기 위해서는 다가올 미래에 대한 정보와 변화에 대한 예측을 바탕으로 기회를 촉진하고 위험을 관리해야 한다. 이 글은 4차산업혁명과 인공지능의 재조명으로 대표되는 지능정보사회의 지속가능한 발전을 모색하는 탐색적 연구이다. 이를 위해 지능정보시대 도래의 의미, 그로 인한 변화, 변화에 대한 정책 대응 방안을 살펴보기로 한다.

제2절

지능정보 시대의 도래와 변화

1. 지능정보 시대의 의미

(1) 변화하는 환경, 지능정보사회의 기술과 서비스

1990년대 이전 유선전화 중심의 통신환경은 이동전화의 등장과 함께 변화하기 시작하였다. 1세대 아날로그방식에서부터 2세대 디지털방식 이동통신(CDMA, GSM), 3세대 데이터 이동통신(IMT 2000), 4세대 all- IP기반 초광대역 이동통신(Wibro, LTE)에 이르기까지 속도와 성능 측면에서 발전하였다. 그 과정에서 통신시장의 가치사슬도 콘텐츠와 플랫폼, 네트워크와 기기의 개별적인 성장에서 가치사슬 간 융합서비스의 발전으로 이어졌다.

정보통신기술의 발전은 2000년대 DMB와 IPTV로 본격적인 방송통신융합 시대를 열었으며 스마트폰의 등장은 유무선융합의 초연결사회의 도래를 알렸다. 최근 몇 년 간 이러한 변화는 빅데이터, 클라우드 컴퓨팅, 사물인터넷 등의 발전과 함께 O2O나 공유경제, 핀테크, 웨어러블 기기, 스마트 그리드, 자율주행 자동차 등의 다양한 분야의 산업과 결합하여 신융합 시대이 도래를 알리고 있다. 그리고 지금까지의 정보통신 기술들을 연결하는 플랫폼으로서 인공지능기술의 발전은 새로운 시대, 지능정보시대로의 변화가 시작되었다.

그림 4-1 지능정보시대의 기술과 서비스

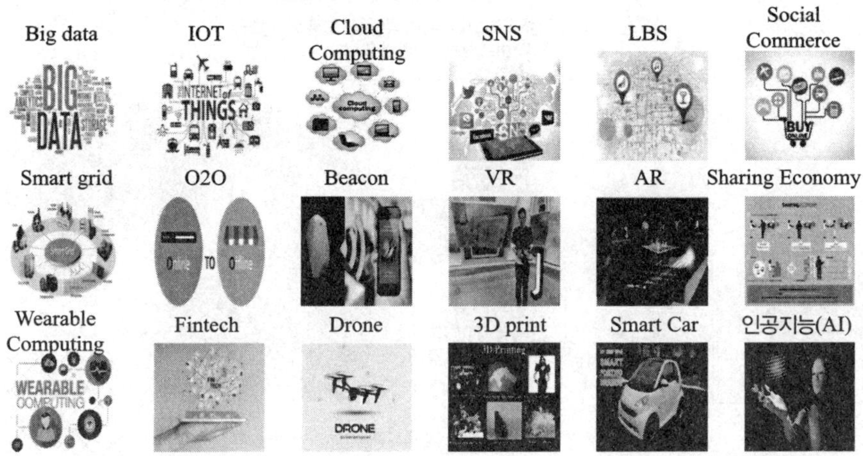

(2) 4차산업혁명의 도래

2016년 1월의 다보스포럼을 통해 4차산업혁명의 개념이 본격적으로 알려지게 된다. 다보스 포럼은 산업혁명의 시대를 4가지 세대로 나누었다. 1차산업혁명은 18세기 증기기관 기반의 기계화 혁명이다. 영국을 중심으로 증기기관을 이용한 섬유 산업 등이 거대산업화하게 된다. 2차산업혁명은 19세기~20세기 초의 전기에너지 기반의 대량생산혁명이다. 공장에 전략이 보급되고 컨베이어 밸트를 이용한 대량생산체계가 마련된다. 3차산업혁명은 20세기후반의 컴퓨터와 인터넷 기반의 지식정보혁명이다. 이 시기에 인터넷과 스마트기기를 발전으로 미국을 중심으로 한 글로벌 IT기업이 부상하게 되며 제1차 정보혁명의 시기라고도 할 수 있다. 4차산업혁명은 21세기 초반부터 시작된 사물인터넷과 가상물리시스템(cyber physical system, CPS), 인공지능 기반의 정보혁명으로 사람과 사물, 공간이 지능적으로 연결되어 산업구조와 사회시스템이 혁신을 이루게 된다.

(3) 인공지능과 지능정보사회의 도래

인공지능 연구는 언제부터 시작된 것일까? 인공지능과 관련된 연구개발의 역사를 살펴보면, 1940년대에 뉴런과 관련된 연구로부터 인공지능의 개념이 등

그림 4-2 제4차 산업혁명

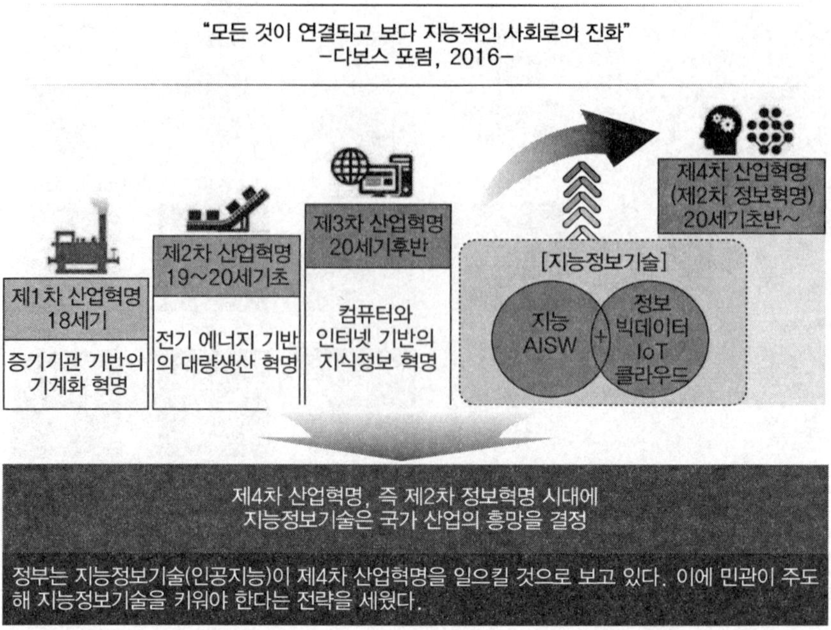

(※ 출처: http://www.zdnet.co.kr/news/news_view.asp?artice_id=20160712173539)

장하고, 50년대에 학문적인 관점에서 연구되기 시작하였다. 하지만 인공지능과 관련된 연구개발의 큰 진척이 보이지 않음에 따라 사실상 60-70년대에는 주목받지 못하였다. 인공지능과 관련된 연구가 다시 주목을 받게 된 것은 80년대 이후이다. 1980년대에 이르러 그동안 논의되었던 인공지능 개념들의 해법(역전파 알고리즘, 가자 조직맵 등)이 등장하고, 90년대 후반부터 하드웨어의 발전과 기술적 문제들에 대한 해법들이 발전하면서, 2000년 이후 기계학습과 패턴인식 기술 등이 실제 적용되고 실제 산업현장이나 생활에서 적용이 본격적으로 논의되기에 이르렀다.

지능정보기술의 개념정의에 대해서는 아직 논의가 진행 중이다. 하지만 그 개념정의가 어떻든 인공지능의 목표는 기술을 활용하여 인간의 두뇌와 유사한 지능을 구현하는 것이다. 인간의 두뇌와 유사한 지능을 개발하기 위한 시도는 구체적으로 인간과의 경쟁 혹은 두뇌시합으로 이어졌다. 1967년 체

그림 4-3 인간과 컴퓨터의 대결

1967년	체스	체스 프로그램 맥핵 vs 철학자 후비트 트레퓌스	맥핵 승
1996년	체스	IBM 슈퍼컴퓨터 딥블루 vs 체스 세계챔피언 게리 카스파로프	카스파로프 승 (3승 2무 1패)
1997년	체스	IBM 슈퍼컴퓨터 디퍼블루 vs 체스 세계챔피언 게리 카스파로프	디퍼블루 승 (2승 3무 1패)
2011년	퀴즈	IBM 슈퍼컴퓨터 왓슨 vs 퀴즈챔피언 제닝스 · 루터	왓슨 우승
2013년	장기	장기 프로그램 어웨이크 vs 일본 프로기사 연합	어웨이크 승 (3승 1무 1패)
2014년		러시아 '유진 구스트만'의 '튜링 테스트'	통과(?)
2015년	포커	포커 프로그램 클라우디코 vs 프로포커 선수 4명	프로선수 승
2015년	바둑	구글 알파고 vs 프로바둑기사 판후이(2단)	알파고 승(5승 무패)
2016년	바둑	알파고 vs 프로 9단 이세돌	알파고 승(1승 4패)

스프로그램이 처음으로 일반인을 체스로 이긴 이후, 1990년대 들어 체스 게임에서 컴퓨터와 인간챔피언의 대결(1996년, 1997년), 2010년대 퀴즈, 장기, 포커, 바둑 등의 분야에서 잇따른 인간과 인공지능의 대결이 이루어졌다.

따라서 지금까지의 논의들을 종합하면 인간의 지각과 추론, 학습능력 등을 컴퓨터 기술을 통하여 구현함으로써 문제해결을 가능하게 하는 기술이라고 할 수 있을 것이다.

2. 지능정보시대의 쟁점

지능정보시대에는 어떤 변화가 일어나게 될까? 지능정보사회로 전환에 따른 기회로는 생산성의 증대와 삶의 질 향상을 들 수 있으며, 전환에 따른 위험요인으로 일자리 대체와 윤리 문제를 들 수 있다.

(1) 새로운 부가가치의 창출과 생산성의 증대

인공지능의 발전은 기존의 제조업과 서비스업 등에 새로운 생산력 증진의 원동력을 제공할 것이다. 사이버물리시스템(CPS) 기반의 스마트공장에서 사물인터넷과 클라우드 컴퓨팅을 통한 결합 네트워크 시스템은 한층 진일보된 자동물류시스템을 통해 생산성을 향상시킬 수 있다. 축적된 데이터를 통한 빅데이터 분석은 데이터에 기반한 생산공정 관리를 가능하게 함으로써 공정의 효율성을 제고할 뿐 아니라 기업의 의사결정에 유용한 도움을 줄 수 있게 된다. 특히 기존의 자동시스템이 인간과 분리된 공간에서 기계끼리 이루어지는 형태에서 지능정보시대에는 인간과 인공지능이 협업하는 형태를 통해 좀 더 다양한 형태의 업무를 효율적으로 처리할 수 있게 될 것이다. 예를 들면 비교적 단순하고 업무처리 방식이 고정적인 일상적 업무나 사업조사 업무와 같은 일은 인공지능에 맡기고, 인간은 창의적이고 핵심적인 업무들에 좀 더 집중할 수 있을 것이다.

(2) 인간의 편의성 제고와 삶의 질 증진

지능정보기술의 발전은 인간의 삶의 편의성을 제고하고 삶의 질을 증진시킬 수도 있다. 인공지능을 이용한 개인비서 서비스(구글의 나우, 애플의 시리)나 서비스 분야의 지능형 로봇(일본의 페퍼)의 상담이나 컨설팅 서비스 제공, 자연어 처리와 알고리즘의 발달에 힘입은 언어의 실시간 번역 서비스 등 금융, 교육, 유통 등의 다양한 분야에서 서비스를 제공하게 된다.

또한 지능형 로봇이나 무인항공기 등을 활용하여 인간의 접근이 어려운 위험 지역에 정찰이나 감시 등의 기능을 수행함으로서 사회 안전망에 기여할 수도 있을 것이다. 인공지능으로 가능한 서비스 영역들을 살펴보면 다음과 같은 다양한 분야가 있다.

- 개인서비스영역: 구글의 나우, 애플의 시리
- 번역: 구글 번역, 네이버 번역
- 상담, 컨설팅: 일본의 지능형 로봇 페퍼, 왓슨
- 의료: 왓슨의 인공지능
- 언론, 창작: 로봇 저널리즘, 인공지능 소설
- 교통: 교통관제시스템, 자율주행자동차의 인지 · 판단 시스템

(3) 인공지능과 로봇에 의한 일자리 대체

인공지능과 관련된 논쟁 중 일자리의 대체에 관해 관심이 뜨겁다. 인공지능과 인간의 노동은 보완 혹은 협력적 관계인지, 대체적 관계인지에 대한 근본

표 4-1 스마트 팩토리(Smart Factory)

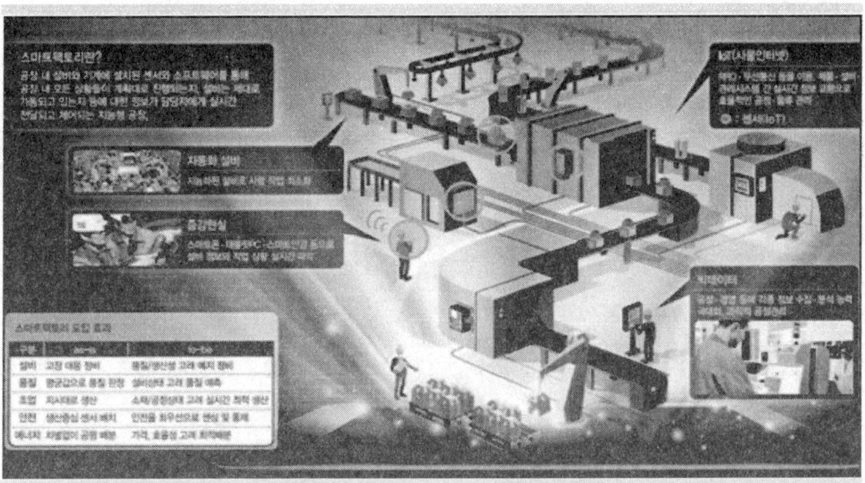

단순 생산 작업에서 기계의 힘을 빌리는 선에 머물렀던 공장 자동화가 제어와 품질관리, 재고관리, 설비 진단까지 확장된 '스마트팩토리'로 진화하고 있다. 전통산업에 IoT와 빅데이터를 비롯한 ICT 기술을 융합한 스마트팩토리는 제조혁신의 핵심으로 떠오르고 있다.

스마트팩토리는 말 그대로 '똑똑한 공장'이다. 공장 내 설비와 기계에 설치된 센서를 통해 데이터가 실시간으로 수집, 분석해 공장 내 모든 상황을 일목요연하게 보여주고(observability), 이를 분석해 목적된 바에 따라 스스로 제어(controllability)하는 공장이다.

과거에는 숙련된 작업자가 원료의 색깔을 보고, 혹은 설비의 소리만 들어도 경험적으로 무엇이 문제인지 파악하고, 직접 문제를 해결해야 했다. 하지만 고령화로 인해 숙련공들이 점차 줄어들고 있다. 제품은 라이프 사이클이 단축되고 맞춤형 대량생산으로 변화하면서 가볍고 유연한 생산체계가 요구되고 있다. 이러한 상황에서 스마트팩토리가 제조 혁신의 방안으로 부상하고 있는 것이다.

현재 대부분의 제조업 분야에는 생산자동화가 구축돼 있다. 하지만 기존 체제는 자동화와 최적화가 단위 공정별로 이뤄져 있어 공정과 공정간 유기적 연계에는 한계가 있다. 전후 공정에서 어떤 일이 일어났는지 알 수 없는 구조다. 공장에서는 수집된 데이터 활용률이 매우 낮은 것도 이러한 이유에서다.

반면 스마트팩토리는 총체적인 관점에서 최적화가 이뤄져 공정 간 데이터의 자유로운 연계가 가능해 각 공정 간 보이지 않는 벽이 허물어질 수 있다는 것이다. 예를 들면, 최고의 실력을 가진 내과 전문의와 외과 전문의가 따로 환자를 진료하지 않고 서로 정보를 공유하며 협진할 경우 환자를 더 정확하게 진단할 수 있는 것과 비슷하다.

스마트팩토리가 구현되면 각 공장에서 수집된 수많은 데이터를 기반으로 분석하고, 의사결정하는 데이터 기반의 공장 운영(Data Driven Operation)체계를 갖춤으로써 생산현장에서 발생하는 현상, 문제들의 상관관계를 얻어낼 수 있다. 즉, 원인을 알 수 없었던 돌발 장애 · 품질 불량 등의 원인을 알아내고 해결할 수 있게 된다.

뿐만 아니라 숙련공들의 경험 즉, 암묵지에 머물러 있던 노하우를 축적해 형식지화함으로써 누구나 쉽게 활용할 수도 있다. 현장에서 발생하는 돌발 상황이 모니터링돼 비숙련자도 대응할 수 있도록 원격지에서 가이드를 해줄 수 있게 되는 것이다.

(2015.7.4. 데일리안. http://www.dailian.co.kr/news/view/513701/?sc=naver)

표 4-2 인공지능과 로봇저널리즘

> 단김준태의 적시타, 롯데의 승리 가져와(2016-10-09, 넥센 5 對 8 롯데, 사직)
>
> 9일 사직구장에서 열린 롯데와 넥센과의 2016 타이어뱅크 KBO리그에서 롯데가 김준태의 적시 2루타 기록에 힘입어 8:5로 승리했다. 3:3으로 팽팽한 경기 중이던 6회 말 2사 만루에서 김준태가 2루타를 때려 3점을 득점해 승부를 결정지었다. 현재 김준태는 이번 리그에서 120타수 33안타 2홈런 22볼넷 16타점 12득점을 기록 중이다.
>
> ……
>
> 결국 경기는 롯데의 승리로 끝났다. 오늘 경기 결과에 따라 롯데는 현재 8위로 하위권으로 승률 0.458을 기록 중이다. 한편 넥센은 3연승 후 3연패를 당했으나 현재 3위 상위권으로 승률 0.538을 기록 중이다. 팀은 10안타를 날려 꽤 좋은 플레이를 보여 팬들을 아쉽게했다.

※(이 기사는 서울대학교 이준환 교수 연구팀이 개발한 기사 작성 알고리즘 '야알봇'이 작성한 기사입니다.) https://www.facebook.com/kbaseballbot/)

그림 4-5 인공지능의 휴먼서비스

시리 페퍼 아멜리아

적 논의부터 인공지능으로 인해 인간의 일자리가 감소한다면 어떤 직종이 가장 큰 피해를 입을 것인지 등에 관한 것이다. 감소하는 직종이나 구체적 업무에 대한 예상은 아직까지는 기준이나 예측 변수에 따라 다양한 예상이 나오고 있지만 대체로 업무나 업종의 성격에 따라 미래 직업의 변화가 있을 것으로 예상한다. 먼저, 단순반복직무나 매뉴얼 기반의 업무의 경우에는 인공지능에 의한 대체 가능성이 있다. 콜센터 업무나 텔레마케터, 운송업무나 노동생산직의 경우가 해당된다. 둘째, 전문직종의 경우에도 업무의 성격에 따라 일부는 대체 가능성이 있다. 법률상담이나 사실관계를 중심으로 뉴스를 작성하는 기자 등의 경우이다. 셋째, 종합적 사고나 창의적 사고를 요하는 업종이나 업무의 경우 대체가 쉽지 않을 것이다. 설득이나 협상의 직종이나 예술이나 감성의 직종, 그 외 복잡한 상황에 대한 판단 등을 필요로 하는 직업이 될 것이다. 다만 인간의 고유 영역이라 여겨지던 지적 노동이 언제 얼마만큼 인

그림 4-6 10~20년 후 미래 쇠퇴 직종 및 유망 직종

발표 기관	쇠퇴 직종	유망 직종
Oxford	텔레마케터, 세무 대리인, 재봉사, 자료 입력원, 도서관리 정보원, 은행계좌 상담 및 개설 직원, 신용 분석가, 보험 감정사, 심판 및 기타 스포츠 관계자, 법률 비서, 출납원 등	치료사, 정비공/수리공/설치공, 사회복지사, 외과 의사, 전문의, 영양사, 안무가, 심리학자, 초등학교 교사, 관리자, 상담 교사, 컴퓨터시스템 분석가, 큐레이터, 운동 트레이너 등
워싱톤 포스트	농업 분야 노동자, 우편 서비스 노동자, 재봉틀 사업자, 배전반 사업자, 데이터 입력 사무원 및 워드 프로세서 타이피스트	정보 보안 전문가, 빅 데이터 분석, 인공지능 및 로봇 공학 전문가, 모바일 장치용 프로그램 개발자, 웹 개발자, DB 관리자, 비즈니스/시스템 분석가, 윤리학자, 엔지니어, 회계사, 변호사, 금융 컨설턴트, 프로젝트 매니저, 전문의, 간호사, 약사, 물리 치료사, 수의사, 심리학자, 교사, 영업 담당자와 건설 노동자(특히 벽돌공과 목수) 등
테크M	콜센터 상담원, 교수, 택시기사, 세무·회계사, 단순조립, 의사·약사, 변호사	데이터분석가, SW개발자, 헬스케어 종사자, 로봇 공학자, 예술가, 보안 전문가, 바이오, 바이오 엔지니어

*출처: 김윤정, 유병은(2016)

공지능으로 대체될 것인가에 대해서는 이론의 여지가 있다.

(4) 윤리적 문제

인공지능이 인간의 두뇌와 유사해질 경우, 우리는 인공지능의 자율성과 책임성 문제에 부딪치게 된다. 먼저, 인공지능에게 어느 정도까지의 자율성을 허용할 것인가, 이 경우 우리는 인공지능을 효과적으로 제어할 수 있을까에 대한 것이다. 자율주행자동차나 자동반응시스템의 경우 인공지능은 윤리적 판단이 곤란한 상황에 마주칠 수 있다. 고속으로 주행하고 있는 자동차가 갑자

그림 4-7 인공지능의 위험성과 유용성 논쟁

- 스티븐 호킹
  "인공지능의 완전한 발전은 인류의 종말을 불러올 수도 있다고 생각한다(2014)."

- 엘론 머스크(미국 전기차업체 테슬라의 최고경영자(CEO))
  "인간이 악마를 통제할 수 없듯 인공지능도 통제불능의 기술이 될 수 있다(2014)."

- 레이 커즈와일(구글 엔지니어링 이사)
  "할리우드 영화처럼 인공지능으로 인한 디스토피아적 미래가 현실화할 가능성은 높지 않다… 인류는 인공지능과 같은 신기술을 안전하게 유지할 수 있는 전략을 가지고 있다(2015. 2)."

기 도로에 나타난 보행자를 마주쳤을 때 운전자와 보행자 둘 중 누구의 안전을 우선에 놓고 주행행태를 결정해야 하느냐와 같은 문제이다. 영화에서처럼 로봇의 반란이나 로봇이 자율성을 넘어 자아를 가지게 되어 인간이 아닌 기계 자체를 위한 선택을 할 경우 인류는 생존에 위협을 받게 될 것이다. 당장 그러한 위협이 발생하지 않는다 하더라도, 항상 모든 로봇의 제1가치가 인간에 반하는 어떠한 행동을 하지 않는 것이라고 할지라도, 그 가능성만으로 이미 두려움을 가지게 된다.

제3절

지능정보시대의 정책 대응

1. 우리나라의 지능정보시대 대응 정책

2016년 3월 프로 바둑기사 이세돌 9단과 인공지능 알파고(AlphaGo)의 바둑 대결은 인공지능에 대한 일반 대중의 관심을 집중시키는 계기가 되었다. 우리나라의 지능정보 정책은 엑소브레인이나 딥뷰 사업을 통해 꾸준히 진행되어 왔다. 엑소브레인은 지식학습을 통한 전문가 수준의 지능을 확보하기 위한 사업으로 2013년부터 진행되어 왔다. 언어 지능 기반의 질의응답, 대규모 추론, 학습기술 개발, 그리고 의사결정 지원 시스템의 상용화를 목표로 2013년부터 연 100억원 규모의 투자가 진행되고 있으며 정부와 민간이 8:2 정도의 비율로 나누어 투자하고 있다. 딥뷰는 실시간 영상분석을 통해 의미를 찾는 시각지능과제로 2014년부터 2024년까지 3단계로 나누어 이루어질 전망이다. 딥뷰 사업은 대규모 시각지능 원천기술 개발을 통해 영상인식, 예측, 재난 대응 등을 목표로 2014년부터 연 100억 규모로 정부와 민간이 8:2의 비율로 투자하고 있다.

2016년 4차산업혁명과 알파고 충격은 우리나라 지능정보정책을 종합적으로 검토하고 수립하는 계기가 되었다. 2016년 3월 대통령이 주재하는 지능정보사회 민관합동간담회를 통해 앞으로 “지능정보산업 발전전략”을 발표하고 지능정보기술연구소의 설립하기로 예정하였다. 간담회에서는 i)지능

그림 4-8 우리나라의 인공지능 연구 사업

정보기술 연구소를 설립하여 공통기술 연구, 데이터 공유를 공유, ii) 플래그십 프로젝트를 통해 응용서비스 발굴을 위한 대규모 실증사업 추진, iii) 기초연구 투자를 통한 슈퍼컴 · 신경칩 등 HW, 뇌과학 · 산업수학 등 기초연구투자, iv) 전문인력 양성을 통해 데이터 전문가, SW엔지니어 등 전문인력 선제적 양성 등이 포함되었다. 이후 2016년 4월 국무회의에 지능정보사회 중장기 종합대책 추진계획이 상정되어 종합대책 수립 추진이 발표되었다. 이에 따라 지능정보사회 "민관합동 추진협의회"구성하고, 지능정보사회 추진 TF를 설치하였다. 2016년 5월 지능정보사회 민관합동 추진협의회가 발족하고, 7월에는 지능정보사회 전문인력양성을 위한 2016 대학ICT 연구센터(지능정보기술분야, 클라우드컴퓨팅 분야)가 선정되었으며, 10월에는 지능정보기술 연구원(AIRI)이 개원하였다.

2016년 12월 29일 제8차 정보통신전략위원회 심의 · 의결을 통해 "제4차 산업혁명에 대응한 지능정보사회 중장기 종합대책"을 확정하였다. 인간 중심의 지능정보사회라는 비전 하에 기술, 산업, 사회 분야별 정책방향과 전략과제를 도출한 이 종합대책은 지능정보사회 도래시 경제 · 사회적인 변화를 조망하고 관계부처 및 전문가 의견수렴 내용을 바탕으로 '기술 → 산업 → 사회'로 연결되는 중장기 정책방향과 30년까지의 추진과제를 담고 있다.

그림 4-9 지능정보사회 중장기 종합대책

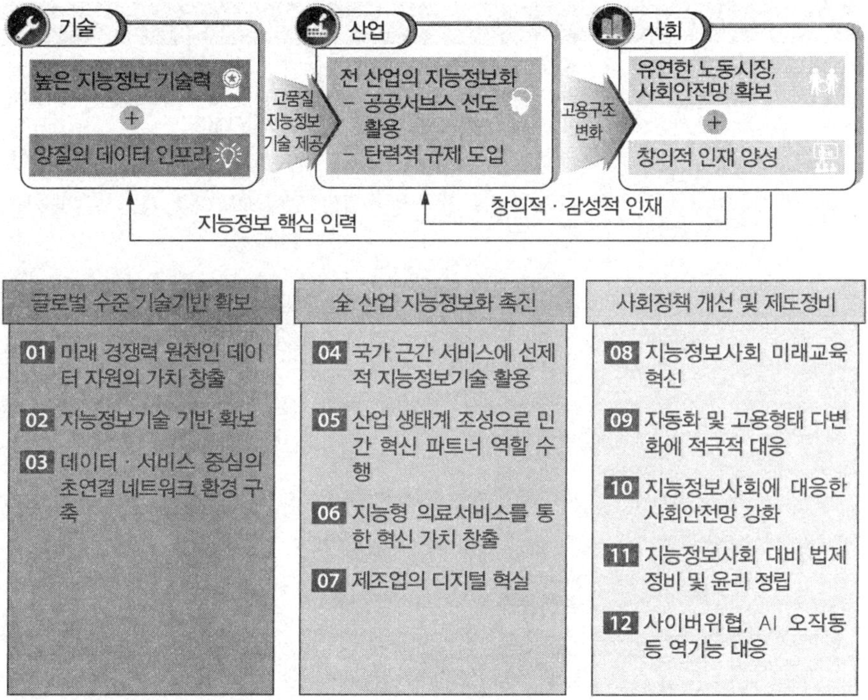

2. 지능정보 정책시 고려사항

2016년 12월의 정보 종합대책에도 나와 있듯이 지능정보사회로 인한 변화는 기술이나 산업에 국한된 것이 아니라 정부나 사회, 개인의 생활에까지 광범위한 영향을 미칠 것이다. 이를 위해 인공지능 생태계를 구축하고, 새로운 기술들이 적기에 적용될 수 있도록 규제를 완화하는 등 제도보완이 필요하며, 사회변화에 따른 사회안전망 등의 대응방안을 마련하고 개인정보보호나 감시사회의 위험과 같은 부작용을 방지하도록 유의해야 할 것이다.

지능정보사회의 도래에 따른 각 분야의 세부적인 정책을 구상함에 있어 다음의 몇 가지 사항을 고려하여야 한다. 첫째, 한국이라는 맥락적 상황을 반영하여야 한다. 우리나라의 지능정보정책은 한국의 현황과 변화에 대한 예측을 기반으로 마련되어야 하며, 다른 나라의 전략과 정책을 고려하되 그 내용은 한국형 정책과 로드맵이 되어야 할 것이다. 둘째, 지능정보사회를 대비함

그림 4-10 지능정보시대의 정책 지도

분야	분류	주요내용(예시)
기술 연속성의 확보	기술개발	• AI 관련 활용 기술 개발: data의 전주기 생애관리(DB 구축, 개발, 중계/유통 활성화), 데이터 개방/공유, AI 핵심/원천기술개발, IoT, 드론, 3D프린트 등 핵심기술 개발 • 보안 기술: AI 활용 기술에 수반되는 보안문제 해소 기술 마련
	인력양성	• AI 관련 기술 연구 역량 증진: 역량 교육 프로그램 개발, 대학교육, 연구센터 • 조직 내 · 외부 역량 교육 강화
정책/제도 정비	법제정비	• 관련 지원법, 규칙, 가이드라인 제정 • 규제 제도 정비: 기술의 발전에 장애가 되는 기존의 규제나 관행에 대한 정비 필요
	추진체계 정비	• 추진체계 장비: 다부처 사업의 성격을 가질 수 있는 AI 관련 정채에 대해 부처간 협력과 조정 기제 마련 필요 • 민관 협력 추진체계: 산 · 학 · 연 · 관 협력의 강화, AI 관련 기술의 활용을 위한 협의체의 운영
인식 · 문화 수용성	홍보 · 인식개선	• AI 관련 시범 사업 추진: 시범 사업을 통한 모범 사례(best practice) 창출, 선도사업 추진 • 활용 문화 확산: 사회적 수용성의 증진
	역기능 우려 개선	• 개인정보보호 우려 불식: AI 등 기술의 활용의 경우 개인정보의 불법적인 사용이나 해킹 등에 대한 우려를 불식시킬 필요가 있음. • AI와 책임문제 • 전자감시의 문제 불신: AI의 활용으로 인한 전자감시와 빅브라더의 우려 불식 필요

에 있어 다학제적인 융합 연구가 필요하다. 인공지능을 생각하면 기술 측면을, 4차산업혁명을 생각하면 산업적인 측면만을 생각할 수 있겠지만 앞으로 지능정보사회가 가져올 광범위한 영향을 생각하면 특정 분야나 기술의 관점에서 파편적인 연구 지양해야 한다. 오히려 다합제적 융합 연구를 통해 기술공학적 연구와 함께 사회문화, 법제도적인 관점이 더욱 더 필요할 것이다. 셋째, 변화의 패러다임에 대한 기술/제도/인식의 종합적 고려가 필요하다. 이를 위해 공공, 민간(산업, 사회)의 3개 분야를 유기적으로 연계하는 변화와 대응방안 필요하며, 사회적 파급력 뿐 아니라 정부 내부의 변화에도 주목할 필요가 있다. 넷째, 지속적 발전을 위해 기대효과와 함께 역기능적 요인들에 대한 고려가 필요하다. 이상의 사항들을 좀 더 구체적으로 소개하면 다음과 같다.

제4절

결론: 기술의 발전과 인류의 진보

기술의 발전이 인류의 진보를 가져오는가에 대해서는 기술결정론과 기술수용론의 오랜 논쟁이 지금도 지속되고 있다. 등자(말 안장에 매달아 발을 걸치게하는 승마 기구)의 발명이 기마병의 두 손을 자유롭게 함으로써 고트족이 로마제국을 아드리아노플 전쟁에서 승리로 이끌고, 이는 종국적으로는 로마제국의 멸망으로 이어지는 중요한 계기가 되었다.

19세기 말 자전거 기술이 현재의 모델로 정착되는 과정을 살펴보면 초기에는 남성 스포츠 자전거 애용자들이 선호했던 앞바퀴가 큰 자전거가 만들어졌다. 하지만 이 자전거는 치마를 입은 여성들이 타기에는 불편해 변형된 모

그림 4-11 등자의 발명과 아드리아노플 전쟁, 그리고 중세

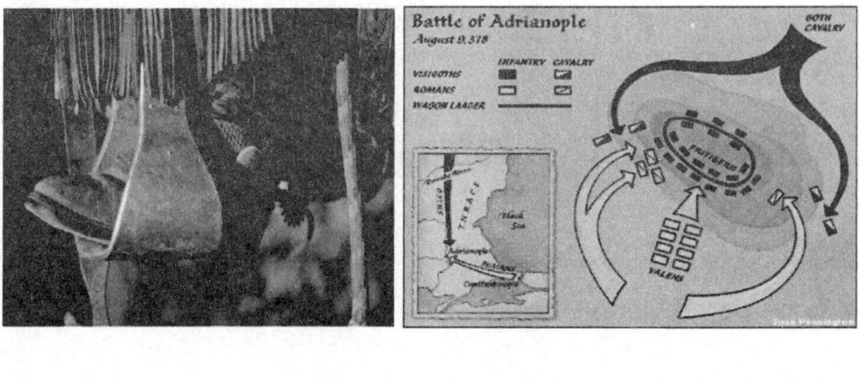

그림 4-12 자전거 기술과 사회적 수용

델을 만들어야했고, 앞바퀴가 작은 자전거를 선호하던 여성들의 의견이 반영된 안전자전거 모델이 최종적으로 산정되었다. 기술의 발전과 편의성은 결국 사회의 요구를 반영하여 그 수용 여부나 수용의 최종형태가 결정된다는 것이다.

지능정보사회의 도래도 기술 진보의 의미와 함께 새로운 기술을 통해 우리가 구현할 모습에 대한 고민에 따라 전혀 다른 결과를 낳을 수 있을 것이다. 새로운 기술이 어떤 결과를 가져올까에 대한 고민은 정답이 없어 더 어렵지만 결코 해답을 찾기 위한 노력을 포기할 수도 없는 종류의 것이다. 인공지능 발전의 큰 파도를 막거나 무시할 수 없다면, 큰 파도를 어떻게 유용하게 인류의 행복을 위해 사용할 수 있을지 고민해야 하는 것이 필요하다.

참고자료

김윤정, 유병은. 2016. 인공지능 기술 발전이 가져올 미래 사회 변화. KISTEP R&D InI

미래창조과학부 보도자료. 2016.4.28. 지능정보 대한민국, 밑그림 그린다!

미래창조과학부 보도자료. 2016.5.16. 미래부, 제4차 산업혁명 본격 준비 -"지능정보사회 민관합동 추진협의회"발족 -

미래창조과학부 보도자료. 2016.7.8. 지능정보사회 전문인력양성을 위한 대학ICT연구센터 선정

제5장

프라이버시권 진화의 역사와 동시대 쟁점

제 1 절

프라이버시권의 형성

육체적 자유뿐만 아니라 인간의 고독, 익명, 비밀, 자율, 친밀, 사생활 등으로 대표되는 정서적 프라이버시 '권리'의 적극적 해석은, 꽤 오래전 얘기인 듯싶지만 아주 최근의 인류 관심사로 떠올랐다. 프라이버시는 불과 한 세기전만 해도 독자적 인간의 권리로 존재했다기 보다는 재산권이나 사적 공간의 침입 등과 관련해 보호될 판례 해석에 불과했다. 역사적으로 잘 알려진 바와 같이, 미국에서는 1890년 워렌(Samuel D. Warren)과 브랜다이스(Louis D. Brandeis)가 언론의 '황색 저널리즘'로부터 개인의 사생활 침해에 대한 법적 구제에 대해 이론적으로 논의한 것이 거의 최초의 '프라이버시권'(The Right to Privacy)이라 봐야 할 것이다. 즉 처음에는 개인 공간과 영역권 혹은 재산권이나 일상을 침해하는 것에 대해 법적 보호를 하는 것이 프라이버시의 주된 근거였던 셈이다.

서구 역사에서 프라이버시는 개인이 집, 침실, 전화부스 등에서 외부로부터 간섭받지 않고 물리적으로 자유롭게 떨어져 있을 수 있는 물리적 거리 유지와 그 영역 내에 '홀로 남겨질 권리'(the right to be let alone)를 최소 조건으로 삼아 출발했다고 볼 수 있다. 문제는 근대 이후 강력한 통치체, 즉 국가가 형성되고 자본의 능력이 강화되면서 이들 각각이 시민 공익과 소비자 혜택이란 이름으로 자율적 개별 주체의 의식 영역까지 관리 및 통제하려는 욕

망이 크게 증가했다. 다시 말해, 국가는 시민의 개인 정보를 계측하고 통제하려 했고, 기업들은 서비스 향상이라는 명분으로 소비자 성향과 동향 파악을 늘려왔다. 이들 권력은 이렇게 이미 개인의 물리적 개인 영역 침해는 물론이고 개인의 의식과 무의식 영역에까지 심대한 영향력을 미치고 있었다.

근대 국가는 자율적 개인들의 형성에 기반했지만, 모순적이게도 이들에 대한 관리와 통제 없이 자본주의 체제를 유지하거나 존재할 수 없는 통제 시스템이기도 했다.[1] 국가는 나서서 국민들에 대해 끊임없는 관리와 통제의 훈육과 감시 시스템을 발동했다. 이는 시민사회 스스로 프라이버시를 일종의 불가침적 인간 존엄의 보편 '권리'로 규정하려는 반발력으로 드러났고, 적어도 미국 등 서구에서는 1970년대 들면서 광범위한 시민적 특권을 보호하기 위한 자유를 포함한 프라이버시 권리로 진화한다.[2] 예컨대, 미국의 수정헌법 14조나 우리 헌법 제17조에 정의된 "모든 국민은 사생활의 비밀과 자유를 침해받지 아니한다"라는 규정은 이의 명분화된 역사적 증거들이다.

문제는 최근 수 십여 년 동안 국가 안보의 문제, 첨단 기술적 조건과 발전, 사적 영역의 소멸, 국가 권력의 성격 변화 등에 의해, 근대 사회를 거치면서 형성된 프라이버시권의 실제 의미와 조건들이 더 큰 변화와 요동을 보여주고 있다는 사실이다. 필자는 본질적으로 과연 오늘날 프라이버시 자체가 존재나 하는 것인가 하는 불안의 시점에까지 이르렀다고 본다. 이 글은 현대 프라이버시권을 위협하는 역사적으로 중요한 몇 가지 국내 · 외 조건과 쟁점을 훑어보고, 향후 데이터 사회에서 인간에게 무엇보다 중요한 권리로 남을 프라이버시권을 재고할 수 있는 대안에 대해 잠시 논의해보고자 한다.

---

1 심우민, 「초연결사회에서의 정보 사생활과 국가적 법익간의 형량」, 「미디어와 인격권」, 제 2권 1호, 115-158 참고.

2 Allen, Anita L. In W. Staples (ed.) (2007). Encyclopedia of Privacy. (pp.393-414). Greenwood Press: Westport, Connecticut.

제2절

'제로(0) 프라이버시' 이후

오늘도 많은 이들은 프라이버시권에 대해 여전히 고전적 테제인 '홀로 남겨질 권리'를 이야기한다. 많은 이들이 아직도 흔하게 주장하는 공간적 독거권의 주장은, 외부의 침입자로부터 스스로 지켜야 할 개인만의 성역을 만들고 이를 절대화한다는 특징을 지닌다. '홀로 남겨질 권리'는 애초 개별 재산권 보호와 고독의 공간에 대한 사생활의 강조에서 출발했지만, 사실상 이는 주위 상황과 무관하게 프라이버시를 고정되어 있는 물리적 실체로 대상화해서 본다는 한계점을 지닌다. 다른 한편에선, 프라이버시를 사적인 것과 공적인 것의 밸런스 유지 문제로 보는 것 또한 사실상 비슷한 문제를 안고 있다. 이는 '홀로 남겨질 권리'만큼이나 대체로 프라이버시 안과 밖을 구분하면서 마치 외부로부터 차단된 나만을 위해 안으로 꽁꽁 잠긴 침실을 사수해야할 무엇으로 상정한다. 안팎의 구분법을 강조하다보면, 사적인 곳 깊숙이 들어와 있는 공적인 것, 그리고 공적인 것과 사적인 것의 경계 소멸을 이해하지 못한다. 그러다보니 고전적 프라이버시 해석은 사적인 것을 공적인 것을 분리하고 상호 위계 관계 속에서 보면서, 사적인 것을 대단히 외부의 공적 공격으로부터 수세적으로 지켜야할 것으로 묘사하는 경향이 크다.

혹자는 동시대 자본주의 사회에서 프라이버시 상황을 아주 비관적으로 바라보면서, '제로(0) 프라이버시'혹은 '프라이버시의 소멸'을 말하기도 한다.

이같은 주장은 기업이나 정부와 개인간의 힘의 불균형을 꽤 비판적으로 주목한다는 점에서 긍정적이다.[3] 다시 말해 이들은 공간적 독거권의 주장과 달리 시대적 상황 변수로 인해서 외부자 침입으로부터 홀로 남겨질 권리가 거의 모조리 소멸됐음을 주장한다. 마치 '빅브라더'감시사회의 비유처럼, 이들의 비관적 관점은 현존하는 프라이버시권에 비판적 의식을 갖도록 하고 이의 개선 의욕을 불러일으킨다는 점에서 실천적이다. 적어도 '홀로 남겨질 권리'의 수동적 방어론보단 현실 비판적이라 볼 수 있다. 하지만, 안타깝게도 이들 프라이버시 자유주의론적 시각 또한 공적-사적 영역간 근본적 분리에 기초한 채, 국가와 기업에 의한 저질러진 사적 영역의 파괴를 다시 회생하자는 주장만을 반복한다.

제로 프라이버시 접근의 유효성은 사적 영역에 대한 국가와 기업의 통제라는 현실의 문제를 분명하게 드러내 보인다는 점에서 비판적 통찰의 힘을 우리에게 부여한다. 하지만, 그 최종 해결책을 사적 영역의 회복에서만 찾는데 그 판단의 착오가 존재한다. 이미 공적인 것과 사적인 것의 상호 경계가 점차 허물어지는 상황에서 보자면, 프라이버시권의 공간적 영역화와 이의 재생과 복구라는 방식의 유효성에 문제가 크다고 볼 수 있다. 예를 들어, 에버노트, 구글독, 페이스북 등 이제 누군가의 가장 개인적인 글쓰기가 사회적으로 공론화되고 기사가 되고 공적 담론에 영향을 끼친다면 이와 같은 공-사 구분의 소멸을 어떻게 봐야 할까? 가장 사적이고 폐쇄적인 물리적 공간이 그리고 자신만의 사적 관계로 이뤄진 단체 카톡방이 저 멀리 존재한다고 믿었던 국가로부터 그리고 기업으로부터 자유롭지 않다면? 그렇다면 이제 고독의 개별 프라이버시 영역에 대한 구축을 넘어서서, 좀 더 공통의 사회적 차원에서 프라이버시 재구성을 논의해야 하는 것은 아닐까?

---

3 Doty, P. (2001). Digital privacy: Towards a new politics and discursive practice. In Martha E. Williams (Ed.), Annual review of information science and technology 36, (pp. 115-245). Medford, NJ: Information Today.

제3절

감시와 프라이버시의 사회성

프라이버시는 사적인 권리이기도 하지만 공적 권리이기도 하다. 이는 법 · 제도적으로 그 권리를 인정받는다는 의미에서도 그렇지만, 개별 프라이버시의 집단성 혹은 사회성 때문에도 그러하다. 제로 프라이버시 상황에서 외려 중요한 것은, 해당 사회의 국가와 자본 등 권력의 오 · 남용과 침해에 대한 시민권, 소비권, 노동권 등 시민 주체의 사회적 지위와 맞물린 적극적 대응력이다. 사적이고 공적인 영역이 이미 씨줄과 날줄로 상호 얽혀 있고, 그 가운데 특히 디지털 국면 아래 개인 정보들이 무방비로 노출되는 국면에 이르렀다. 또한 프라이버시의 공적-사적 영역 구분이 흐트러지고 인간 사이 결속의 밀도가 높아지면서, 개인의 사생활 양상이 점차 집단적 프라이버시로 '사회화'하는 측면도 존재한다. 일례로, 밴드나 카톡방처럼 특정인의 개인적 사담이 의도치 않게 다른 사람과의 정보와 뒤섞이는 것은 이젠 흔한 일이 됐다. 개인 정보의 사적 관리가 타인과의 관계성 속에서 뒤엉켜 형성되는 측면이 커지는 것이다. 이 상황에서 정보 프라이버시의 문제는 자신과 직접적으로 관계된 정보만을 관리해서 해결될 수 없는 새로운 사회 관계적 차원의 '공통 프라이버시'(communal privacy) 상황을 구성한다. 즉 정보와 데이터가 한데 뒤섞이면서 개별화된 호명보다 정보 프라이버시의 집단적 구성과 공동의 침해 방식이 증가하고 있다.

우린 사회 권력에 의해 이렇듯 촘촘하게 조직되고 시민을 집단 관리하려는 프라이버시 침해 행위를 현대적 '감시'(surveillance) 행위에서 주로 목도한다. 감시는 미디어 커뮤니케이션 장치를 매개해 벌이는 권력의 통제 장치와 그 시선을 의미한다. 감시는 권력 통치 행위의 여러 계열체 중에 중요한 기제로 언급되며, 이미 그 말 안에 인권 침해의 부정적 뉘앙스를 갖는다. 권력자의 입장에서는 감시의 이와 같은 부정적 정서를 누그러뜨리기 위해 이를 합리화하는 명분과 기제를 늘 발명해왔다. 즉 통치의 적극적 행위를 위해 감시를 정당화하는 이데올로기와 담론을 늘 개발해왔다. 역사상 가장 흔하게 쓰였던, 통치의 일 형태로서 감시의 명분은 국가 '안보'였다. 가상의 외부 적을 만들고 안보를 위해 국민들이 프라이버시권을 양보하고 포기하길 종용하는 식이었다. 예를 들어, 미국의 프라이버시 정책을 한 번에 바꾼 사건은 2001년의 9-11 테러'사건과 이의 방지를 위해 과도하게 프라이버시권을 위협했던 '애국법'이었다. 국가의 공격적인 감시 체제에 반응해, 9-11 테러 이후 미국 시민들은 국가 안보를 위해 수많은 프라이버시 침해를 인내해야 했고, 사회 인권을 실종 상태로 만드는데 크게 동조했다.

우리는 어떠한가? 40여년 가까이 군부독재 시절 살아남았던 '국가보안법'은, 미 애국법 보다도 더 절대 지위의 악법이자 대국민 감시와 처벌을 정당화하는 명분이 되었다. 국내 국가보안법의 유지는 통치권자에게 사회에 비판적인 수많은 의식 있는 이들에 대한 도 · 감청을 합법화했고 반인권적 인권 유린을 합리화했다. 국가보안법과 함께 감시의 기제 또한 많이 달라졌다. 안보의 논리가 그 중심축에서 작동하기도 하지만, 시민에 대한 효율의 정보서비스 논리나 비식별 시민 데이터 시장 활성화가 새롭게 논의되면서 시민 정보를 대거 수집하는 사회적 감시 국면으로 전환했다. 즉 감시와 프라이버시 침해 명분을 안보 논리에서 첨단의 기술과 결합된 '효율성'(efficiency)과 시장 혁신의 논리로 서서히 대체해 갔던 셈이다.

국가 안보와 함께 효율을 그리고 시장 혁신을 위해 감시를 명분화하고 프라이버시권의 질적 조건을 위협하는 국내의 시대적 흐름은, 국내 로컬의 특수성이 반영되어 있다. 즉, 한 사회가 지닌 프라이버시의 질감은 이렇게 특정 정치적 성숙도 수준이나 역사적 · 사회적 조건에 따라 꽤 다를 수 있다. 이는 우리가 사적 영역으로 보호하고 고정된 법적 지위로 다루는 전통적 프라이버시권의 해석과 달리, 국가안보 등 한 사회의 시대적 · 정치적 상황과 맥락에 따라 프라이버시권 해석이 크게 달라질 수 있음을 뜻한다. 즉 프라이버시의 '사회성'(the social)을 주목해야함을 의미한다. 결국 이는 프라이버시를 개인의 사생활 보호 권리로 묶어두는 소극적 정의법에서 벗어나 해당 사회의 보편적 인권 측면에서 프라이버시 권리를 접근하는 것이 더 옳다는 점을 시사한다. 프라이버시권이 개인을 출발점으로 삼지만 사회 공통의 의제이기에, 프라이버시권을 보장하기 위한 실천적 방식 또한 개별적인 방식보단 시민사회적인 문제제기와 공동 의제화가 효과적임을 뜻한다.

제4절

프라이버시와 기술

사실상 프라이버시 사회성의 측면이 강화되는 계기에는 결국 미디어 커뮤니케이션의 발전이라는 기술 변수가 자리해왔다. 또한 기술은 프라이버시의 사적-공적 영역의 분리를 해체하는데 역사적으로 중요한 촉매 역할을 수행해왔다.[4] 기술은 프라이버시의 사적 공간을 틈입해 깊숙이 들어와 비추거나 개인 신체를 특정 통제의 감시 기제 아래 계속해 옭아맸다. 프라이버시의 사적 영역을 흡수하기 위한 기술의 진화는 오늘도 계속되고 있다. 예를 들어, 사각 없이 360도를 비추는 CCTV 등 다양하게 진화하는 광학 감시장치, 첨단 뉴로 마케팅 기법, RFID칩 등을 활용한 사물인터넷이나 지리정보시스템(GPS), 데이터 수집 알고리즘 기법 등은 사생활 영역을 아예 무위화하는 새로운 기술 권력수단으로 등장한다. 기술에 의한 사적 영역의 흡수는 물론이고, 직접적으로 개별 인간 신체에 작동하는 프라이버시 침해 기술들의 진화도 동시에 급격히 이뤄지고 있다. 이들 기술은 최소한의 홀로 남을 권리조차 우습게 만드는 기술적 장치들이다. 예컨대, 개별화된 신체의 바코드 삽입, 신체 내부로 잠입한 감시용 칩, 인간 눈동자를 흐르는 개별 인식의 데이터베이스 장치, 인간게놈지도를 통한 생체정보의 관리 등에서 우린 사적 프

4 Agre, P. E. (1997). Introduction. In Agre, P. E. & Rotenberg, M. (Eds.), Technology and privacy: The new landscape (pp. 1-28). Cambridge, MA: MIT Press.

라이버시의 완전한 소멸을 얼마든지 예상할 수 있다.

구체적으로 특정 권력이 첨단 기술을 매개해 시민 프라이버시의 존재를 위협하는 정도는 국가별 차이는 있다고 할 수 있지만, 전반적으로 그 밀도에서 더 강렬해지고 있다. 예를 들어, 에드워드 스노우든의 내부 폭로에 의해 밝혀진 바처럼, 미 연방정부 국가안보국(NSA)의 프리즘(PRISM)은 전자네트워크망을 통해, 그리고 항공 드론 등을 통해 작동하는 에어 핸들러(Air Handler)란 무선망을 통해, 그리고 구글, 애플, 마이크로소프트, 페이스북, 야후 등의 협조를 받아 민간 데이터를 무차별적으로 수집 및 사찰해왔다. 영국의 에셜론 첩보위성 등 글로벌 통신망 도청장치의 작동, 그리고 국내 정보기관과 검찰에 의해 폭넓게 이뤄졌던 카카오톡 정보 수집 및 사찰 등은 또 다른 위협적인 국가 감시 사례들이다. 오늘날 국가 권력의 이와 같은 첨단 기술장치에 의한 시민 정보 통제 능력은 거의 일상화 단계에 이르렀다.

현대 권력이 호출하고 통제하는 개인 정보 수집 능력은, 범죄기록, 생활기록부, 주민등록정보, 건강보험정보, 납세정보 등 공식화된 데이터베이스의 통제 정치를 넘어선다. 현대 국가가 관리하는 정보들은 국민의 사회적 통계 능력을 세분화하고 통합하는 능력에 여전히 달려있지만, 사실상 데이터기술사회에서 지니는 통치 능력은 이제 사적으로 은밀한 곳에서 뿜어내는 시민들의 비정형 '데이터의 배설들'(data exhaust)의 수집과 관리에 있다. 소셜웹 이용자들의 감정적 댓글, 좋아요, 리트윗, 멘션, 문자 등이 분석의 대상이 되는 것이다. 이제 국가는 이렇게 대민 정보 수집의 영역을 민간 개인 비정형 데이터로 확장하려 한다. 기존에 관리하던 국민 데이터베이스 관리를 대중의 일상 정보 수집과 연계하는 방법을 모색하려 하는 것이다. 기업에 의한 데이터 감시 또한 마찬가지다. 온라인상의 소비자 '트래커'(tracker) 활용, 기업주에 의한 노동자 메일 열람이나 휴대폰 위치 추적, 이용자의 특정 알고리즘 감시와 성향 분석, 빅데이터 산업에서 나타나는 소비자의 비식별 데이터 활용 등은 또 다른 새로운 형태의 정보 프라이버시 위협 요인이 되고 있다.

첨단 기술에 의지한 권력의 확장 방식에 대해서, 시민사회의 프라이버시권 회복을 위한 대응 또한 증가하는 추세다. 권력의 기술 매개에 대해 시민들 또한 기술을 매개해 프라이버시권 신장을 꾀하는 경향이 크다. 많은 이들은 유력한 대응법으로 '프라이버시 보호기술'(privacy-protection technology) 이란 해법을 택하고 있다. 예를 들어, 미국 온라인 시민단체 전자프런티어재단(EFF)이 제시하는 몇 가지 프라이버시 보호기술의 제안을 보자. 전자프런티어재단은 익명성 유지를 위해 애드 블록(ad block), 고스터리(ghostery), HTTPS 등의 기능을 사용하길 제안하고, 이용자들의 익명 온라인 커뮤니케이션을 지원하는 무료 소프트웨어 토르(Tor)와 같은 웹 브라우저를 쓰길 권장하고, 스마트폰의 GPS 추적이나 기지국과의 통신을 차단하는 차단(RF-proof bag) 가방을 쓰거나 통화시 가상 사설망(Virtual Private Network)을 사용할 것을 권고한다. 이렇듯 시민사회는 권력 확장 기술에 대해 프라이버시 보호기술 개발 및 적용으로 응수하고 있다. 문제는 이들 기술적 해법이 개인적 혹은 사회적 프라이버시권의 확보를 위해 하나의 방법론일 뿐이지 이것이 만병통치약이 되어선 곤란하다는 점이다. 프라이버시 문제의 발생 층위가 대체로 권력의 오 · 남용과 사회적 층위에서 비롯되는 경향을 고려한다면 기술에 의존한 대응이나 해법은 피상적 접근일 공산이 크다. 프라이버시권은 대체로 기술적 도구의 의존을 넘어서서 오히려 그를 둘러싼 사회적 접근으로 문제를 풀어야 할 경우가 많기 때문이다.

제5절

부상하는 쟁점들

현대 자본주의 사회의 제로 프라이버시 상황은 첨단 기술을 매개한 권력의 통제 욕망에서 초래되지만, 그 권력화 과정이 그리 일방적이지만은 않다는 것이 향후 우려할 지점이다. 오히려 사생활의 주체들이 그들이 소지한 모든 개별 신상의 밑천을 조건없이 외부 침입자에게 갖다 바치는 상황이 발생하고 있다. 이는 개별 주체들이 능동적이고 자발적인 참여를 통해 프라이버시 통제와 감시 노출에 무장해제되는 국면을 뜻한다. 예를 들어, 아마존, 넷플릭스, 페이스북, 이베이, 구글, 애플 등 플랫폼에 매달린 현대인들은 강제적이고 억압적 상태에서의 권력 감시와는 거리가 먼 적극적 데이터 행위 주체들이다. 즉 이용자들은 플랫폼에서 행하는 데이터 놀이와 소비를 통해서 자신에게 주어진 권능을 최대한 확장한다고 믿어 의심치 않지만, 실제로 일어나는 일은 거대한 정보 프라이버시 상실 과정이다.

혹자는 이와 같은 사생활 정보의 자발적 노출을 '참여 감시'(participatory surveillance)란 용어로 표현하기도 한다.[5] 이와 같은 감시 유형은 언제 어디서나 즐거이 자신의 개인 위치, 생체, 데이터 정보를 자진해서 내놓는 현대인의 자발적 정보 제공의 측면을 묘사하며, 그와 같은 자발적 정보 제공 행위

5 Albrechtslund, Anders, (2008) Online social networking as participatory surveillance. First Monday, 13(3), March, Available at: http://firstmonday.org/ojs/index.php/fm/article/view/2142

를 우리 모두가 일상적으로 체화하고 있다는 점에서 동시대 권력의 작동은 꽤 자연스럽기까지 하다. 비슷하게 '상호 의무감'(mutual accountability)에 기반한 상호 통제와 감시문화도 이에 한몫하고 있다.[6] 이는 스마트폰 등 새로운 첨단 커뮤니케이션 장치들을 이용해 언제 어디서든 가까운 친구, 친척, 애인, 부부, 자녀, 선후배 등 상대의 위치를 끊임없이 확인하고 존재감을 확인하려는 프라이버시 간섭 현상을 지칭한다. 이들 참여 감시나 상호 의무에 의한 감시 유형은, 결국 사생활 침해나 구속을 위한 정보 수집에 따르는 부차적 설득 과정이나 공권력의 물리적 기제 등을 발동할 필요 없이도 자발적 놀이나 안전 논리의 명분을 갖고 시민들의 개별 정보와 데이터를 수시로 열람하는 일이 가능하도록 유도한다. 초기 프라이버시권을 사수하기 위해 외부의 침입자로부터 홀로 남을 권리를 지키기 위해 싸웠던 시절에서 보자면, 오늘날은 본인의 사생활 정보를 기꺼이 나눠주고 가까운 이에게 자신의 존재를 노출시키고 확인받으려는 자발적 프라이버시 상실 주체로 탈바꿈하고 있는 것이다.

개인 프라이버시의 자발적 외부 공개의 상황과 함께, 향후 중요하게 다뤄야 할 주제이자 끊임없는 논쟁의 또 다른 지점은 '표현의 자유'이슈이다. 표현의 자유와 프라이버시권은 종종 동일한 사건에서도 서로 배치되는 갈등 국면을 겪는 경우가 많다. 이는 주로 국민의 알 권리 침해와 관련해서 논란의 중심에 선다. 미국 수정헌법 1조에 따르면, 국가의 역할은 기밀과 안보 등 최소 예외적 상황을 제외하고는 자국내 시민들이 누리는 표현의 자유를 최우선 권리로 두고 이에 근거해 대부분의 정보를 시민에게 투명하게 공개하고 이를 인지할 수 있게 하는 것이라 볼 수 있다. 표현의 자유와 알 권리가 미 수정헌법의 핵심 내용이라 볼 수 있다. 예를 들어, 클린턴 전임 대통령이 비서 르윈스키와의 성추문 스캔들의 구체적 내용에 대해 대배심 공개 증언을 통해 알린 것은, 국민의 알권리의 존중이라는 차원에서 이뤄진 강제 조처라 볼 수 있다. 비슷한 맥락에서 국내 상황에서 견주어 보자면, 세월호참사 '7시간'동안 대통령의 행적이 개인적 사생활의 권리인가 국민이 알아야 할 공적 권리인가

6 Green, Nicola, (2002) Who's watching whom? monitoring and accountability in mobile relations, (pp. 32-45). in Berry Brown, Nicola Green, and Richard Harper (eds.), Wireless World: Social and Interactional Aspects of the Mobile Age, Springer.

의 문제 또한 이와 연관된 의제라 볼 수 있다.

표현의 자유와 프라이버시 권리 사이에 큰 논란을 낳았던 대표 사례는, 2014년 구글에 대한 유럽 사법재판소의 판결 과정과 내용이다. 이는 스페인 변호사 마리오 곤잘레스가 자신에 관해 언급한 부정적 기사 내용을 연결한 구글 검색 링크가 자신의 프라이버시 권리를 침해했다며 2010년 당시 소송을 제기하면서 사건이 전세계적 주목을 받았다. 판결은 최종적으로 유럽 사법재판소로 넘어갔고, 당시 판결에서 사법재판소는 '유럽 개인정보보호 지침(1995)'에 의거해 구글이 곤잘레스의 관련 링크를 삭제해야 한다는 명령을 내렸다. 이에 의거해 구글은 EU 회원국을 대상으로 정보 삭제 요청 페이지를 개설하라는 명령까지 받아들여야 했다. 이 판결은 유럽 사법부가 '잊힐 권리'(right to be forgotten)[7]를 처음으로 인정한 사례로 기록되었다. 판결의 여파로 인해 일본 등 여러 국가들에서 관련 프라이버시 법 개정을 하는 등 후폭풍을 낳기도 했다. 하지만, 이 사건을 단순히 구글의 패소와 유럽 프라이버시권 옹호의 승리로 덮기도 어려워 보인다. 왜냐면 종종 사적인 정보로 여겨지는 것들이 어떤 경우에 공적인 정보가 되는 경우가 흔하기 때문이다. 대통령의 세월호 7시간은 사생활일 수도 있지만 국민의 알 권리와 연결되어 있다. 누군가의 개인 부동산 기록이나 금융 정보라 할지라도 이것이 납세 부정이나 부정 축재라는 공공의 이익과 맞물리면 어떠한가? 달리 말해, 형식적으로는 사적 정보라 할지라도 특정의 상황이나 국면 하에서 국민의 알권리와 밀접히 연관되는 경우가 흔하다. 이 경우에 원칙은 표현의 자유와 알권리를 중심에 두고 프라이버시권의 해석을 유보하는 것이 옳은 수순일 게다. 사안에 따라 문제는 간단치 않다. 표현의 자유 원칙과 프라이버시권이 배치될 때 무엇을 우선순위로 두느냐는 여전히 법리적 공방의 영역으로 남을 것이다.

---

7 Mayer-Schönberger, Victor (2011). Delete: The Virtue of Forgetting in the Digital Age. / 구본권 역.「잊혀질 권리」, 지식의날개.

제6절

프라이버시권의 재구성

이제까지의 논의를 통해서 살펴본 바처럼, 프라이버시 권리 이슈는 시대적 상황, 기술 변수, 공적-사적 영역간 붕괴, 개인 정보의 자발적 제공, 알 권리와 프라이버시의 충돌 등에 따라 이전과 다른 새로운 국면을 열고 있다. 게다가 프라이버시의 사회적 층위가 두터워질수록, 시민의 대응 방식 또한 그에 대한 사회적 대안의 구성 속에서 공동으로 기획될 필요가 있어 보인다. 장기적으로 개인 사생활과 고독의 시간에 대한 체계적인 보호책 마련은 물론이고, 사회적 차원에서 프라이버시권의 구조적 소멸에 대한 보다 공통의 문제 해결책이 필요하다.

적어도 이를 위해 우리가 앞서 기본적으로 사유해야 할 몇 가지 지점들만 언급하고자 한다. 하나는 프라이버시권을 디지털 현실에서 '정보인권'의 개념 속에 재정초하는 작업이 필요해 보인다. 고전적이고 수세적인 방식으로 정의되는 프라이버시권의 치외법권적 영역화에 대한 생각에서 벗어나, 이제 하이테크 기술 시대 프라이버시 문제를 보편적 인권 보장의 연장선에서 바라볼 필요가 있다. 이미 개인 신체와 이로부터 생성되는 생체 정보나 데이터 정보가 누군가에 의해 전자적으로 매초 매분 관리된다면 과연 프라이버시를 위해 남겨진 물리적 영역이란 도대체 있기라도 한 것일까? 결국 지금부턴 우리에겐 인간의 신체에 강제로 연결된 권력의 데이터 수집기계를 제어하는 동시에, 개별 신체에서 의도하건 의도치 않건 매순간 빠져나가는 '신체의 분할된 데이터'(dividuals)에 대한 제어 권리가 중요해진다. 왜냐면 이제 개인 정보란 한 곳에 모여 있는 이들의 고독을 위한 영역 개념이기도 하지만, 여기저기 온라인상에 흩어져 누군가의 전체 정체성을 구성하는 식별과 비식별의 데이터 덩어리들이기도 하다. 이렇게 외부로 사방에 흩어진 자신의 데이터들에 대한 자기 제어 능력을 어떻게 유효하게 만들 것인가가 앞으로 프라이버시권의 핵심 논의이어야 한다. 요약컨대, 디지털 정보인권은 외화된 개인 데이터와 정보에 대한 실질적인 제어 능력을 우리 스스로 어떻게 일관되게 주체적으로 확보할 것인가의 문제이다.

다음으로, 자기 정보의 온전한 제어를 위해선 먼저 개별 주체의 몸으로부터 빠져나와 외화된 데이터들에 대한 실질적인 '자기정보 결정권'을 발휘할 수 있어야 한다. 자신이 생산한 정보에 대한 자율적 처분권의 입장에서 보면, '잊힐 권리'를 디지털 정보인권의 중심 테제로 삼을 필요가 있다. 본인 의지와 상관없이 외부로 빠져나가 여기저기 존재하는 개별 데이터에 대한 망각의 권리는 현대 프라이버시권의 중요한 의제이어야 한다. 사실상 내 자신의 데이터가 잊힌다 하더라도, 이는 '비활성'(deactivation)의 근거이지 특정 데이터의 삭제(delete)를 의미하지 않는 경우가 대부분이다. 잊힐 권리에서 비활성은 데이터의 출처로 안내하는 링크의 삭제이지 오리지널 데이터의 제거를 의미하지 않는다. 다시 말해 온라인 현실에서 잊힌다는 것은 자신과 관련한 다양한 정보의 영구 처분의 권리를 꼭 의미하지 않는다. 대체로 신체에서 풀려나온 데이터는 플랫폼 업자 등 데이터를 보관하는 이들에 의한 통제 층위로 이동한다. 때로는 해외 플랫폼업자들이 운영하는 국경 저 너머 클라우드 서버에서의 데이터 국외 이전과 보관(detention)의 문제로 확대되기도 한다. 개인 정보는 이렇듯 자신의 신체로부터 나왔으나, 실제 개인의 힘으로는 통제 불능의 저 너머에 존재하는 형국이다. 현대인이 자신의 신체 데이터에 대한 통제 능력을 사실상 온전히 발휘하기 어렵다면, 미래의 우리는 개인 정보 소멸과 처분 혹은 잊힐 권리의 문제를 보다 정면에서 다루기가 점차 힘들어질 것이다.

마지막으로 언급하고자 하는 디지털 정보인권의 중요 지점은, 의도하지 않은 외부 접속으로 인한 개인 노출에서 나타나는 데이터 탈취에 대해 우리 스스로 절연할 권리를 발동하는 일이다. 점점 치밀해져가는 노동통제와 데이터 전유의 기술적 장치를 막을 수 있는 일시적 수단으로 외부 연결 단절의 방법이 유효할 수 있다. 예를 들어, 실제 2016년 5월에 프랑스 노동법은 시 · 공간적으로 외부에 '연결되지 않을 권리'(le droit de la déconnexion)를 입법 발의해 중요한 노동자 정보 권리로 삼고 있다.[8] 이는 주 중 35시간 법정 노동시간에 더해 일과 외 그리고 주말에 경영자가 전화하거나 문자를 보내는 것을 불법화하는 디지털 시대의 노동인권 조항이라 평가된다. 외부로부터의 자율적 연결 차단권은 디지털 시대 노동 휴식권의 보장을 뜻하지만, 사적 영역까지 틈입한 권력의 통제력을 일시 제거한다는 점에서 시사하는 바가 크다. 기술로 매개해 개인의 신체를 거의 24시간 권력의 자장 속에 놓으려는 현실을 제어하기 위해서 프랑스 정부는 일단 몸에 부착된 모바일 기계 장치의 가동을 멈추는 선택을 취했다. 연결되지 않고 외부 접속에서 순간 절연할 권리는, 현대 첨단 기술에 기댄 권력의 시 · 공간 통치 기제를 막기 위한 최소한의 정보인권으로 사유되어야 한다.

8 Collins, Lauren (2016). The French Counterstrike against Work E-mail. The New Yorker. May 24.

제6장

지능정보사회 정보격차해소 연구의 필요성

제 1 절

지능정보사회 정보격차해소 연구의 필요성

1. 지능정보격차 연구의 필요성

(1) 새로운 패러다임의 등장

최근 한국사회는 지능정보사회의 도래에 따른 새로운 패러다임의 요구와 함께 지능정보기술의 혁신과 활용 전략에 대한 관심이 높다(한국정보화진흥원, 2017). MIT에서도 2017년에 정치, 경제, 의학 및 문화 등에도 영향을 미치는 10대 혁신기술로 마비 해방(Reversing Paralysis), 자율운행 트럭(Self-Driving Trucks), 안면인식 결재(Paying with Your face), 실용적 양자컴퓨팅(Practical Quantum Computing), 360도 셀카(The 360-Degree Selfie), 핫 태양 전지(Hot Solar Celles), 유전자 치료 2.0(Gnen Therapy 2.0), 세포지도(The Cell Atlas), 사물 봇넷(Botnets of Things), 강화 학습(Reinforcement Learning) 등을 제시하였다(MIT, 2017).

이처럼 지능화 기술의 도래와 활용으로 인하여 플랫폼 및 생태계 경쟁 중심으로 산업의 경쟁방식의 변화와 승자독식 플랫폼 경쟁 등의 산업구조의 변화, 자동화로 대체되는 업무확대 및 신산업 분야 일자리 발생과 고부가가치 · 창의 직무 중심으로 업무 재편성에 따른 고용 구조의 변화, 생활 전반에 걸친 개인 맞춤형 서비스 제공의 확대와 양극화 심화 및 인간 소외 우려 증대 등의 삶의 모습과 환경변화 등의 발생이 예상되고 있다(미래창조과학부, 2016).

뿐만 아니라 지능기술은 경제 · 사회 · 기술 분야에서 새로운 패러다임 변화 발생을 유발하고 있다. 예를 들면, 경제측면에서는 지능기술간, 산업간 융합이 가속화되면서 산업 경계가 붕괴되고 제조업의 서비스화가 진행되면서 전통적 산업영역과 경쟁구도의 변화와 기계와 컴퓨터가 융합되어 자동차, 에너지 등 제조업의 서비스화 가속에 따른 신제조업 성장견인 등의 변화가 예측된다. 또한 사회측면에서는 기술과 데이터에 대한 신뢰 이슈 등장과 이에 대한 신뢰성 확보를 위한 사회적 합의의 중요성이 강조되면서 위계적 사회구조와 네트워크 사회 구조가 결합된 혼계(Heterarch) 사회로의 발전과 지능기술을 통해 누구나 지식을 활용할 수 있는 지능공유 사회가 예상된다. 그리고 기술측면에서는 컴퓨터가 인간의 통제 대신 스스로 판단하고 작동하기 때문에 데이터와 알고리즘의 힘이 증대하고 사회 플랫폼이 지능화 수준을 결정하는 플랫폼 사회가 도래될 것이다(한국정보화진흥원, 2017).

(2) 새로운 패러다임 등장에 대한 대응노력

정부는 새롭게 대두되는 지능정보사회를 "고도화된 정보통신기술 인프라(ICBM)를 통해서 생성 · 수집 · 축적된 지능정보기술이 경제 · 사회 · 삶 모든 분야에 보편적으로 활용됨으로써 새로운 가치가 창출되고 발전하는 사회"로 정의하고 있다. 이런 지능화 사회의 도래에 따라 정부는 경제 · 사회 전반의 혁신적인 변화에 대응하여 글로벌 수준의 지능정보기술 기반확보, 전 사업의 지능정보화 추진, 사회정책 개선을 통한 선제적 대응의 정책방향에 적합한 지능정보사회 중장기 종합대책을 위한 총 12개의 추진과제를 제시하였다(미래창조과학부, 2016).

예를 들면, ① 미래 경쟁력 원천인 데이터 자원의 가치 창출, ② 지능정보기술 기반 확보, ③ 데이터 · 서비스 중심의 초연결 네트워크 환경 구축, ④ 국가근간 서비스에 선제적인 지능정보기술 활용, ⑤ 지능정보산업 생태계 조성을 통한 민간 혁신 파트너 역할 수행, ⑥ 지능형 의료서비스를 통한 혁신

가치 창출, ⑦ 제조업의 디지털 혁신, ⑧ 지능정보사회 미래교육 혁신, ⑨ 자동화 및 고용형태 다변화에 적극적 대응, ⑩ 지능정보사회에 대응한 사회안전망 강화, ⑪ 지능정보사회에 대비한 법제 정비 및 윤리 정립, ⑫ 사이버 위협과 AI 오작동 등 역기능 대응 등이다.

또한 한국정보화진흥원은 새로운 지능정보사회 패러다임변화에 따라 범정부 차원의 정책 추진 필요성에 의해서 과학 · 기술, 교육 · 문화, 규제개혁 · 법제도 정비, 보건 · 복지, 재난 · 안전 · 치안, 정치 · 정부혁신, 산업 · 경제 · 통상 · 농림 · 금융, 에너지 · 환경 · 국토 · 교통, 국방 · 외교 · 안보 · 통일 등의 9대 분야로 구분하여 10만 지능정보 핵심인재 양성, 디지털 기술기반 문화 · 예술 융 · 복합 체계 구축, 지능정보화 기본법 및 범국가 추진체계 마련 등 총 78개의 과제를 제시하고 있다(한국정보화진흥원, 2017).

(3) 지능정보사회에서 정보격차 연구의 필요성

지능정보사회가 우리사회 전반에 큰 변화를 야기할 것이라는 기대와 함께 최근의 지능정보사회에 대한 논의들은 주로 새로운 패러다임의 변화와 대응전략 그리고 지능정보기술의 혁신과 활용 전략 등에 중점을 두고 논의하고 있다(한국정보화진흥원, 2017). 하지만 지능정보사회 도래에서 가장 먼저 고려되어야 하는 것이 바로 지능정보사회에서 발생할 수 있는 시민들 간의 '지능정보 불평등'에 대한 논의이다.

왜냐하면 컴퓨터의 등장과 인터넷 보급 및 활용에 따른 정보사회에서 정부의 가장 중요한 정책적 이슈가 되어왔던 것이 바로 '정보격차(digital divide)'해소 문제였다. 즉, 개인들이나 집단들이 정보통신기술 사용에서 배제된다면 이런 ICT가 제공하는 많은 혜택들로부터 배제되기 때문에 사회계층간의 불평등 문제를 발생시키기 때문이다(Selwyn 2004).

특히, 인터넷 등의 확산이 정부를 풍부하게 보유한 자와 그렇지 못한 자, 그리고 정보에 관심이 있는 자와 없는 자로 사회구성원들을 분리시키게 된다. 이런 사회구성원들 간의 차이는 경제적 성공과 개인 발전의 격차, 좋은 직장과 교육기회로의 진입의 차이, 사회네트워크 접근과 시민 참여에 대한 기회 등에서 양극화를 더욱 심화시킬 수 있기 때문이다(Norris, 2001; 이원태 외, 2007).

이런 정보사회에서 대두된 '정보격차'문제들이 지능정보사회의 도래에 따라 지능화 기술에 대한 '지능정보에 관심이 있는 자'와 '없는 자 '간의 차이와 '지능정보를 풍부하게 사용할 수 있는 자'와 '그렇지 못한 자'간의 불평등(Inequality) 문제를 발생시킬 가능성이 크다. 그럼에도 불구하고 지능정보사회에서 발생할 수 있는 시민들 간의 '지능정보 불평등'에 대한 논의는 학계와 정부부처들의 논의에서는 거의 찾아볼 수가 없다. 따라서 본 연구에서는 지능정보사회 도래에 따른 정보격차에 대한 연구의 필요성을 제시함으로써 지능정보사회에서 정보격차해소 방안에 대한 학문적 · 정책적 시사점을 제시하려고 하고 있다.

제2절 정보격차에 대한 논의

1. 정보격차의 개념 및 등장

정보격차(digital divide)란 정보화 시대에 컴퓨터나 인터넷 등 새로운 형태의 정보통신기술에 접근 할 수 있는 사람들(haves)과 그렇지 못한 사람들(have-nots) 간의 차이를 말한다(van Dijk, 2006). 이런 정보격차의 개념은 1990년대 후반부터 개인 컴퓨터와 인터넷 등과 같은 정보통신기술(Information Communication and Technology: ICT)이 급속하게 발달하면서부터 학자들과 정부관계자들의 관심과 주목을 받기 시작했다(van Dijk, 2006).

정보격차란 용어가 처음으로 등장한 것은 1995년 뉴욕 타임즈 저널리스트인 Gar Andrew Pole이 'Schoolnet Program'이란 기사에서 언급하면서 유래되었다(이승민, 2012). 또한 1995년 미국 상무성 산하 NTIA(National Telecommunications and Information Administration)에서 작성된 보고서에서 정보를 가진 자(haves)와 가지지 못한 자(have-nots)가 언급되면서 주목받기 시작했다(최혁라 · 유일, 2008).

그 이후로 정보격차는 다양한 집단들 간에 컴퓨터의 소유와 인터넷 이용 등에서의 차이를 의미하는 것으로 인식되었다(이숙정 · 육은희, 2014).

2. 정보격차 발생원인

정보격차를 발생시키는 요인에 대한 논의는 매우 다양하다. 정보격차 발생에 영향을 미치는 요인들을 살펴보면 정보격차 연구 초기에는 주로 인구사회학적 요인 등이 강조되다가 개인의 인지 · 심리적 또는 상황적 요인들이 강조되기 시작했다. 그러다가 최근에는 스마트폰 등의 급속한 확산과 보급으로 인하여 스마트 기기가 정보격차를 발생시키는 주요한 요인으로 대두되고 있다.

첫째, 직업이 있는 사람과 그렇지 않은 사람, 관리자와 고용인, 교육수준이 높은 사람과 낮은 사람, 남성과 여성, 노년층과 젊은층, 부모와 자녀, 백인과 흑인, 시민권자와 이주민 등의 차이가 정보격차 발생을 설명하는 대표적인 요인으로 간주되어 왔다(van Dijk, 2013). 둘째, 사회경제적 요인뿐만 아니라 디지털 리터러시, 인터넷 이용에 대한 인식, 자기효능감 등과 같은 개인의 인지적 · 심리적 또는 상황적 요인들이 인터넷 등의 정보이용에 영향을 미치는 것으로 나타나고 있다(송효진, 2014).

셋째, 최근에는 급속히 보급 및 확산되는 있는 스마트기기 등의 보유여부가 정보격차를 발생시키는 요인으로 간주되고 있다. 미국의 경우 스마트폰 및 스마트기기의 보급으로 인하여 사회 전반적으로 정보에 대한 접근성이 상승한 것으로 나타나고 있다(이승민, 2012).

3. 정보격차 연구대상

(1) 국외

유럽의 경우 정보격차에 대한 대표적인 설문조사는 정보사회 기술과 서비스에 대해서 네덜란드, 스웨덴, 덴마크 등 27개 유럽 국가들을 대상으로 1995년부터 실시되고 있는 유로바로미터 설문조사(Eurobarometer Survey) 자료이다. 이 설문조사는 노트북, 모바일 폰 등을 통하여 집, 직장, 학교, 대학, 공공장소 등에서 인터넷 접근장소와 인터넷 사용횟수에 대해서 조사하고 있다.

이에 대하여 성별(남, 여), 연령(15-24세, 25-39세, 40-54세, 55세 이상), 교육수준, 그리고 주관적인 사회계층(낮음, 중간, 높음) 등으로 구분하여 살펴보고 있다(Zillien & Marr, 2013).

미국의 경우는 Pew Research Center에서 2000년부터 미국인들을 대상으로 인터넷과 사회에 대한 체계적인 연구를 수행해왔다. 이를 통하여 인터넷이 다양한 사회부분의 일상에 어떤 영향을 미쳤는지를 살펴보고 있다. 이를 위하여 연령(18-29세, 30-49세, 50-64세, 65세 이상), 교육수준(대졸자, 전문대, 고졸, 고졸이하)과 소득수준(연간소득이 $75,000 이상, $50,000-$74,999, $30,000-$49,999, $30,000 이하), 인종(아시아권 및 영어권, 백인, 히스패닉, 흑인), 지역(도시, 도시인근, 지방), 그리고 마지막으로 남성과 여성을 구분하고 있다(www.pewinternet.org).

(2) 국내

유럽과 미국이 인구사회학적 변수들을 중심으로 정보격차를 설명하고 있다면, 한국은 정보격차를 보다 세분화하여 측정하고 있다. 예를 들면, 한국정보화진흥원은 2002년부터 장애인, 저소득층, 장노년층, 농어민 등의 소외계층을 대상으로 정보격차실태조사를 실시하여 왔다. 또한 2004년에는 정보격차지수 산출을 위하여 조사대상에 전체국민을 포함시키고 있다. 2007년부터는 전체국민 및 4개 모든 소외계층을 대상으로 매년 조사를 추진해왔다. 그리고 2012년에는 신정보소외계층인 북한이탈주민과 결혼이민자를 조사대상에 포함시켰다(한국정보화진흥원, 2014). 이런 한국정보화진흥원의 정보격차 조사대상을 2014년 기준으로 살펴보면 다음과 같다.

첫째, 전체국민은 현재 전국의 가구 내 상주하는 만 7세 이상 가구원 중에서 5,500명을 대상으로 하고 있다. 둘째, 장애인은 '장애인 복지법'에 등록된 전국 만 7-69세 지체 · 뇌병변 · 청각/언어 · 시각 장애유형의 장애인 2,700명을 대상으로 하고 있다. 셋째, 저소득층은 '국민기초생활보장법'에 의해 등록된 전국의 만 7-74세 기초생활보장수급 중 2,700명을 대상으로 하고 있다.

넷째, 장노년층은 전국의 가구 내 상주하는 만 50세 이상 가구원 중에서

2,700명을 대상으로 하고 있다. 다섯째, 농어민은 경제활동인구 기준에 부합하며 전국의 농어가(전업 · 겸업)에 상주하는 만 15세 이상 농어업 종사자 2,700명을 대상으로 하고 있다. 여섯째, 북한이탈주민은 '북한이탈주민 보호 및 정착지원에 관한 법률'에 의해 등록된 하나원 퇴소자 기준으로 전국의 만 7세 이상 북한 출신 한국국적 취득자 600명을 대상으로 하고 있다.일곱째, 결혼이민자는 혼인적령 연령층 기준으로 '다문화가족지원법'에 의해서 등록된 한국인과 혼인한 전국의 만 18세 이상 600명의 외국인을 대상으로 하고 있다.

제3절

정보격차에 대한 선행연구

그동안 일반적인 정보격차에 대한 연구는 정보를 가진 자와 가지지 못한 자에 대한 논의와 정보를 가진 자와 더 많이 가진 자에 대한 논의로 구분된다.

1. 정보를 가진 자(haves)와 가지지 못한 자(haves-not)에 대한 논의

정보를 가진 자와 가지지 못한 자에 대한 논의는 정보의 접근과 이용 차이를 의미하는 양적측면의 정보격차로 정보격차에 대한 초기연구들이 주를 이루고 있다. 이들 연구는 주로 컴퓨터나 인터넷 등에 접속할 수 있는지 유무에 대한 신체적 측면에 초점을 맞추고 있다(van Dijk, 2006). 따라서 ICT 등의 접근유무를 기준으로 정보를 가진 자(haves)와 가지지 못한 자(have-nots)로 구분하였다(Selwyn, 2004). 하지만 국내의 경우 정보격차의 양적측면에 대한 연구가 그리 많지가 않다. 왜냐하면 정보격차에 대한 연구들이 2000년대 후반을 지나면서 정보접근(access)에서 정보활용(skill & use)으로 이동했기 때문인 것으로 보인다(김문조 · 김종길, 2002).

국내의 양적측면의 정보격차에 대한 연구들을 살펴보면 인터넷 이용의 접근성에서 교육수준과 소득수준에 따라서 차이가 존재하는 것으로 나타나고 있다(민영, 2011). 뿐만 아니라 일반국민대비 정보소외계층의 정보접근 격차의 차이도 지속적으로 감소하고 있는 것으로 나타났다(정영호 · 이혜미, 2010; 진상기, 2013).

2. 정보를 가진 자(haves)와 더 가진 자(have-more)에 대한 논의

정보격차에 대한 연구들은 2002년 이후부터 접근이상(beyond access)에 대한 연구들이 증가하고 있다(van Dijk, 2006). 정보격차 초기의 양적측면의 정보격차는 장기적인 측면에서 정보화시대 불평등의 개념을 단순히 기술적으로 가진 자(rich)와 가지지 못한 자(poor)로 단순화하는 것에 대한 한계가 존재하기 때문이다(Selwwyn, 2004). 이는 정보 활용과 이에 따른 성과에 대한 차이인 질적 측면과 결과(성과) 차이의 정보격차로 설명된다.

(1) 질적측면의 정보격차

초반기의 '정보를 가진 자(the haves)'와 '정보를 가지지 못한 자(the have-not)'구분되는 정보격차의 개념들은 여러 학자들에 의해서 꾸준히 비판을 받아왔다(정영호 · 이혜미, 2010). 왜냐하면 최근에는 집 등에서 컴퓨터를 구매하지 않더라도 학교나 공공기관 등에서 ICT에 쉽게 접근할 수 있다. 따라서 단기적인 측면에서 정보격차에 대한 이법적인 접근은 명백하지만 장기적인 측면에서는 정보화시대의 불평등의 개념화를 기술적으로 가진 자(rich)와 가지지 못한 자(poor)로 단순화하는 것은 정보격차에 대한 분석에 한계를 제시하게 된다(Selwyn, 2004).

2002년 이후부터의 연구에서는 '접근 이상(beyond access)'에 대한 연구들이 증가하고 있다. 즉, 정보격차의 기술적인 개념에 대한 재구성과 사회, 심리 그리고 문화적 배경에 대한 관심이 증가하여 왔다. 또한 어떤 연구들은 '접근의 개념'을 확장하기 시작했다. 그리고 어떤 연구들은 디지털 기술이나 능력 그리고 미디어나 기술의 사용과 적응 등의 개념들을 추가했다(van Dijk, 2006).

정보 활용 차이에 따른 질적 측면의 정보격차를 국내의 연구를 중심으로 살펴보면 다음과 같다. 인구사회학적 특성과 지역특성에 따라 인터넷 활용의 양적 다양성과 유용성(민영, 2011), 사회적 연계능력 등의 디지털 활용격차(이숙정 · 육은희, 2014), 정보이용지수와 역량지수 및 질적 활용 지수의 차이(정영호 · 이혜미, 2010) 등에 미친 영향에 대한 연구가 있다.

이처럼 인구사회학적 특성에 따른 정보활용 측면의 연구들의 결과를 살펴보면, 연령이 높을수록 인터넷 활용역량과 수준이 낮은 것으로 나타나고 있다(민영, 2011). 특히, 50-60대의 정보활용능력, 콘텐츠 생산능력 등이 상당히 저조한 것으로 나타나고 있다(이숙정 · 육은희, 2014). 또한 성별, 교육수준과 소득수준 등에 따라서 인터넷 정보이용이 다양하게 나타나고 있다. 뿐만 아니라 이런 사회경제적 요인보다 디지털 리터러시, 인터넷 이용에 대한 인식 자기 효능감 같은 개인의 인지 · 심리적 또는 상황적 요인들이 인터넷 정보이용에 강한 영향을 미치기도 하는 것으로 나타나고 있다(송효진, 2014).

그리고 노년층을 대상으로 인터넷 사용실태와 사용능력(황은희, 2011), 인터넷 활용수준(유용식 · 손호중, 2011), 인터넷 활용능력(정규형 외, 2013) 등에 미친 영향에 대한 연구가 있다. 또한 여성결혼이민자들을 대상으로 인터넷 이용여부와 정보 및 자료 획득, 교육 및 학습, 이메일과 채팅, 인터넷 쇼핑과 인터넷 뱅킹, 영화 게임 등의 인터넷 이용형태를 측정한 연구가 있다.(김경미, 2013).

(2) 성과측면의 정보격차

DiMggio와 동료들(2004)에 따르면 인터넷 접근성이 높은 시민들이 그렇지 않은 시민들보다 교육, 직업, 수입이나 사회참여, 그리고 정부서비스 등에서 더 많은 혜택을 누리는지에 대한 질문을 제시하고 있다. 즉, 정보격차를 연구하는 학자들은 인터넷이 실제로 교육, 취업기회, 건강상태, 정치적 참여 등에 긍정적인 영향을 미치는지를 살펴보아야 한다고 주장하고 있다. 왜냐하면 만약 인터넷 사용자와 그렇지 않은 사용자들 간에 사회적 위치나 사회적 혜택 등에서 차이가 존재하지 않는다면 다양한 계층을 대상으로 한 인터넷 접근과 사용에 대한 논쟁은 무의미하기 때문이다(Zillien and Marr, 2013).

그럼에도 불구하고 국내의 정보격차에 대한 선행연구들에서 정보격차의 효과를 살펴본 연구는 매우 드물다. 정보격차의 효과에 대한 연구들을 살펴보면 정보격차에 따른 소득, 실업, 사회적 참여 등의 사회적 배제에 미치는 영향(김구, 2014), 정보 활용역량의 다양성이 시민적 연계활동과 정치적 연계활동에 미치는 영향(민영, 2011) 등이 있다.

특히, 노년층을 대상으로 정보격차가 노인들의 삶의 만족과 행복에 미치는 영향(강보라 외, 2014; 김판수 외, 2014; 이미숙 외, 2015) 등에 대한 연구가 진행되었다. 또한 여성결혼이민자의 인터넷 이용이 지역모임과 시민단체 참여의 시민모임 참여와 한국생활의 만족도에 미친 영향(김경미, 2013)을 살펴보고 있는 연구도 있다.

제4절

디지털 격차(Digital Inequality)와 스마트 정보격차(Smart Divide)

1. 디지털 격차(Digital Inequality)[1]

(1) 정보격차(digital divide)와 디지털 격차(digital inequality)

국내의 관련연구들에서는 정보격차(digital divide)가 앞서 언급한 접근격차, 이용격차 및 활용격차를 모두 포괄하는 용어로 사용되고 있다. 그러나 해외 연구들에서는 접근격차(access divide)를 이용격차 및 활용격차와 구분하여 전자만을 '정보격차(digital divide)'로 지칭하고 후자는 '디지털 격차(digital inequality)'로 구분하여 명시하는 경향이 두드러지게 나타나고 있다(Robinson et al., 2015).

즉, digital divide는 인터넷이나 스마트폰과 같은 새로운 정보통신기술(또는 기기)이 도입되는 초기 단계에서 그러한 정보통신기술을 사용하는 사람(haves)과 사용하지 않는 사람(have-nots)간의 이분법적인 구분(dichotomous distinction)을 하기 위해 사용되는 용어이다. 이 때 주요 연구 질문은

1 이에 대한 한글번역은 지금까지 특별히 이루어진 적이 없다. 영문표현으로 'digital inequality', 'digital disparity'가 자주 사용되고 있으며, 사회적 불평등 구조를 정보통신기술이 더욱 심화시킨다는 의미를 강조하는 뜻에서 'digital stratification'등으로 쓰이기도 한다.

'누가 집, 사무실 또는 도서관에서 인터넷을 사용하는가?[2]'라고 할 수 있다.

반면, digital inequality는 새롭게 도입된 정보통신기술(또는 기기)이 그 사회에서 어느 정도 보편화 또는 확산(diffusion)된 이후 이미 인터넷이나 스마트폰으로의 공식적인 접근성(formal access)을 지닌 사람들을 대상으로 사용의 강도(intensity of use) 또는 사용의 질(quality of use) 측면에서의 이들 간에 발생하는 차이를 설명하기 위해 사용된다. 이 때 주요 연구 질문은 '사람들이 인터넷에 접속하였을 때 무엇을 하는가?(할 수 있는가?)[3]'라고 할 수 있다.

해외연구에서 나타나는 최근 경향은 오늘날 World Wide Web이나 기타 인터넷 서비스들이 전 세계적으로 급속히 확산됨에 따라 연구의 관심이 'digital divide에서 digital inequality'로 이동하고 있다는 것이다. 이러한 디지털 격차에 대한 관심으로의 전환은 사회적 불평등에 관한 오랜 학문적 관심과 무관하지 않다.

(2) 디지털 격차(digital inequality)

인종(race), 계층(class), 성(gender) 등과 연계된 사회적 불평등은 전통적으로 사회과학연구에서 중요한 연구주제로 인식되어왔다. 정보통신기기의 발달로 인해 정보화 사회가 도래하면서 디지털 격차(digital inequality)는 이러한 사회적 불평등(social inequality)을 다양한 방식으로 더욱 심화시킬 수 있는 가능성이 제기되고 있다. 인터넷 보급이 전 세계적으로 확산되고 일상생활에서 보편화되었음에도 불구하고, 디지털 영역(digital realm)에서 유리한 위치(advantage)에 있는 사람과 불리한 위치(disadvantage)에 있는 사람이 반드시 존재하기 때문이다.

다시 말해 ICT 접근성(Access to Information and Communication Technology)이 뛰어나고 정보통신기기를 잘 운용할 수 있는 능력을 지닌 사람,

2 who had access to the Internet and who did not or who was using it at all versus who was not(Robinson et al., 2015)

3 how they use the medium, namely how skilled they are at it how free they are to use it in different situations and toward what purposes they put it, how people incorporate digital media into their lives(Robinson et al., 2015)

이른바 '디지털 자본(digital capital)'을 풍부하게 가지고 있는 사람은 디지털 영역으로의 참여가 쉬울 뿐만 아니라, 이에 잘 순응하면서 디지털 영역이 제공하는 다양한 혜택들을 누릴 수 있을 것이다. 그러나 디지털 자본이 부족한 사람은 학문적 성과(academic performance)로부터 노동시장(labor market), 의료서비스(health service)에 이르기까지 디지털 영역에서 제공하는 다양한 기회 및 정보혜택으로부터 배제될 수밖에 없을 것이다(Robinson et al., 2015).

2. 스마트 정보격차(Smart Divide)

(1) 스마트 정보격차 논의

이 밖에도 최근 스마트 시대를 맞이하여 스마트폰 사용이 정보격차 수준에 미치는 영향에 대한 연구들도 점차 늘어나고 있다(van Deursen et al., 2015; Mascheroni & Olafsson, 2015).

왜냐하면 노트북 등 기존의 정보기기보다 저렴한 스마트 폰의 보급은 성별, 연령, 학력수준 등의 요인에 크게 영향을 받지 않기 때문에 이런 스마트 기기의 보급이 정보격차를 해소할 수 있는 가능성 있는 대안으로 간주되고 있다. 하지만 스마트 기기의 보유와 활용으로 인해서 새로운 개념의 정보격차인 스마트 디바이드(smart divide)가 생성되고 있다.[4] 따라서 스마트 기기의 보급이 실제로 정보격차를 해소하고 있는지 아니면 정보격차를 더욱 심화시키고 있는지에 대한 논쟁이 계속되고 있다(이승민, 2012).

최근 밝혀진 연구결과에 따르면 학생들의 스마트폰 사용이 자동적으로 이들의 온라인 활동을 증가시키는 것은 아니며 어릴 때 인터넷 사용을 경험할수록 나이가 들어서도 인터넷 사용을 많이 하는 경향이 나타났다. 또한 학생들은 스마트폰을 학습용보다는 게임이나 오락용으로 더 많이 사용하는

4 스마트 디바이드에 대한 명확한 정의는 아직 없지만 스마트 기기를 이용해서 정보에 접근할 수 있는 사람과 그렇지 못한 사람 사이에서 발생하는 정보활용의 격차 또는 스마트 기기를 활용하여 정보를 빠르게 습득하는 사람과 그렇지 못한 사람 사이에 발생하는 격차를 의미하는 용어도 사용되고 있다(이승민, 2012).

것으로 나타났다. 더 나아가 스마트폰 사용이 다양한 기회의 참여, 교육이나 고용기회 측면에서 불평등을 심화시키는 것으로 나타났다(van Deursen et al., 2015).

이러한 연구결과를 통해 관련 학자들은 스마트폰 보급이 인터넷 활용도 증진에 기여하기 위해서는 어린 나이에 인터넷 사용상에서 자율성을 경험할수록 환경을 조성해주고 스스로 생산적인 활동을 위해 인터넷을 활용할 수 있도록 교육이 필요하다고 주장하고 있다(Mascheroni & Olafsson, 2015).

(2) 스마트 정보격차에 대한 연구

최근 스마트기기 등의 급속한 확산으로 인하여 신정보격차로 분류되는 스마트 정보격차에 대한 연구들이 필요함에도 불구하고 이에 대한 연구들은 극히 일부에 불과하다. 이에 대한 선행연구들을 정리해보면, 스마트폰 보유여부가 정보이용능력에 미치는 영향(성욱준, 2014), 일반인의 스마트 폰 이용정도(한상연 외, 2011)와 스마트폰 애플리케이션 이용 정도(라종민 외, 2015), 스마트폰 이용시간, 어플리케이션 수, 대화사람 수, 정보의견 교환정도의 스마트폰 이용정도(이혜인 · 배영, 2011)를 통해서 스마트 정보격차가 삶의 만족도 등에 미치는 영향에 대해서 살펴보고 있는 연구가 있다. 또한 노년층의 스마트폰 활용수준(강보라 외, 2014) 정도가 삶의 만족도에 미치는 영향에 대한 연구가 있다.

제5절 지능정보격차해소 연구

1. 지능정보격차해소 연구의 기대효과

지능정보사회에서 정보격차해소를 위한 연구를 통해서 다음과 같은 기대효과를 달성할 수 있다

(1) 정보격차 연구에 대한 학문적 시사점 제시

미래부(2016)는 지능정보사회를 고도화된 정보통신기술 인프라(ICBM)를 통해서 생성 · 수집 · 축적된 데이터와 인공지능(AI)이 결합된 지능정보기술이 경제 · 사회 · 삶 모든 분야에 보편적으로 활용됨으로써 새로운 가치가 창출되고 발전되는 사회라고 정의하고 있다. 이런 지능정보사회에서도 여전히 정보격차는 존재하게 된다. 예를 들면, 지능화 시대 고수요 직업군의 변화가 시작되면서 지능기술 보유 여부에 따른 고용의 양극화 발생뿐만 아니라 지능정보나 지식의 격차는 생활 격차와 함께 소득 양극화를 발생시킬 우려가 높다(한국정보화진흥원, 2017).

이런 상황을 고려할 때 지능정보화시대 정보격차에 대한 논의는 지금까지 단순하게 논의되어 왔던 단순히 정보를 모든 사름들에게 평등하게 분배하기 위한 접근에서 양질의 정보를 선택하고 생산적으로 활용하는 방향으로 심화될 필요가 있다. 왜냐하면 지능정보사회 시대의 정보는 현재의 정보사회의 정보보다 더 많은 대량의 정보들이 유통될 가능성이 높기 때문이다.

(2) 지능정보사회에서 정부역할제시

지능화 기술의 활성화에 따른 지능정보사회 도래에 대한 논쟁들에서 정부역할에 대한 정책적 시사점을 제시해 줄 수가 있다. 최근 지능정보사회에 대한 많은 논의들은 주로 지능정보기술로 인한 산업이나 고용구조, 삶의 모습이나 환경변화 등과 지능정보사회의 성공요인들에 대한 정부의 역할에 중점을 두고 논의되고 있다. 하지만 로봇의 일자리 대체 가능성으로 대량 실업에 따른 사회불안 확대와 지능시스템 활용정도에 따른 의료, 교육, 금융, 교통, 치안, 쇼핑이나 가사 등에서의 발생할 수 있는 양극화를 감소시키기 위해서 무엇보다 중요한 것이 바로 지능정보 기술 등에 따른 정보격차의 해소이기 때문이다.

즉, 중간계층이 사라지는 '초격차 사회'가 도래하는 지능정보격차 사회에서는 소수의 풍부한 재능을 지닌 인공지능 기계를 다룰 수 있거나 활용할 수 있는 사람들과 그렇지 않은 사람들 간의 격차가 심화될 가능성이 높기 때문이다(Cowen, 2013). 따라서 정보격차 해소에 대한 정부의 역할은 지금의 정보사회에서보다 지능정보사회에서 더욱 중요한 이슈가 된다.

2. 지능정보격차 해소에 대한 연구 방향

지능정보사회 정보격차 해소방안에 대한 연구는 다음과 같이 두 가지 단계를 통해서 실시할 필요가 있다.

(1) 지능정보격차의 정의

우선적으로 '지능정보사회에서 정보격차를 어떻게 정의할 것인가'에 대한 개념 정의이다. 이를 위해서는 지능정보격차를 야기할 가능성이 있는 '지능정보기술'의 개념과 범위에 대한 설정이 필요하다. 그동안 정보격차에 대한 선행연구들이 정보격차를 야기하는 ICT(Information Communication Technology)의 개념을 너무 좁게 설정거하거나 혹은 너무 넓게 설정하는 경향이 있었다(Selwyn, 2004). 실제로 국내의 정보격차에 대한 선행연구들을 살펴보면 ICT 개념을 컴퓨터나 인터넷 사용 등으로 좁게 한정하고 있는 문제점이 존재한다.

그동안 행정학, 언론학, 철학, 경제학 등 많은 학자들이 정보격차에 대한 끊임없는 관심과 논쟁에도 불구하고 여전히 정보격차의 정의(definition)와 범위(extent) 등에 대해서는 합의를 도출해내지 못하고 있다. 왜냐하면 정보격차는 명백한 요인들 보다는 복잡한 요인들에 의해서 발생하기 때문이다(van Dijk, 2006). 하지만 새롭게 대두되는 지능정보사회에서 다양한 형태로 나타나게 될 지능정보 정보격차에 따른 불평등을 해소하기 위해서는 '지능정보기술'에 대한 정의와 범위를 우선적으로 정리할 필요가 있다.

(2) 지능정보격차 문제점과 정부역할

또한 지능정보사회에서 '정보격차가 왜 문제가 되는가?'에 대한 고려가 필요하다. 이를 통하여 지능정보사회에서 정보격차 해소를 위한 정부 역할에 대한 정의가 가능해진다. 예를 들면, 정보격차 해소를 위한 정부 차원의 노력이 단순히 모든 사람들에게 정보를 평등하게 분배하기 위한 것이라면 접근격차와 이용격차를 줄이기 위한 노력으로 어느 정도 해소될 수가 있다(이호규, 2009).

하지만 개인들의 정보이용이 스스로의 생활을 영위할 수 있게 하는 삶의 효용성 측면에서 중요하다면 이는 개인이 '양질의 정보를 선택하고 생산적으로 활용 하는가'에 대한 논의를 기초로 하여야 한다. 이런 측면에서의 정보격차는 정보 부자와 정보 빈자 간에 정보기술 및 서비스를 통해 사회에 참여하고 사회구성원으로 요구되는 다양한 역할과 활동을 수행하는 정도에서의 격차를 의미하게 되기 때문이다(Selwyn, 2004).

따라서 지능정보사회에서는 왜 정보격차가 문제가 되는가에 대한 시사점과 정책방향을 도출하여 지능정보화 기술이 주는 혜택들로부터 배제되는 개인이나 집단을 최소화함으로써 지능정보 불평등을 감소하기 위한 정부역할에 대한 방향을 제시해 줄 필요가 있다.

3. 지능정보격차 해소를 위한 연구내용

정보화시대 도래에 따라 정보소외계층(information minority group)들이 정보접근과 활용에 대한 제약이 존재하게 되었다. 뿐만 아니라 이들이 인터넷 등을 통해서 제공되는 다양한 정보 혜택을 받지 못함으로써 정치, 경제, 사회, 문화 등 다양한 분야에서의 참여자 제한됨으로써 삶의 영역에서 겪게 되는 불편과 불이익을 당하는 현상이 발생하였다(Hoffman & Novak, 2006). 이에 지난 20여 년 동안 정보격차 해소에 대한 연구들과 함께 정부 차원의 노력이 지속되어 왔다.

그럼에도 불구하고 여전히 정보격차의 정의(definition), 범위(extent), 효과(impact) 등에 대한 합의를 도출해내고 있지 못하다(van Dijk, 2006). 이런 현상은 지능정보사회에서도 동일하게 되풀이 될 가능성이 높다. 왜냐하면 지능정보사회에 대한 최근의 활발한 논의들이 주로 기술발전과 사회변화, 제도 측면에 주로 초점을 맞추고 있고, 지능화 기술의 접근과 수용 및 활용의 차이에 따른 '지능정보 불평등'에 대한 논의는 부족하기 때문이다. 따라서 다음과 같이 '지능정보시대 정보격차 해소'에 대한 연구를 진행할 필요가 있다.

(1) 지능정보사회에서 정보격차 개념의 정리

그동안 정보사회에서 정보격차에 대한 많은 연구들이 정보격차를 야기하는 ICT 기반을 무엇으로 정의해야 하는지에 대한 중요성의 간과는 정보격차의 정의(definition)와 범위(extent), 그리고 효과(impact) 등에 대한 합의를 도출해내지 못했다는 한계점을 내포했다. 따라서 지능정보사회에서는 '지능화 기술'에 대한 정의에 대한 합의가 우선적으로 도출되어야 할 필요가 있다. 이외에도 사람들에게 제공되는 지능정보기술 '서비스 영역'에 대한 정의가 우선적으로 정의되어야 할 필요가 있다. 이를 바탕으로 지능정보사회에서 발생하는 정보격차의 개념을 정의할 수 있을 뿐만 아니라 지능정보사회에서의 '정보불평등'을 해소하기 위한 정책방향 등을 제시할 수 있기 때문이다.

(2) 지능정보사회에서 정보격차 대상 재정의

정보격차 대상에 대한 정의는 국내와 국외가 다르다. 현재 정보격차 실태조사를 담당하고 있는 한국정보화진흥원에서는 일반인과 정보소외계층(Information minority group)인 장노년층, 저소득층, 농어민, 장애인과 신소외계층인 이주민들과 북한이탈주민으로 구분하여 이들과의 비교를 통해서 정보소외계층의 정보격차 수준을 산출하고 있다. 이에 반해서 국외의 정보격차에 대한 연구들은 성별, 연령, 교육수준, 소득수준, 인종 및 지역 등의 차이에 의한 정보격차 연구를 실시하고 있다.

하지만 지능정보사회에서의 발생하는 정보격차는 현재의 정보격차 대상에 대한 재정의가 필요하게 된다. 왜냐하면 중간계층이 사라지는 '초격차'사회에서는 계층 내 격차 차이가 현재보다 더욱 심해질 가능성이 있다. 따라서 지능정보사회에서의 정보격차 대상은 인구사회학적 특성에 따른 차이와 계층 구분에 의한 차이 중 어느 대상이 정보격차 해소를 감소시키는데 더 합리적인지를 검토해야 한다. 아니면 정보격차에 대한 대상을 새로 재정의해야 하는지에 대한 우선적 고려가 필요하다.

(3) 지능정보사회에서 시민들의 지능정보리터러시 향상 제고

지능정보사회에서 시민들의 정보리터러시 향상문제는 지능정보사회에서 발생하는 역기능에 대한 고려와 연결된다. 지능정보사회에서는 이용자에게 적합한 정보수집과 의사결정 과정에서 지능화 기술로 최적화된 결과만 선택받아 차선의 정보나 서비스가 외면당할 우려가 높다. 왜냐하면 이용자 특성이 다양하지 않을 경우 지능화에 의한 동일한 결과 값이 도출될 가능성이 크며 이에 따라 정보나 서비스가 편중될 가능성이 높다(한국정보화진흥원, 2017).

특히, 지능정보사회에서 이용자들이 본인이 선호하는 정보만을 선택하고 이에 의한 편향된 선택만을 하게 되는 경우에는 사회 전체적으로 공론의 장이 형성되기 어렵다. 이런 경우 지능정보사회에서의 사회 갈등은 더욱 심화될 우려가 있다. 따라서 지능정보사회에서 정보격차와 관련해서 발생하는 역기능에 대한 고려가 중요하다. 이처럼 지능정보사회에서의 정보격차 역기능을 해소하기 위해서 무엇보다 중요한 것인 시민들의 지능정보리터러시 향상 문제이다.

정보사회에서 많은 관심을 받았던 정보리터러시를 중심으로 살펴보면 다음과 같다. 정보리터러시는 정보화 시대의 도래에 따라 컴퓨터와 네트워크, 디지털 기술과 같은 정보통신기술 발전을 활용할 수 있는 능력을 포함한다. 즉, 정보리터러시는 정보기기에 대한 접근성과 기본적인 이용능력, 지속적인 사용여부를 포함하는 접근(access), 단순히 미디어 기기에 접근하여 활용할 수 있는 능력을 넘어 미디어를 비판할 수 있는 능력을 포함하는 이해(understanding), 자신의 표현이나 주장을 위해 소통하고 필요한 정보를 창출해낼 수 있는 능력을 포함하는 창조(create)로 구분하여 논의된다(OFCOM, 2004). 이런 정보리터러시는 정보화 사회에 대한 대응력을 제고하기 위하여 활발하게 논의되어 왔다(서진완, 2000; 성욱준, 2014).

따라서 앞으로 지능정보사회에서 지능화 기술로 인해 시민들 본인에게만 최적화된 정보나 서비스의 편중성을 극복하고 다양한 정보를 수용할 수 있는 능력을 향상시키기 위해서는 지능정보리터러시 향상을 위한 대응방안을 마련하는 것도 필요하다.

(4) 지능정보사회에서 정보격차 해소를 위한 정책우선순위 도출

지능정보사회에서 정보격차해소를 위한 정부역할과 정책방향을 제시하기 위해서는 다음과 같은 사항들에 대한 시사점을 도출해야 할 필요가 있다. 첫째, 지능정보수용과 접근성의 확대에 대한 정책적 고려이다. 그동안 정보격차에 대한 연구들은 주로 소득수준, 교육수준, 직업, 연령, 성별, 인종적 차이 등이 정보격차가 발생하는 주요한 요인으로 간주하고 있다. 하지만 최근에는 ICT 이용에 대한 인식뿐만 아니라 개인의 ICT를 사용하려고 하는 동기적 요인(wants or want-nots) 등에 대한 고려가 증가하고 있다.

지능정보사회에서는 발생하는 정보격차는 인공지능(AI)의 수용에 의해서 크게 영향을 받을 가능성이 높다. 즉, 낮은 교육수준과 낮은 소득수준의 사람들은 비용문제로 인하여 지능화 서비스에 접근할 수 없을 가능성이 높은 반면 노년층들은 신기술에 대한 혐오증으로 인하여 지능화 서비스들을 수용하지 못할 가능성이 높다. 따라서 신기술(A1)의 수용 향상을 위한 정책적 대응 방향들을 제시할 필요가 있다.

둘째, 지능정보사회 정보격차를 해소하기 위한 정부정책의 우순순위에 대한 고려가 필요하다. 현재 지능화 서비스 활용사례들은 의료분야의 웨어러블 디바이스, 지능형 비서로봇과 재난구조와 행정 · 교육서비스 로봇과 군용로봇, 그리고 지능형 교통제어시스템과 지능형 감시시스템 등이다. 이처럼 인공지능(AI) 기반의 서비스들은 의료, 교육, 금융, 창작, 법률, 가사, 쇼핑, 치안, 교통 등 다양한 영역에서 점차 확대되고 있다(한국정보화진흥원, 2017). 이를 중에서 가장 먼저 발생하게 될 정보격차 분야에 대한 우선순위 선정과 이들 분야에서 정보격차 해소를 위한 방안들에 대한 정책적 시사점들을 도출할 필요가 있다. 이는 지능정보사회에서 정부의 역할에 대한 논의와 연결된다.

제6절

결론

최근 많은 이슈와 논쟁의 대상인 지능정보사회 도래와 이에 대한 대응 방안에 대한 정부와 학계의 관심은 주로 기술발전과 사회의 전반적인 변화에 중점을 두고 진행되고 있다. 하지만 새로운 패러다임의 등장과 변화에서 반드시 우선적으로 고려해야 할 것이 새로운 기술의 등장에 따른 "불평등"해소 방안이다. 이를 위하여 본 연구에서는 지능정보격차 해소 연구의 필요성에 대한 논의를 제시하였다.

지능정보격차 해소에 대한 논의를 통하여 다음과 같은 학문적 기여를 제공할 수 있기 때문이다. 첫째, 지능기술 시대 '지능정보격차해소'에 대한 연구를 통하여 지능정보사회에서 발생할 수 있는 '지능정보 불평등'을 해소하기 위한 방안에 대한 정책적 시사점을 제시해 줄 수 있다.

지능정보시대의 도래는 많은 사회변화와 함께 시민들의 삶을 편리하고 풍족하게 만드는 장점이 있는 반면에 소득수준과 교육수준 등의 차이에 의한 지능기술 사용정도의 차이에 따른 극심한 양극화인 '초격차'를 초래할 가능성이 더욱 크다. 그럼에도 불구하고 현재 학계나 정부부문에서 지능정보기술을 통해서 발생할 수 있는 지능정보 격차에 대한 논의는 전혀 존재하고 있지가 않다.

둘째, 지능정보시대 지능정보격차 해소를 위한 정부역할에 대한 시사점을 제시해줄 수 있다. ICT 기술의 확산은 정치 · 경제 · 사회 등의 편리함의 추구와 많은 변화를 제시하여 주었다. 하지만 이런 신기술의 확산과 함께 대두도는 심각한 문제가 바로 세대 간, 계층 간의 극심한 갈등의 표출과 사회통합 문제이다. 이런 갈등문제를 해결하기 위해서는 적절한 정부의 역할이 필요함에도 불구하고 그동안 이에 대한 논의와 고려는 매우 부족하였다.

최근 지능정보사회의 도래에 대한 대부분의 논의들도 주로 기술발전 토대를 구축하고 그 확산을 위한 인프라 구축에 중점을 두고 있지 신기술의 도래에 따른 사회갈등 문제를 해소하기 위한 정부역할에 대한 논의는 거의 존재하고 있지가 않다. 하지만 본 연구에서 제시하는 지능정보사회 정보격차에 대한 논의는 바로 지능정보사회에서 발생할 가능성이 극심한 사회갈등의 해소를 위한 정부의 역할에 대한 시사점을 제시해 줄 수가 있다.

참고문헌

강보라 · 김희섭 · 이미숙. (2014). 고령층의 온라인 정보활동과 삶의 만족감 관계 분석.「한국문헌정보학회지」. 48(2): 159-175.

김문조 · 김종길. (2002). 정보격차의 이론적 · 정책적 제고.「한국사회학」. 36(4): 123-155.

김경미. (2013). 여성결혼이민자의 인터넷 이용과 한국사회 적응: 시민모임 참여와 생활만족도를 중심으로.「정보와사회」. 25: 1-27.

김판수 · 이미숙 · 황성돈. (2014). 고령층의 자원봉사 참여여부에 따른 인터넷 활용과 삶의 만족도 관계분석.「노인복지연구」. 64: 187-267.

라종민 · 한희정. (2015). 스마트폰 애플리케이션 이용 종류에 따른 삶의 만족도 차이에 대한 연구.「사회과학연구」. 31(1): 219-248.

미래창조과학부. (2016). 제4차 산업혁명에 대응한 지능정보사회 중장기 종합대책. 관계부처합동.

민영. (2011). 인터넷 이용과 정보격차: 접근, 활용, 참여를 중심으로.「언론정보연구」. 48(1): 150-187.

신영진. (2015). 공공기관 개인정보 처리시스템의 개인정보 영향평가를 수행하기 위한 합리적인 대가 산정 모델 개발에 관한 연구.「정보화정책」. 22(1): 47-72.

서진완. (2000). '정보리터러시(Information Literacy)'의 개념을 이용한 지역주민의 정보화수준 측정.「한국행정학보」. 34(1): 309-325.

성욱준. (2014). 스마트시대의 정보리터러시와 정보격차에 관한 연구.「한국사회와 행정연구」. 25(2): 53-75.

송효진. (2014). 질적 정보격차와 인터넷 정보이용의 영향요인 고찰: 이용자의 디지털 리터러시, 인식, 자기 효능감을 중심으로.「한국정책과학학회보」. 18(2): 85-116.

이미숙 · 김희섭 · 홍순구. (2015). 실버세대의 정보 활용능력이 삶의 행복감에 미치는 영향분석.「한국산업정보학회논문지」. 20(2): 125-131.

이승민. (2012). 미국 사회에서 스마트 기기가 정보격차에 미치는 영향.「한국도서관 · 정보학회」. 43(2): 29-52.

이숙정 · 육은희. (2014). 디지털 활용 격차와 결과 격차. 「한국언론학보」. 58(5): 206-232.

이혜인 · 배영. (2011). 스마트폰 이용과 사회자본: 스마트폰 이용 동기와 이용정도가 사회자본 구성요소에 미치는 영향을 중심으로.「정보와사회」. 21: 35-71.

이호규. (2009). 정보격차 논의에 대한 비판적 고찰: 집단수준의 논의에서 개인수준의 논의로.「한국언론학보」. 53(6): 5-25.

유용식 · 손호중. (2012). 인터넷활용과 노인의 삶의 질과의 관계.「한국콘텐츠학회문지」. 12(4): 235-244.

정영호 · 이혜미. (2010). 다면적 정보격차의 변화와 그 요인: 2005년~2009년 시계열 분석을 중심으로.「사이버커뮤니케이션학보」. 27(3): 227-263.

진상기. (2013). 한국 정보격차의 시계열 변화 분석: 정보격차지수를 중심으로.「한국지역정보화학회지」. 16(3): 161-188.

최혁라 · 유일. (2008). 정보격차 연구경향분석과 미래연구방향.「인터넷전자상거래연구」. 8(1): 255-278.

한국정보화진흥원. (2014).「2014년 정보격차지수 및 실태조사」.

한국정보화진흥원. (2017). 새로운 기술, 새로운 세상 지능정보사회.

한국정보화진흥원. (2017). 4차 산업혁명과 지능정보사회의 정책과제 100선.

한상연 · 마은정 · 최수건 · 홍대순. (2011). 스마트폰 사용이 삶의 질에 미치는 영향 분석연구.「정보와사회」. 20: 49-84.

황은희 · 신수진 · 정덕유. (2011). 노인의 인터넷 사용실태, 자아효능감, 자아존중감에 관한 연구. 「한국보건간호학회지」. 25(1): 118-128.

Cowen, T. (2013). Average is Over. Dutton.

DiMaggio, P., Hargittai, E., Celeste, C., & Shafer, S. (2004). Digital Inequality:

From Unequal Access to Differentiated Use, Russell Sage Foundation, New York: 355-400.

MIT. (2017). 10 Breakthrough Technologies 2017. https://www.technologyreview.com/lists/technologies/2017/

Mascheroni, G., & Olafsson, K. (2015). The mobile internet: Access, use, opportunities and divides among European children. New Media & Society, 1-23.

OFCOM. (2004). Strategies and priorities for the promotion of media literacy: A statement. London: Ofcom.

Robinson, L., Cotten, S.R., Ono, H., Quan-Haase, A., Mesch, G., Chen, W., Schulz, J., Hale, T.M., & Stern, M.J. (2015). Digital inequalities and why they matter. Information, Communication & Society, 18(5), 569-582.

Norris, P. (2001). Digital divide: Civic Engagement, Information Poverty and the Internet World-Wide. Cambridge University Press. 이원태 외(2007). 디지털 시대의 민주주의.

Selwyn, N. (2004). Reconsidering Political and Popular Understandings of the Digital Divide. New Media & Society. 6(3): 341-362.

Zillien, N., & Marr, M. (2013). The digital divide in Europe. In M. Ragnedda (ed.). The Digital Divide: The Internet and Social Inequality in International Perspective. London and New York: Routledge.

van Deursen, A.J.A.M., van Dijk, Jan A.G.M., & ten Klooster, P. M. (2015). Increasing inequalities in what we do online: A longitudinal cross sectional analysis of Internet activities among the Dutch population(2010 to 2013) over gender, age, education, and income. Telematics and Informatics. 32: 259-272.

van Dijk, Jan A. G. M. (2006). Digital Divide Research, Achievements and Shortcomings. Poetics. 34: 221-235.

van Dijk. J. A. G. M. (2013). A Theory of The Digital Divide. In M. Ragnedda (ed.). The Digital Divide: The Internet and Social Inequality in International Perspective. London and New York: Routledge.

제 7 장

미국-EU간 개인정보 보호 분쟁과 정보주권 연구

* 이 글은 저자의 "빅데이터 시대 미국-EU간 개인정보보호 분쟁과 정보주권에 대한 함의,"『21세기정치학회보』26(2) (2016년 6월)에 바탕을 두고 있음.

제 1 절

서론: 문제제기와 연구문제

대서양 양안간 디지털 경제교류를 떠받치던 미국과 유럽간 '세이프 하버 협정'(Safe Harbor Agreement)이 2015년 10월 6일 EU 최고법원인 유럽사법재판소(European Court of Justice)의 판결로 무효화되었다(Scott 2016).[1] 오스트리아 출신 사회운동가의 청원으로 시작된 페이스북과의 법적 공방의 결과 대서양 양안의 두 경제 강대국 사이에 개인정보의 국외이전을 가능케했던 국제협정이 붕괴된 것이다. 일부 전문가들은 이를 예견했다는 분석도 있지만 세이프 하버 협정의 무효화로 유럽에 진출한 미국 기업들 중에서 4,400여개의 기업들이 사업 활동에 큰 지장을 받게 되었다. 이러한 기업들 중에는 세계 디지털 경제를 주도하는 페이스북, 구글, 마이크로소프트, 애플, 아마존과 같은 미국의 거대 기술기업들이 포함되어 있다.

이러한 사태 발전은 개인 대 기업간 단순한 소송 사건에 불과한 것이 아니라 국제 개인정보보호 거버넌스의 중대한 변화로 인식되어야 한다는 것이 이 논문의 기본적인 문제의식이다. 물론 2015년 10월 유럽사법재판소의 판결로 세이프 하버 협정이 무효화되었다고 말한다고 해서 이 판결이 세이

1 이 판결에 따르면 "세이프 하버 협정은 미국 정부당국이 유럽인들의 온라인 정보에 대해 상시적인 접근을 허용했으므로 결함을 가지고 있다. 미국 NSA 계약업자인 스노든의 폭로로 미국 정보기관들이 유럽인들의 개인정보에 거의 제약없이 접근했고 유럽인들의 프라이버시권리를 침해했다는 점이 드러났다." Scott(2016) New York Times 기사 참고.

프 하버 협정 붕괴의 직접적인 인과적 요인으로 작용했다는 의미는 아니다. 이 판결은 2013년 6월 스노든(Edward J. Snowden)이 미국 NSA(National Security Agency)의 개인정보 감시 프로그램인 프리즘을 폭로한 이후 개인정보보호를 둘러싸고 미국과 유럽간에 전개된 소위 '데이터 전쟁'(data war)의 실상을 잘 보여준다(Farrell and Newman 2016). 세이프 하버 협정의 내재적 불안정성도 붕괴의 한 요인으로 간주되지만 붕괴의 궁극적인 요인들은 2001년 9.11 사태 이후 대서양 양안에서 전개되어 온 다양한 행위자와 세력간의 갈등과 밀접한 연관을 맺고 있다고 할 수 있다.

이 논문의 연구문제 내지 연구목적은 이러한 문제의식을 배경으로 하고 있다. 세이프 하버 협정과 같은 국제제도의 형성과 붕괴에 큰 영향을 미친 행위자들은 시민사회와 같은 비국가 행위자나 사법기관, 프라이버시 규제기관과 같은 국가하위행위자(sub-state actor)들과 유럽 의회와 같은 초국적 행위자라는 점이 이 논문의 연구문제에서 매우 중요하다. 통상적인 국제적 협상과정에서는 국가하위행위자들이 협상에 선호와 의견을 투입하지만 큰 영향력을 행사하지 못한다고 인식되어 왔다. 그러나 세이프 하버 협정의 붕괴에 이르는 일련의 과정을 살펴볼 때 시민단체와 같은 비국가 행위자들이나 국제적인 교섭과정의 전면 보다는 배경에서 작용했던 국가하위행위자들이 국제제도의 붕괴에 직접적인 영향을 미쳤다고 볼 수 있는 것이다. 이러한 사태 진전을 자연스런 일로 간주하지 않고 설명해야 할 연구문제로 인식하고 그 요인들을 탐색하는 것이 이 논문의 연구목적이다.

이 논문의 연구문제는 다음과 같은 질문의 형태를 띤다. "미국과 유럽간에 국가안보와 경제부문에서 국제협력을 촉진시켜왔던 세이프 하버 협정이 왜 프라이버시 옹호 사회운동가의 소송과 유럽사법재판소의 판결로 무효화되었는가? 또 이것이 데이터 시대 정보주권 논의에 주는 함의는 무엇인가? 인터넷과 빅데이터 환경에서 정보주권 이슈가 국가와 개인들의 관계에서 어떻게 전개되고 있는가?"

프라이버시 혹은 개인정보보호의 문제 영역은 인권과 같은 사회적 가치, 경제적 이익, 국가안보 이익이 날카롭게 충돌하고 또 국내외 차원을 망라하는 글로벌 정책이슈이다. 2001년 9.11 사태 이후 테러와의 전쟁에서 개인정보의 수집과 활용, 즉 데이터 기반 감시가 더욱 긴요해지고 경제의 디지털화의 심화로 개인정보의 경제적 가치가 크게 높아졌다. 반면 이러한 정치경제적 환경에서 사용자와 소비자로서 개인들의 정보통제권이 약화되고 개인정보 침해와 유출의 위험이 상대적으로 높아졌다(슈나이어 2016). 이러한 글로벌 변화와 인터넷 환경의 변화 속에서 개인정보보호 이슈는 다양한 가치를 대변하고 추구하는 여러 행위자들, 즉 사회운동단체, 규제기관과 같은 국가 하위행위자, 국가 행위자, 초국가 행위자(초국적 기업이나 국제기구 등) 참여하고 각축을 벌이는 복잡하고 글로벌한 성격을 보이고 있다.

가장 발전된 디지털 경제의 미국과 EU간 온라인 상거래와 인터넷 서비스의 법적 기반이었던 세이프 하버 협정은 처음부터 포괄적 보호체제와 제한된 보호체제간 불안정한 타협에 기초하고 있었다(Long and Quek 2002; Kobrin 2004). 개인정보 보호에 있어서 유럽은 프라이버시를 기본권으로 인식하면서 포괄적 보호체제를 형성해 온 반면 미국은 프라이버시 보호를 소비자 권리로 인식하고 제한적 보호체제를 유지하고 있었다. 그런데 2001년 9.11 이후 미국의 테러와의 전쟁이 시작되면서 정보기술 대기업들이 수집한 데이터를 기반으로 한 미국 정보기관들의 감시활동이 늘어났다. 특히 2013년 스노든의 폭로 사건으로 미국 NSA의 국내외에 걸친 대량 감시(mass surveillance)가 대내외적으로 드러나면서 유럽 국가와 시민사회의 거센 비판에 직면하게 되었다. 사실 이러한 상황에서 유럽의 사회운동가가 자신의 개인정보가 충분히 보호받지 못했다고 주장하면서 아이랜드에 데이터센터를 운영하고 있는 페이스북을 법적으로 제소한 것은 하나의 계기이자 촉매의 역할을 한 것이다. 사실 유럽의 정부와 사회 내부에서는 미국 정부의 대대적인 개인정보 감시활동에 대한 반감과 비판, 그리고 미국 기술대기업의 디지털 경제 지배력에 대한 우려가 저류를 형성하고 있었다고 볼 수 있다.

이 논문은 개인정보보호 이슈를 둘러싼 국제 제도에 관한 기존 이론들은 국제 제도의 하나인 세이프 하버 체제의 급격한 변화(붕괴)를 설명하기 어렵다고 주장한다. 우선 권력 정치의 맥락에서 강대국 주도의 안보이익 추구를 강조하는 현실주의적 시각으로는 개인정보보호 제도를 바탕으로 인권과 같은 사회적 가치를 추구하는 비국가행위자의 영향력이 작용한 부분을 설명하기 어렵다. 또한 자유주의적 국제제도주의 시각으로는 초국적 기업과 같은 비국가행위자의 영향을 설명할 수 있으나 유럽 의회, 유럽사법재판소, 그리고 유럽 국가들의 개인정보보호 기관과 같은 국가하위행위자의 영향력을 설명하는 데는 한계를 보인다. 세계화와 정보화의 심화를 배경으로 전통적인 국가간 관계인 국제관계 차원뿐만 아니라 사회간 상호작용관계(societal interaction)도 국제제도의 형성과 변화에 큰 영향을 미치고 있다.

이 논문의 구성은 다음과 같다. 이 논문은 우선 2장에서 세이프 하버 협정의 형성과 변화를 설명하기 위한 이론적 자원으로 제도주의 시각과 국가하위행위자의 영향력을 중시하는 '새로운 상호의존'시각을 제시한다. 이어서 3장에서 제도주의 이론을 기초로 EU에서 1970년대 이후 초기에는 개별국가별로 나중에는 유럽 지역 차원에서 포괄적이고 엄격한 개인정보보호 제도가 형성되었다는 점을 밝힌다. 또한 미국 국가의 데이터 감시를 통한 국가안보 이익의 추구, 디지털 경제의 주도권을 둘러싼 미국과 유럽의 경제적 이익 갈등, 유럽의 사회적 가치가 부딪혀서 일어난 미국과 EU간 개인정보보호 분쟁을 몇 가지의 사례를 중심으로 분석하여 세이프 하버 체제의 변화를 설명한다. 4장에서는 또 이러한 설명을 바탕으로 세이프 하버 협정과 같은 개인정보보호 국제 거버넌스의 성격을 이익, 이념, 제도의 차원에서 분석하고 정보주권에 대한 함의를 제시한다.

제2절

이론적 자원과 선행연구 분석

이 논문이 세이프 하버 협정의 형성과 붕괴를 설명하기 위해서 활용하는 이론적 자원은 두 가지이다. 하나는 제도주의 이론이고 다른 하나는 '새로운 상호의존'이론이다.[2]

우선 제도주의 이론은 제도의 형성과 변화를 설명하는데 유용한 이론이다. 특히 역사적 제도주의 이론은 비교적 장기간에 걸친 제도의 형성을 분석하는데 유용하다. 세이프 하버 협정의 형성과 붕괴에 미친 중요한 요인 중의 하나로 EU의 포괄적 개인정보보호 제도를 들 수 있다. 미국의 제한적 프라이버시 보호제도와 대조되는 EU의 포괄적 개인정보보호 제도의 역사는 매우 깊다. 다음 절에서 구체적으로 기술하겠지만 유럽에서는 1970년대에서는 개별 국가 수준에서 개인정보 보호제도들이 만들어졌지만 1980년대 이후에는 보다 국제적인 차원에서 제도 형성의 노력이 이루어졌고 1990년대에는 보다 구체적으로 EU 차원에서 개인정보보호 제도의 형성이 추진되었다. 이러한 제도화의 결과 유럽의 독특한 포괄적 개인정보보호 제도가 형성된 것이다. 이러한 포괄적 개인정보보호 제도에 따라 유럽에서는 개별 국가별로 개인정보보호기관이 운영되고 있을 뿐만 아니라 EU 수준에서도 개인정보보호 기관

2 제도주의이론에 대해서는 하연섭(2011) 참조. '새로운 상호의존 이론'에 대해서는 Farrell and Newman (2014) 참조.

이 설치되어 있다. 유럽에서는 이러한 제도와 조직을 기반으로 강력한 개인정보보호 관련 규제 역량(regulatory capacity)을 보유하게 되었다.

이 논문의 또 다른 이론적 자원은 '새로운 상호의존 이론'이다. 이것은 1970년대 선진국간의 밀접한 경제관계를 설명하는 고전적 상호의존이론의 현대판이다.[3] 고전적 상호의존이론에서는 국제적 상호의존은 기본적으로 국가간 상호의존관계를 중심으로 하고 있다. 기본적인 분석단위가 국가로 설정되어 있는 것이다. 그런데 새로운 상호의존이론은 정보화와 세계화의 심화를 배경으로 전통적인 국가간 상호의존과 함께 사회부문의 상호의존관계(inter-societal interaction)도 나타나고 이러한 움직임 또한 국제협력과 갈등에 큰 영향을 미친다고 분석한다. 이러한 새로운 상호의존이론에 따르면 세이프하버 협정의 형성과 붕괴에 미친 중요한 요인 중의 하나로 대서양 양안에 걸쳐서 국가안보, 경제적 이익, 인권보호의 가치를 담지하는 국가, 초국적 기업, 시민사회, 개인정보 보호기관들이 얽혀져 있는 '새로운 상호의존관계'의 형성을 지적할 수 있다.

사실 행위자간의 상호의존성은 힘의 지렛대이자 취약성의 통로이기도 하다. 강점이 되기도 하지만 약점이 되기도 한다는 것이다. 개인정보보호의 문제영역에서는 특히 대서양 양안 관계에서 미국의 지배적인 경제력을 지렛대로 국가안보 목적을 추구한 결과 오히려 미국에게는 상호의존이 취약성의 통로가 되고 사회운동가들이나 판사들과 같은 유럽의 국내적 행위자들에게는 힘의 지렛대로 작용하게 되었다고 할 수 있다. 대서양 양안 관계에서 미국의 경제적 주도와 미국 정보기술 기업들의 경쟁력을 지렛대로 국가안보 목적을 위해서 상호의존을 무기화한 미국이 오히려 유럽의 재반격에 직면하게 되었다고 볼 수 있는 것이다. 유럽사법재판소는 미국 NSA의 감시활동에 대해서는 직접 영향을 미치지 못하지만 유럽 내 미국 정보기술 기업들에게는 영향을 미칠 수 있었다. 페이스북(Facebook)에 대한 개인정보보호 사회운동가인 마크 슈렘즈의 소송과 유럽사법재판소의 판결이 대표적인 예이다. 특히 2013년 6월 스노든에 의해 폭로되었듯이 미국 NSA의 감시활동에 미국 정보

3 고전적 상호의존이론은 Keohane and Nye(1977)가 대표적이다.

기술기업들이 개인정보들을 제공하는 등 협력했다는 점들이 드러난 이후 유럽 지역에서 미국 기술기업들에 대한 신뢰가 크게 하락하여 기업의 경쟁력과 수익모델에 큰 타격이 가해졌다(Farrell and Newman 2015; 2016).[4] 이러한 결과 미국의 정보기술 기업들은 미국 정부에 대해 불만을 표출하고 압력을 가했다. 이러한 과정을 통해 2015년에 들어 미국 애국법이 폐기되고 미국 자유법(U.S. Freedom Act)이 제정되어 미국 NSA의 대량감시에 큰 제동이 걸리게 되었다.

여기에서 관심을 두는 것은 2013년 6월 스노든 폭로사건 이후 행동화된 유럽의 반격은 기본적으로 유럽이 발전시켜 온 포괄적 규제 제도에 기반을 두고 있다는 점이다. 유럽의 포괄적 개인정보보호 제도의 형성에는 시민사회와 유럽 의회, 그리고 유럽 사법재판소와 같은 국내적 행위자나 기관들이 큰 영향력을 미쳤다. 이러한 행위자들은 국가 행위자가 아니라 국가하위행위자들이라고 볼 수 있다.

다음에는 개인정보보호를 둘러싼 미국과 유럽간의 분쟁과 무역 갈등에 관한 선행연구에 대해서 간략히 검토한다. 이러한 검토를 통해서 이 분쟁은 무역과 통상 이슈와 경제적 이해가 걸린 문제에 국한된 것이 아니라 기본권으로서 프라이버시 권리의 사회적 가치, 경제적 이해관계, 국가안보적 이해가 맞물려 있는 동태적 이슈라는 점을 보여주고자 한다. 우선 미국과 EU간 개인정보보호 분쟁과 세이프 하버 체제에 관한 연구는 국내외에 걸쳐 상당히 있다. 여기에서는 가능하면 미국과 EU간 개인정보보호 분쟁, 세이프 하버 협정, 그리고 정보주권 논의를 같이 다루는 논의들을 중심으로 주요 선행연구들을 검토한다. 미국과 유럽간의 규제 분쟁과 세이프 하버 협정에 관해서는 2000년대 초반에 발표된 연구들이 많다.

세이프 하버 체제가 출범한 직후에 나온 문헌 중에서 대표적인 것으로서 Long and Quek(2002)과 Kobrin(2004)은 협상 과정에 관한 분석을 통해 세

4 세계적인 범위로 이루어진 미국 정보기관들에 의한 인터넷과 데이터 기반 감시는 세 가지 측면에서 미국 기업들의 사업에 부정적인 영향을 미쳤다. 사람들이 미국 클라우드 업체를 기피하고 있으며 미국의 컴퓨터와 네트워킹 장비의 구매를 꺼려하고 마지막으로 미국 기업들에 대한 신뢰가 크게 떨어졌다. 슈나이어(2016), pp.186-193.

이프 하버 협정이 기본적으로 정치적 타협의 산물로서 불안정한 성격을 지니고 있다고 분석하고 있다. 이러한 분석은 미국과 EU간에 개인정보보호 이슈를 보는 시각이 매우 다르다는 점을 반영하고 있다고 볼 수 있다. 국내 연구로 조화순(2006)은 세이프 하버 협정에서 나타난 여러 가지 협상 이슈를 다루면서 이것이 국가주권의 문제와 어떻게 관련되는지 분석한다. 다른 연구에서 조화순(2005)은 개인정보의 국외이전 국제규범과 관련된 세이프 하버 협정을 국민국가 주도형으로 정식화한다. 이러한 분석은 Drezner(2007)가 세이프 하버 협정을 국제 규제 거버넌스에서 라이벌형 표준(Rival Standard)로 이해하는 것과 일맥상통한다고 볼 수 있다. 프라이버시 규제 이슈에서는 미국과 EU가 서로 자신들의 모델을 강요하면서 대립하고 있다고 보는 것이다. 또한 국내 연구로는 유석진 · 장우영(2005)도 유사한 맥락에서 세이프 하버 체제가 EU형과 미국형의 갈등의 산물로 보고 있다. 이광현(2009)도 개인정보보호에 관한 국제협력의 사례 중의 하나로 세이프 하버 체제를 규범적으로 분석하고 있다.

이러한 연구들은 대부분 국제 무역, 정보기술의 발전, 프라이버시 이슈를 중심으로 세이프 하버 체제를 분석하고 있다. 그런데 세이프 하버 협정이 출범한 후 다소 시간이 지난 뒤에 나온 Newman(2008)은 이러한 이슈에 더해 미국 정보기관의 감시 활동과 미국과 유럽간 감시정보의 공유와 같은 국가안보 이슈가 국제 무역, 정보기술, 프라이버시 이슈와 함께 같이 맞물려 돌아가는 부분에 대해 상당히 깊이 있는 분석을 내 놓았다. 개인정보보호 분쟁이 통상 이슈나 디지털 경제 문제에 국한한 이슈가 아니라는 점을 잘 보여 주었다고 할 수 있다. 이러한 분석은 이 논문의 문제의식과 크게 상통한다고 볼 수 있다.

2013년 6월 스노든의 폭로 사건이후 드러난 국가에 의한 데이터 기반 감시의 이슈는 별로 없는데 국내연구로는 조화순(2015)이 있다. 스노든 폭로사건으로 미국이 2000년대에 들어 테러와의 전쟁을 위해 국내외에 걸쳐 거의 공공연하게 개인정보의 수집과 활용을 지속해 왔다는 점이 드러났다. 세이프 하버 체제를 뒤흔든 2013년 6월의 극적인 폭로 사건 이전에도 미국 정부의 감시활동의 강화와 미국 기술기업들의 유럽 지배에 대해서 유럽 내에서 EU,

유럽 국가들, 유럽 기업들, 시민사회들이 위기감을 느껴왔다. 스노든 폭로사건은 이러한 유럽의 위기감을 유럽의 당면 정책의제로 전환시켰다고 볼 수 있다. 유럽 내에서는 프라이버시 규제를 강화하려는 움직임이 유럽의회와 시민사회를 중심으로 활발하게 전개되었던 것이다. 2015년 10월의 유럽사법재판소의 세이프 하버 협정 무효화 판정은 이러한 적극적인 대응 움직임의 구체적인 결과라고 볼 수 있다.

제3절

미국-유럽간 개인정보 보호 분쟁의 전개

미국-EU간 개인정보보호 분쟁을 분석하기 위해서 세이프 하버 협정 이전 시기와 세이프 하버 협정 시기를 주로 다룬다. 대서양 양안간 개인정보보호를 둘러싼 규제 분쟁은 1990년대 후반에 들어 본격화되었지만 유럽에서는 일찍이 컴퓨터 시대의 초창기인 1970년대부터 점진적인 발전과정을 거쳐 현재의 포괄적 개인정보보호 제도가 형성되었다고 할 수 있기 때문이다.

우선 세이프 하버 협정 이전 시기 유럽에서 국가별로 또 EU 차원에서 나타난 개인정보보호 규제 제도와 정책의 전개과정을 살펴본다.[5] 1960년대, 70년대에는 컴퓨터 기술이 정부와 대기업에 도입되고 또 개별적으로 유지되던 데이터들이 통합되기 시작하면서 감시의 우려와 정치경제적으로 민감한 정보의 유출에 대한 불안이 생기기 시작했다. 이러한 문제들에 대해 서구 국가들은 공동으로 대응하기 보다는 개별적으로 대응하기 시작했다. 1970년 독일 헤세 주에서 최초의 공식적인 정보보호법이 제정되었고 이어서 1973년 스웨덴, 1974년 미국, 1978년 독일과 프랑스에서 정부 입법이 이루어졌다. 5년간

5 이 부분의 자세한 내용에 관해서는 Newman(2008), 3장을 참조.

의 치열한 논쟁을 거쳐 채택된 독일의 개인정보보호법은 포괄적이고 엄격한 형태와 내용을 띠었다(Newman 2008: 63-69). 파시즘의 폐해와 기억이 이러한 방향의 법제화에 큰 영향을 미쳤다고 볼 수 있다. 1970년대 개인정보보호 법제화가 유럽에서 이루어졌으나 유럽의 다른 국가들이 독일과 같이 엄격한 보호제도를 채택한 것은 아니었다(Long and Quek: 330).

그러면 어떻게 유럽이 EU 수준에서 포괄적 규제제도를 도입하게 되었는가? 1980년대에 들어와서 두 가지 중요한 움직임이 이에 상당한 영향을 미쳤다(이광현 2001: 31). 우선, 정보기술의 발전과 국경간 정보 유통의 증가를 배경으로 1980년 OECD가 주관이 되어 프라이버시권 보호를 위한 지침을 제정했다.[6] 또 1981 유럽평의회(Council of Europe)가 주관하여 유럽평의회 108협약을 채택했다(Bennett and Raab 2006: 84-87).[7] 두 건의 문서는 일종의 권고안으로 개별 국가에 대해서 구속력 있는 규범으로 작용하지는 못했다. 그러나 이 문서들은 각 국가들이 개인정보보호 입법을 하는데 중요한 영향을 미쳤고 특히 OECD 지침은 개인정보(Personal Data)와 정보관리자(Data Controller)의 정의를 최초로 도입했다.[8] 뿐만 아니라 OECD 회원국은 물론 비회원국의 입법의 기준으로 많이 이용되었다(이광현 2009: 31).

무엇보다 유럽의 포괄적 규제제도의 형성에 중요한 역할을 한 제도 발전은 1995년 15년간의 논쟁을 거쳐 제정된 'EU' 개'인정보보호 지침'이다.[9] 'EU 지침'의 목표는 유럽 지역에서 개별 국가들의 프라이버시 보호 정책을 조화시켜서 지역내 자유로운 데이터 유통을 진작하는 것이다. 유럽 경제통합을 위해서는 정보경제의 혈액이라고 할 수 있는 데이터의 자유로운 지역내 유통

6 OECD, Guidelines on the Protection of Privacy and Transborder Flows of Personal Data (adopted on Sep. 23, 1980).

7 Council of Europe, Convention for the Protection of Individuals with regard to Automatic Processing of Personal Data (ETS No.108), Jan. 28, 1981 in Strasbourg. 유럽평의회(Council of Europe)는 정부간기구이긴 하나 공식적인 조직은 아니고 기능과 위상은 NGO에 가깝다.

8 "개인정보는 신원이 확인된 또는 확인될 수 있는 사람과 관련된 정보."이광현(2009: 31) 참조.

9 EU, Directive 95/46/EC of the European Parliament and of the Council of 24 October 1995 on the Protection of Individuals with regard to the Processing of Personal Data and on the Free Movement of Such Data. 이 논문에서는 'EU 개인정보보호 지침'혹은 'EU 지침'으로 약칭한다.

이 필요했던 것이다. 또한 지침은 높은 수준의 프라이버시 권리를 보장하려고 했다. 이를 위해서는 회원 국가들이 모두 포괄적 규제제도를 입법해야 하고 각국별로 권한을 보유한 규제기관을 설립해야 했다. 그러나 회원국가들 중에는 이탈리아와 스페인과 같이 규제기관이 없는 국가가 있고 다른 국가들도 규제기관의 개혁이 필요했다. 그러나 유럽 집행위원회, 프랑스와 영국과 같은 주요 국가들, 유럽사법재판소, 그리고 당연하지만 유럽 지역 산업계는 포괄적 규제제도의 도입에 반대했다.[10]

그런데 1980년대 중반에서 후반이후 이러한 상황에 변화가 왔다. 대부분의 EU 회원국가에서 설립된 프라이버시 규제기관들은 EU 지침의 제정을 둘러싼 정책 과정에서 우선 전문성을 축적하는 기회를 확보할 수 있었다. 또한 이러한 개별 국가별 프라이버시 규제 기관들은 EU 지침의 제정을 위한 논의 과정에서 개별국가의 정부로부터 상당한 권한을 위임받았다. 국가 프라이버시 규제기관들의 전문성과 위임권한과 함께 중요한 것은 이러한 각국의 규제기관들이 각국의 정부를 넘어서 네트워크를 형성하여 EU 지침의 제정에 영향을 미치고자 했다는 점이다. 말하자면 각국의 프라이버시 규제당국들이 초정부간 네트워크를 결성하여 EU 지침의 제정과정에 큰 영향력을 행사하게 되었다는 것이다.[11]

특히 1980년대 후반이후 EU 지침의 제정 과정에서 유럽에서 형성된 개별 국가의 규제기관들을 중심으로 생겨난 초정부간 네트워크는 포괄적 프라이버시보호 입법에 거의 결정적인 역할을 했다고 볼 수 있다. 이것은 각국의 규제기관들이 상호 학습하고 협력을 추구하는 정책 공간이 되었을 뿐만 아니라 EU 지침의 제정을 선도하는 정책기업가의 역할을 효과적으로 수행했다. 행위자로서 이러한 초정부간 네트워크는 수평적으로는 규제기관을 매개로

10 이 부분에 관한 서술은 Newman(2008) 4장을 주로 참조함.

11 초정부주의(Transgovernmentalism)는 개별 국가에 소속된 규제기관들, 판사들, 의원들과 같은 국가하위행위자들(Sub-state Actors)도 자신들이 속한 중앙정부와 상당히 독립적으로 대외문제에 참여하고 영향을 발휘하는 현상을 말한다. 주로 유럽 지역정치의 맥락에서 논의하는 개념이나 국제관계 일반에도 적용하는 경향이 커지고 있다. 일반적 논의에 대해서는 Ansell and Weber(1999)와 Slaughter(2004) 참조. 국내 소개로는 김상배(2014) 참조. EU 지침과 관련해서는 Newman(2008) 4장과 5장을 참조.

프라이버시 보호에 대한 각 국가들의 선호와 정책의 차이를 조정하는 역할을 했을 뿐만 아니라 수직적으로는 EU 집행위원회, 유럽사법재판소, 그리고 주요 국가들의 수반들을 설득하고 압박하여 유럽의 프라이버시 보호 수준을 향상시키고 때때로 생긴 협상의 지연을 타개하기도 하였다.

유럽에서 1970년대 초반 각 국가별로 이루어진 프라이버시 보호제도는 유럽통합의 움직임과 맞물리면서 유럽 지역 수준에서 상당히 강력하고 엄격한 내용의 포괄적 규제의 형태를 갖게 되었다. 오랜 논의과정을 거쳐 1995년에 확정된 'EU 개인정보보호 지침'은 기본법 형태를 띠었고, 공적, 사적 부문의 개인정보를 모두 관할하였으며, 규제 당국의 집행력과 감독 권을 구비한 것이 1980년대 나온 국제규범과 구별된다. 1998년 이 EU 지침에 따라 회원국가들의 국내입법이 완료된 이후 미국과 세이프 하버를 위한 협상이 본격화되었다. 이 협상에서도 프라이버시보호 관련 초정부간 네트워크가 큰 역할을 하게 되었다. 특히 EU 지침의 29조에 의거 설립된 '조작업반'(Article 29 Working Party)은 초정부간 네트워크의 핵심적인 요소로 기능했다.[12] 또한 이러한 초정부간 네트워크는 개별 국가의 규제기관의 전문성과 역량을 강화하는데 기여하였고 개별 규제기관들은 초정부간 네트워크의 영향력을 강화하는 기반이 되었다. 이러한 제도적, 조직적 요소들은 유럽이 국제 개인정보보호 관련 거버넌스의 형태와 방향에 큰 영향을 미치는 요인으로 작용했다. 이런 배경에서 1998년 이후 본격화된 미국과의 개인정보보호 협상에서 유럽의 포괄적 법제와 범유럽적인 초정부간 네트워크가 큰 역할을 하게 된 것은 아주 자연스런 일이라고 할 수 있다. 또한 PI(Privacy International)와 같은 프라이버시 옹호 국제 NGO들도 EU에 가세하여 미국에 압력을 가하였다(유석진 · 장우영 2005: 105).

유럽에서 1995년 개인정보보호를 위한 EU 지침이 채택되면서 시장 자율규제와 부문별 입법을 채택하고 있는 미국의 정부와 기업들은 유럽과의 규제

12 브뤼셀에 사무국을 두고 있으며 EU 집행위원회의 예산 지원을 받는다. 개별 국가들의 규제기관들이 주요 멤버이나 EU 집행위원회의 관련 대표와 유럽 개인정보보호 감독관(2004년 이후)이 참여한다. 유럽 개인정보보호 감독관제는 2004년에 설립되었는데 EU 집행위원회, 유럽각료이사회(Council of EU), 유럽의회 내 개인정보보호 업무를 모니터링하였다. 이 기관들은 기구 내에 관련 규제담당 관리를 두어야 했다. Newman(2008), pp.94-96 참조.

제도의 조화와 조정을 위한 협상의 필요성을 느꼈다.[13] 정보경제의 발전으로 대서양 양안 사이에 유통되는 데이터의 규모가 급격히 증대하고 있었던 것이다. 미국과 유럽은 여러 분야에서 깊은 상호의존성을 보이고 있었지만 미국에 대해 안보적, 경제적, 기술적 의존도가 상대적으로 높았던 유럽으로서도 유럽의 포괄적인 규제제도를 미국에 대해 고집하기 어려웠다. EU는 EU 지침에도 불구하고 미국 정부가 기업들의 개인정보보호 이행절차를 확인하고 감독함으로써 EU 지침에서 규정하고 있는 개인정보보호의 적실성의 원칙을 지킬 수 있다는 점을 들어 미국과 타협함으로써 2000년 7월 세이프 하버 협정이 체결되었다.[14] 세이프 하버 협정이 체결된 초창기에는 참여하는 미국 기업의 수가 많지 않았으나 2007년에 이르러서는 1,000여개로 늘어났다(Newman 2008: 111-112).[15]

어렵게 출범한 세이프 하버 협정 자체도 대서양 양안 국가들간 정책 수렴의 결과이라기보다 일종의 정치적 타협의 성격을 지녔다(Long and Quek 2002; Kobrin 2004). 세이프 하버 협정은 국제적 조약이나 협약이 아닌 미국과 EU간 합의안이라는 '국지적 규범'으로 기능하였으므로 안정된 정치적, 제도적 기반을 가지지 못했다고 볼 수 있다(유석진 · 장우영 2005: 106-107). 이 협정의 이행과 처리를 둘러싼 정치적 긴장은 계속될 소지가 많았다. 유럽과 미국의 개인정보보호 체제는 세 가지 측면에서 서로 다르다. 우선, 미국에서는 개인으로 '식별된(identified)' 정보를 개인정보로 보고 유럽에서는 '식별할 수 있는(identifiable information)'데이터를 개인정보로 본다(Schwartz and Solove 2014; 강정수 2015). 예를 들면 개인이 구글에서 검색한 기록은 유럽에서는 개인정보로 간주되지만 미국에서는 개인정보로 간주되지 않는다. 유럽에서는 개인정보의 범위가 훨씬 더 넓게 정의되고 있는 것이다. 사실 빅데이터와 분석기술의 눈부신 발전을 고려하면 개인으로 식별되지 않은 원

13 개인정보보호 보호 모델은 포괄적 입법, 부문별 입법, 시장 자율규제, 프라이버시강화 기술 조치 등 네 가지가 있다. 각 국가들은 이 모델들을 혼합해서 적용한다. Long and Quek(2002), p.330.

14 여기에서는 자세히 언급하지 않지만 세이프 하버 협정의 협상과정에 대해서는 Long and Quek(2002), Farrell(2003), Kobrin(2004), 조화순(2006), 그리고 Newman(2008) 참조.

15 2015년 10월 미국 기업의 수는 4,400여개로 알려져 있다. 강정수(2015) 참조.

재료 데이터(raw data)도 결합해서 분석하기에 따라서 개인을 식별할 수 있는 정보로 변환될 수 있다.

또한 개인 사용자의 권리와 관련해서 유럽에서는 프라이버시 보호 혹은 개인정보보호는 인권과 같은 시민의 기본적 권리로 인식되지만 미국에서는 소비자 보호 권리로 인식된다. 개인정보보호의 이념적 기반이 매우 다른 것이다.[16] 유럽에서는 개인정보가 공공적 가치, 경제적 가치와 함께 사회적 가치를 포함하고 있는 것으로 인식되고 있지만 미국에서는 공공적 가치와 경제적 가치의 연장선상에서 이해되고 있다고 볼 수 있다.

이러한 차이는 제도적인 차원에서도 나타나고 있다. 유럽에서는 개인정보보호의 법적 기반이 확고한 타율규제 내지 정부규제 제도를 취하는 반면 미국에서는 기업에 의한 자율규제 제도를 채택하고 있다. 이로 인해 법집행도 유럽에서는 보다 엄격하게 이루어지지만 미국에서는 느슨하게 이루어지고 있다고 평가되고 있다. 요약하면 유럽의 개인정보보호는 포괄적 규칙의 형태를 띠는 반면 미국은 제한적 규칙의 형태를 띠고 있다.

더구나 이 협정은 2000년대에 들어 국제안보상황의 급격한 변화로 앞날이 순탄하지 못하고 시작부터 큰 장애에 직면했다. 2001년 9.11 사태 직후 미국 정부는 국제 테러와의 전쟁을 위해 즉시 '미국 애국법'(US Patriot Act)을 제정하여 개인정보의 수집과 활용을 위한 감시활동을 강화했다. 국토안보부의 설립과 함께 위상과 권한이 강화된 미국 NSA는 프리즘 프로그램을 통해 국내외에 걸쳐서 테러활동에 대해 전방위적인 데이터 감시활동을 전개했다. 미국에 대해 성전을 선언하고 미국의 심장부인 뉴욕시의 세계무역센터 빌딩을 상상하지 못한 방법으로 파괴한 국제적인 테러집단들은 인터넷을 매개로 네트워크화된 조직으로 활동했다. 테러와의 전쟁은 미국 국가에게는 사활적인 국가안보 이익으로 인식되었다. 테러활동을 예측하고 예방하기 위한 감청과 정보 감시는 "새롭고 치열한 생명력을 얻었다." 또한 9.11과 같은 충격이 재발되지 않기 위해서 우선 필요한 것은 "일어나고 있는 모든 일을 파악하는 것이었다." 이러한 국가안보적 맥락에서 미국 NSA는 "세계 전체를 감시하게

16 Farrell(2003)은 이러한 이념적 차이를 강조한다.

되었다"(슈나이어 2016: 105-106). 이러한 사태 변화는 개인정보보호 문제를 더욱 복잡하게 하고 정치경제적으로 중요하게 만든 계기가 되었다. 미국과 유럽 양안간 개인정보보호를 둘러싼 갈등이 새로운 차원에 이르게 된 것이다.

2001년 9.11 사태 이후 테러 방지가 미국에게 가장 우선적인 국가안보이익으로 인식되면서 탈냉전 이후 상대화되었던 국가안보 이슈가 새롭게 재인식되는 국제적 안보환경이 조성되었다. 유럽도 국제 테러의 안전지대로 간주될 수 없었지만 국가안보 위험인식에서 거의 절대화된 미국의 인식 수준에는 훨씬 못 미쳤고 또한 강력한 EU 개인정보보호 지침의 시행이 본격화되었으므로 새로운 안보환경에서 대서양 양안의 두 강대국은 더욱 복잡해진 새로운 상호의존관계에 놓이게 되었다. 두 가지 대표적인 사례를 통해 이러한 상호의존관계 하에서의 협력과 갈등을 조명하고자 한다. 하나는 국제 금융정보에 대한 접근과 공유에 관한 것이고 다른 하나는 유럽인의 항공기 탑승기록에 대한 미국 정보기관의 접근과 활용에 관한 사례이다. 금융정보와 항공기 탑승기록은 미국의 입장에서는 테러집단의 활동을 밝혀내는데 가장 핵심적인 정보에 해당된다.

SWIFT(Society for Worldwide Interbank Financial Telecommuniation)는 유럽지역에 본부를 두고 있는 국제 금융통신정보를 온라인으로 서비스하는 시장 조직이다. 이 조직의 금융정보를 활용하여 테러집단의 금융거래정보를 추적하는 미국 재무부의 TFTP(Terrorist Financing Tracking Program)의 시행을 둘러싸고 2006년 미국과 EU간에 갈등이 불거져 나왔다. SWIFT의 개인정보 처리에 관한 EU의 조사에 의하면 미국 정부가 1995년 EU 개인정보보호 지침을 침해하였다는 것이다(Vaile 2014).[17] 미국과 EU는 2001년 9.11 사태이후 테러활동을 탐지하기 위한 목적에서 감시정보를 공유하는 것을 제도화하기 위해 노력했으나 이러한 노력들이 다른 한편 개인정보보호 제도와 충돌하는 것을 피하는데 어려움을 보인 것이다. 유럽의 안보

17 SWIFT는 벨기에에 본부를 두고 있는 민간조직으로 2005년 기준 8,000여개 은행들이 가입하고 있으며 하루 1,200만개 금융거래 메시지를 처리한다. 미국 재무부는 이 조직으로부터 금융거래 정보 데이터베이스를 넘겨받은 것으로 알려져 있다.

관련 관료들은 유럽판 TFTP를 만들어 미국 정보기관과의 공조를 제도화하려 했지만 개인정보보호를 중시하는 유럽의회의 반대를 극복하는데 어려움이 있었다. 유럽의회는 미국과 유럽이 감시정보를 공유하는데 있어서 안보적 관심과 프라이버시 보호간의 균형에서 안보적 관심의 중시 쪽으로 균형이 변화하는데 대해 우려하고 있었던 것이다. 유럽판 TFTP의 설립을 통해 미국과 EU가 감시정보의 공유를 제도화하는 데는 어려움이 있었지만 미국 재무부가 SWIFT의 금융정보에 접근하고 활용하는 일을 계속했고 이것은 많은 면에서 세이프 하버 협정을 침해하는 결과를 낳았다(Farrell and Newman 2014: 10-14).

유럽의 입장에서는 국제 테러활동의 예방과 방지를 위해 미국과 감시정보를 공유하는 것을 피할 수 없었으나 다른 한편 미국의 이러한 감시활동이 유럽의 개인정보보호제도와 충돌할 수 있는 여지는 계속 남아있게 되었다. 처음부터 정치적 타협의 성격을 지니고 있었던 세이프 하버 협정의 불안정성이 테러와의 전쟁이라는 새로운 국제적인 맥락에서 그 기반이 더욱 취약해지고 있었다고 볼 수 있는 것이다.

개인정보보호 이슈와 감시정보의 공유를 둘러싸고 전개된 미국과 유럽간의 갈등관계의 역동적인 전개의 또 하나의 사례는 미국 지역으로 운행하는 유럽 등 외국 항공사들의 항공기 탑승기록(Passenger Name Record)에 대한 미국 정보기관의 접근 문제를 둘러싼 대서양 양안의 갈등과 협력에 관한 것이다(Newman 2008: 132-140). 물론 이것 또한 2001년 9.11 사태이후 강화된 미국의 국가안보를 위한 데이터 감시활동과 밀접한 관계를 가지고 있다.

미국 정부는 2001년 테러집단이 미국 영토에 들어오는 것을 저지하기 위해 이들을 식별하고 추적하기 위해 여러 가지 제도를 만들고 시행했는데 그 중의 하나가 2001년 제정된 항공교통보안법(Aviation and Transportation Security Act of 2001)이다. 이 법을 통해 미국 정부는 유럽 등 외국 정부에 대해 필요한 경우 미국 세관국이 미국으로 운행하는 항공사들의 항공탑승기록 데이터베이스에 온라인 접근을 할 수 있도록 요구했다.[18] 만약 항공사들이

18 이 기록에는 탑승객 개인별 주문 식사 메뉴, 신용카드 번호, 전 항공탑승정보 등 민감한 정보들이 들어 있어서 테러 활동의 감시에 매우 중요하다. Newman(2008), pp.132-133.

불응할 경우 승객당 수천 달러의 벌금을 부과하고 착륙 제한도 할 수 있다고 알렸다.

유럽 항공사들이 EU 개인정보보호 지침의 준수와 미국 정부의 보안 요건 이행 사이에서 어려움에 처할 수 있다는 점을 우려한 EU 집행위원회는 미국 세관국과 협상에 들어갔다. 협상의 결과로 2003년 2월 양쪽은 공동성명을 발표했다. 이 공동성명에서 실질적인 협정을 맺기 전까지 미국은 민감한 정보의 교환과 데이터에 접근하는 기관의 범위를 제한하겠다고 말했다. 유럽 집행위원회는 공동성명이 데이터 이전을 가능하게 할 정도로 충분하다고 인정했다. 그러나 유럽의회와 EU 여러 국가들의 규제당국은 공동성명을 강하게 비판했다. 또한 'EU 개인정보보호 지침'에 의거한 29조 작업반도 반대 대열에 합류했다.

협정을 체결하기 위한 추가 협상이 진행되면서 유럽사법재판소와 EU 개인정보보호 감독관도 협상에 관여하게 되었지만 협상의 당사자도 유럽에서는 유럽각료이사회(Council of EU)로 바뀌게 되었고 미국에서는 국토안보부가 나서게 되었다. 유럽각료이사회는 미국의 입장에 더 경도되어 있었고 안보적 관심을 프라이버시 보호 이슈보다 우선시 하는 입장을 보였다. 2007년 7월 최종 도달한 협정은 미국의 입장을 많이 반영하였다. 여러 미국 기관들이 데이터에 접근할 수 있게 되었고 데이터 보관기간도 늘어나서 7년으로 확대되었다. 프라이버시 옹호 그룹에 의하면 이 협정은 이전에 나온 초안들보다도 보호조치가 더 미흡했다. 미국은 협상과정에서 비자면제를 EU의 신규 가입 국가들로 확대하는 것을 지렛대로 활용하여 자국의 입장을 더 관철시킬 수 있었다. 그러나 유럽의회와 몇몇 국가들의 규제기관들, 29조 작업반과 EU 개인정보보호 감독관 등 개인정보보호제도에 관련된 조직과 행위자들은 협정에 대해서 여전히 비판적인 입장을 견지하였다.[19]

이와 같이 미국과 EU간의 정치경제적 관계에서 개인정보보호 이슈와 안보적 관심이 상호 충돌하는 일들이 많아지고 있었다. 이러한 상황에서 다른 한편 EU는 개인정보보호 정책을 보다 제도적으로 견고하게 하는 조치들

19 이러한 내용은 Newman(2008), pp.132-141을 참조함.

을 시행했다. EU는 미국의 안보이익을 위한 감시 활동에 대응하여 프라이버시 보호를 위한 법제도를 강화하였다. 2009년에 들어 EU는 프라이버시를 기본권의 하나로 규정하는 기본권 헌장을 제정하였고 개인정보보호 법제를 강화하였다. EU는 또 1995년의 'EU 개인정보보호 지침'의 한계를 넘어서 개인정보를 체계적이고 효과적으로 보호하고 개인들의 개인정보 자기결정권을 보장하기 위해 회원국이 별도의 국내법으로 규정할 필요없이, 모든 회원국에게 적용되는 공통규범으로서 법적 강제력을 가진 개인정보보호 일반규정(GDPR, General Data Protection Regulation)을 제정하기에 이르렀다.[20] 2012년에 논의가 시작되었는데 2016년 초에 마무리되어 2018년부터 시행에 들어간다. 개인정보의 국외이전에 관해서는 해당 조항이 보다 구체적으로 규정되고 개인정보 유출시 기업들에게 벌금을 부과하는 강제조항이 포함되었다.

개인정보보호 이슈와 감시정보의 공유문제를 둘러싼 미국과 EU간의 협력과 갈등이 여러 부문으로 확대되는 과정에서 2013년 6월에 발생한 스노든 폭로 사건은 대서양 양안의 개인정보보호 분쟁을 더욱 악화시키고 세이프 하버 협정의 근간을 흔드는 요인으로 작용했다. 스노든의 폭로로 미국은 국제테러에 대처한다는 명분으로 국내외에 걸쳐서 전방위적으로 감시활동을 전개했음이 드러났다. 여기에는 도청과 감청, 인터넷 감시 등이 포함되었다. 심지어 유럽의 정치지도자들까지도 도청의 대상이 되었다고 알려졌다.

스노든 폭로 사건은 무엇보다도 미국 정부의 입장을 매우 어렵게 만들었다. 미국 정부는 대서양 양안에서 압박을 받았다. 유럽에서는 프라이버시 보호를 옹호하는 시민사회의 목소리가 커졌고 EU와 유럽의 각 국가들은 미국 NSA의 광범위한 감시활동에 대해 크게 우려하였다. 미국에서 정보기술 대기업들은 미국 NSA에 개인정보를 제공한 것이 공공연히 드러남으로써 유럽에서 미국 기업들에 대한 신뢰와 평판이 크게 낮아지는 것을 무엇보다 우려했다. 미국 기업들에게는 이러한 사태 변화는 유럽에서의 사업모델이 더 이상

20 1995년 EU 개인정보보호 지침과 대비된다. 지침(Directives)과 규정(Regulation)은 EU의 입법 형태이나 지침은 개별 회원국에서 이행을 위한 입법이 요구되고 규정은 각 회원국에 즉시 적용이 가능하다. 이광현(2009), p.137 참조.

지속하능하지 않다는 것을 의미하는 것이다.

이러한 상황에서 오스트리아 프라이버시 옹호 활동가이자 법학도인 마크 슈렘즈(M. Shrems)는 스노든 폭로 사건이 일어나자 페이스북(Facebook)에 자신이 제공한 개인정보가 적절하게 보호되지 못했고 자신의 정보도 미국 정부의 감시의 대상이 되었다고 생각했다. 이런 연유로 그는 2013년 7월 세이프 하버 협정이 위법하다는 취지로 페이스북 유럽 지사가 소재하고 있는 아이랜드의 개인정보보호청(Irish Data Protection Commissioner)에 청원했다. 이것이 기각되자 마크 슈렘즈는 2013년 10월에 아일랜드 고등법원에 행정소송을 제기했는데 여러 과정을 거쳐 유럽사법재판소는 2015년 10월 6일 세이프 하버 협정이 무효라는 판결을 내렸다(이원태 외 2015: 76-82).

유럽연합 사법재판소는 미국의 개인정보 보호 수준을 이번 판결의 검토 대상으로 삼지 않았다. 사법재판소는 그 대신 세이프 하버 협정에 명시된 개인정보 보호 수준이 1995년 'EU 개인정보보호지침'의 보호수준을 충분히 고려하고 있지 않다고 평가하고 있으며, 이를 무효판결의 근거로 제시하고 있다. 다시 말해 세이프 하버 협정이 상위법인 유럽의 개인정보보호법과 충돌하기에 무효라는 것이다. 판결문에서 유럽연합 사법재판소는 미국 정부의 강제력 없이 미국 기업의 자율적인 약속만으로 개인정보 보호는 불가능하다고 보고 있고 나아가 미국 정부기관이 미국 국가안보를 근거로 제약 없이 유럽연합 시민의 개인정보에 접근해서는 안된다고 명시하고 있다. 에드워드 스노든의 폭로로 세상에 알려진 미국 NSA에 의한 무차별적인 감시가 세이프 하버 협정 무효 판결의 배경 중의 하나임이 간접적으로 드러난다(강정수 2015).

사실 미국과 EU는 스노든의 폭로 사건으로 세이프 하버 협정의 유지가 매우 어려워졌다는 것을 인식하고 2013년부터 세이프 하버 협정을 대체하는 새로운 개인정보 역외이전 체제를 만들기 위해 협상을 해왔다. 세이프 하버 협정이 붕괴된 후 얼마 되지 않아 대서양 양안간 데이터유통을 뒷받침하는 새로운 체제인 'Privacy Shield'의 구축에 잠정적으로 합의했다.

제4절

정보주권에 대한 함의

빅데이터 시대, 데이터 경제의 시대라고 운위될 정도로 개인정보에 관련된 데이터(personal data)는 개인적 차원을 넘어 집단적으로 정치적, 경제적, 사회문화적 의미를 가지게 되었다. 세계화와 정보화의 환경에서 국경을 넘나드는 개인정보의 보호와 활용을 위해 안정된 국제 거버넌스의 필요성이 커지고 있다. 그러나 미국과 EU간의 개인정보보호 분쟁이 보여주는 바와 같이 국제 거버넌스의 확립에는 많은 장애가 있다. 이것을 이익, 이념, 제도의 차원에서 검토하고 미국과 EU간의 분쟁이 정보주권의 이슈에 어떤 함의를 가지고 있는지 분석한다(Hay 2004).

우선 이익의 차원에서는 미국과 EU는 두 가지 차원에서 갈등관계를 노정해 왔다. 하나는 세계 디지털 경제의 주도권을 누가 장악하느냐를 둘러싸고 갈등과 협력을 보여 왔다. 이 문제에서 유럽은 미국에 대해서 방어적인 입장을 가지고 있다. 미국 기술 대기업들이 검색, 인터넷 상거래, SNS, 플랫폼 산업 등 인터넷서비스 분야에서 압도적인 우위를 차지하고 있다는 점에 대해 유럽의 정부와 기업들이 크게 우려해 왔던 것이다. 이에 대응해서 유럽 국가들은 '유럽 디지털 단일 시장 계획'을 만들어 범 유럽 차원에서 독자적으로 디지털 경제로의 전환을 의욕적으로 추진하고 있다(강정수 2015). 미국 오바마 대통령이 유럽의 개인정보보호체제를 '디지털 산업 보호주의'(Digital

Protectionism)라고 비판하는 것도 이러한 맥락과 관계가 있다. 또 다른 미국과 유럽간의 갈등은 국가안보 분야에서의 협력과 갈등에서 나타나고 있다. 1980년 말 탈냉전이후 공동의 적이 사라짐으로써 미국과 유럽간 안보동맹이 상당히 이완되었으나 2001년 9.11 이후 유럽은 미국의 테러와의 전쟁에 적극 동참하는 자세를 견지해 왔다. 2005년 SWIFT의 금융정보를 미국 NSA가 테러분자의 감시에 활용해온 사실이 불거진 것을 계기로 미국과 유럽간 안보협력 분야에서 균열이 일어나기 시작했다. 유럽은 유럽대로 개인정보보호 체제를 강화하는 방향으로 제도변화를 적극 모색하게 되었다. 미국 정보기관들의 감시활동이 미국 국내는 물론 국제적으로 확대되고 이러한 감시활동에 미국 정보기술 대기업들이 수집한 개인정보를 활용하게 됨에 따라 유럽의회나 시민사회 그룹의 반대 활동도 더 적극적인 형태를 띠었다. 세이프 하버 협정의 무효화의 계기를 만든 마크 슈렘즈의 프라이버시 옹호 활동이 이를 잘 말해준다.

다른 한편 테러와의 전쟁을 위한 미국 정부의 일방주의적 국내외 감시활동의 지속과 확대는 큰 경제적 비용을 수반하는데 문제가 있었다. 미국 정부는 자국 정보기술 대기업들의 디지털 경쟁우위와 유럽 디지털 경제의 미국의존을 이용해서 안보적 국가이익을 추구하는 것을 우선시 하였다. 그러나 심화된 상호의존관계를 이용해서 안보적 이익을 추구하는 것은 또한 큰 비용을 지불해야 하는 일이기도 했다. 유럽의 국가들과 EU 집행위원회는 안보적 목적을 위해 미국 정부와의 개인정보 공유에 대해 기본적으로 협력적 자세를 견지했으나 유럽의 시민사회나 프라이버시 규제기관, 사법부는 이러한 정책에 매우 비판적인 입장을 가지고 있었다. 또한 미국 기술기업들은 사업활동을 원활히 하기 위해서는 유럽 내에서 형성되고 있는 개인정보보호 강화 움직임을 의식하지 않을 수 없었던 것이다.

바로 여기에서 개인정보보호 국제 거버넌스의 이념적 차원이 개입된다. 정보주권에 대한 정부의 정책은 국가의 여러 부문에 걸쳐서 정당성을 확보해야 한다. 이러한 정당성의 확보에서 시민사회 영역의 인식이 중요한 기제로 작용한다. 유럽에서는 프라이버시 보호를 물질적 이익으로 보기보다는 사회적 규범가치로 인식하는 경향이 강하다. 이와는 달리 미국에서 개인정보보호를 소비자 권리의 보호로 보아서 개인정보를 경제적 가치로 인식한다. 그러나 유럽에서는 개인정보보호 이슈에서 사회적 가치와 같은 이념적 요소를 독립적인 요소로 보아 경제적 이익이나 국가안보적 이익에 환원되지 않은 것으로 인식하는 것이다. 다른 한편 이러한 이해는 정보에 대한 이론적 인식의 차이와 맞물려 있다고 볼 수 있다.

일반적으로 정보를 재산권이든, 경제적 자원이든, 아니면 국가안보적 도구이든 자원의 관점에서 이해하는 논의들이 일반적이다(배영 2014). 정보사회에서 개인정보는 이전에 생각하기 어려울 정도로 큰 경제적 가치를 가지게 되었을 뿐만 아니라 또한 개인정보는 국가안보와 정부 치안 활동에 필수적인 요소가 되고 있다. 그러나 정보사회에서 정보가 이러한 도구적 성격만을 가지는 것은 아니다. 정보에 관한 인식론적 논의에서도 이러한 점을 확인할 수 있다. A. 보그만(Borgman 1999)은 '문화적 정보'의 개념을 통해서 정보의 이념적 측면을 잘 보여준다. 정보주권의 유사 용어로 데이터주권, 기술주권, 문화주권 등이 사용되는 것을 보면 정보가 자원의 성격과 함께 문화적 이념의 성격을 포함하고 있는 것으로 인식할 필요가 있다(Maurer, et al. 2014; Kavanagh 2015). 이 논문에서는 개인정보보호를 둘러싼 국제적 갈등을 보다 입체적으로 분석하기 위해서는 정보를 문화적 이념의 차원에서 파악하는 것도 필요하다는 점을 주장한다. 사실 EU에서 프라이버시 권리를 기본권으로 간주하는 것은 정보를 자원과 이익으로 개념화하는 것을 넘어서는 문화적 인식에 바탕을 두고 있다고 볼 수 있다.

개인정보보호를 위한 국제 거버넌스 논의에서 이익갈등과 이념적 차이는 제도화에 반영된다. 개인정보보호 국제 거버넌스는 국가간 갈등, 국가와 기업간 이익갈등과 함께 이익과 이념의 길항관계를 반영한다. 시민사회의 영향력이 유럽에 비해 상대적으로 약하고 기업의 경제적 이익과 국가안보 이익이 우선시되는 미국에서는 개인정보보호는 국가의 문제영역으로 간주되지 않고 오히려 경제적 이익을 담지하는 시장 부문의 자율적인 문제영역으로 설정된다. 이러한 자율규제 제도에도 불구하고 국가안보 이익을 위해서 개인이나 기업들의 정보주권이 제한되지 않을 수 없고 대외적으로도 타국가의 정보주권의 침해가 불가피하게 일어나게 된다. 국경 안에 가둘 수 없는 네트워크화된 디지털경제에서는 개인정보의 생성과 활용 또한 국경을 넘는 글로벌한 범위로 이루어질 수밖에 없는 것이다. 개인정보보호의 국제적 제도화는 국가 내에서나 국제적으로 안정되고 일관된 구조를 가지기가 어렵다. 더구나 정보기술산업과 군사력에서 패권적 위상을 차지하고 있는 미국이 국가안보 이익의 실현을 위해서 개인정보에 대한 감시가 상당 수준 필요하다고 인식하고 또 네트워크화된 테러집단들의 위협에 직면한 유럽의 국가들도 유사한 방향으로 국가안보 이익을 고려한다는 점에서 경제적 이익, 안보 이익, 사회적 가치가 날카롭게 충돌하는 개인정보보호 이슈 영역에서 국제적 거버넌스의 제도적 안정성은 매우 지난한 과제라고 할 수 있다. 미국과 EU간 세이프 하버 협정의 형성과 변화를 보면 이러한 점을 잘 이해할 수 있다. 이러한 분석이 정보주권에 관한 논의에 어떤 함의를 가지는가?

첫째, 정보주권의 이슈를 근대 국제질서의 핵심적인 구성원리 중의 하나인 국가주권의 틀에서만 이해하기 어렵다는 점이다. 특히 정보주권은 다양하고 넓게 적용되는 개념인데 여기에서는 개인정보보호의 맥락에서 정보주권을 논의한다.[21] 개인정보보호 이슈에서 개인은 국가주권의 관점에서 국민의 정체성만을 가지는 것이 아니다. 세계화와 정보화의 환경에서 개인은 보다 복합적인 정체성을 보여준다. 미국과 EU 간 개인정보보호 분쟁의 맥락에서 보면 개인의 정체성은 여러 가지로 상정될 수 있다. 가장 일반적인 국민으로서 개인과 함께 EU 시민으로서 개인, 소비자로서 개인, 사이버공간의 맥락에서 네티즌으로서 개인, 글로벌 시민사회의 일원으로서 개인 등을 상정할 수 있다. 개인의 이러한 복합적인 정체성을 고려하면 개인정보보호에서 국가와 개인의 관계는 그리 간단하지 않다고 볼 수 있다(조화순 2015).

둘째, 개인정보보호를 위한 국가에 의한 정보주권의 확립은 이율배반적인 의미를 가질 수 있다. 정보주권은 국가가 외부의 감시로부터 데이터를 보호하고 시민들의 개인정보를 자국의 영토 내에 보관하는 노력과 정책의 견지에서 이해된다(Kavanagh 2015). 정보주권에서 국가 수준과 개인 수준의 주권은 상충되고 갈등관계에 놓이기도 한다. 개인정보가 보호받기도 하지만 자

21 국제커뮤니케이션 질서의 관점에서 정보주권을 넓게 이해하는 관점에 대해서는 김정해(2014) 참조.

국이나 다른 국가에 의해서 침해받기도 한다. 사실 기존의 정보주권 논의에서는 국가 수준과 개인 수준의 권리는 상호 수렴되고 보완적인 것으로 인식되어 왔다. 개인이나 기업 수준의 정보주권이 국가 수준의 정보주권에 의해서 강화된다는 인식을 보여 왔다(조소영 2014). 그러나 스노든의 대량감시의 폭로에서 드러난 것처럼, 미국과 유럽간에 세이프 하버 협정과 같은 제도적 보호 장치가 있었음에도 불구하고 개인정보의 침해에 대한 의구심이나 개인정보보호의 효과에 대한 회의는 항상 큰 이슈가 되었던 것도 사실인 것이다.

예를 들어 미국 NSA의 감청과 데이터 감시로부터 시민들과 기업들의 데이터를 보호한다고 하면서 개별 국가들은 오히려 시민들에 대한 검열을 강화하고 감청을 쉽게 하려고 할지 모른다(The Economist 2015). 이러한 관찰은 단순한 우려에 그치지 않고 있다. 2013년 6월 스노든 폭로 사건이후 영국, 프랑스, 독일 등 유럽의 주요 국가들은 자체적으로 미국의 프리즘을 닮은 국제감시프로그램을 도입하였다. 영국 정부는 미국의 NSA와 유사한 조직인 정보통신본부(GCHQ: Government Communications Headquarters)를 운영하고 있다. 정보통신본부는 미국의 NSA와 협력관계를 유지하고 있다. 프랑스 상원은 2015년 10월 28일에 NSA와 GCHQ와 유사한 기능을 수행하는 정보기관을 설립하는 법안을 통과시켰다. 이어서 10월 28일 프랑스 상원은 정보기관이 국제간 데이터 흐름을 감시할 수 있는 법안을 통과시켰다. 2015년 1월 7일 프랑스 파리에서 일어난 사를리 에브도(Charlie Hebdo) 테러 사건의 영향 때문이다. 2001년 9.11 테러가 미국에서 애국법을 낳은 것과 같은 흐름이다. 독일 연방의회 또한 유사한 법을 지난 10월 16일 통과시켰다. 이렇듯 영국, 프랑스, 독일 정부가 추진하고 있는 데이터 감시시스템은 유럽연합의회가 추진하는 개인정보보호 강화 흐름과 정면으로 충돌하고 있다(강정수 2015).

제5절

요약과 결론

개인, 시민사회, 국제적 테러와 범죄 네트워크, 초국적 기업, 정부 등 다양한 행위자들의 공식적, 비공식적 활동들이 인터넷, 모바일 통신과 SNS 공간에서 이루어짐으로써 데이터의 중요성이 매우 커졌다. 우선 글로벌 정보기술기업들에게는 데이터는 기업의 성장과 생존에 필수적인 요소가 되었으며 특히 2000년대 들어 네트워크화된 테러집단의 활동으로 개인정보의 분석은 국가안보 목적을 위해 사활적인 의미를 갖게 되었다. 이러한 환경에서 다른 한편 개인정보보호의 필요성과 중요성에 대한 사회의식이 제고되고 이를 위한 시민사회 단체들이 생겨나게 되었고 많은 국가들은 개인정보보호를 위한 규제제도를 운영하게 되었다. 또한 국가안보 이익과 경제적 이익의 추구가 글로벌한 인터넷 네트워크 공간에서 이루어지게 됨으로써 국가간 데이터 이전이 중요하게 되었다. 이러한 환경에서 데이터 교류가 가장 활발한 유럽과 미국 사이에 2000년 이후 데이터 이전의 합법화를 위한 세이프 하버 협정이 체결되고 변화를 겪게 되었다.

세이프 하버 협정의 형성과 붕괴에 미친 중요한 요인 중의 하나로 EU의 포괄적 개인정보보호 제도를 지적하였다. 미국의 제한적 프라이버시 보호제도와 대조되는 EU의 포괄적 개인정보보호 제도의 역사는 매우 깊다. 유럽에서는 1970년대에서는 개별 국가 수준에서 개인정보 보호제도들이 만들어졌지만 1980년대 이후에는 보다 국제적인 차원에서 제도 형성의 노력이 이루어졌고 1990년대에는 보다 강력한 EU 개인정보보호 지침이 제정되었다. 이에 더해 2015년을 전후하여 모든 회원국에게 적용되는 공통규범으로서 법적 강제력을 가진 개인정보보호 일반규정(GDPR, General Data Protection Regulation)을 제정하기에 이르렀다. 이러한 제도변화의 결과 유럽의 독특한 포괄적 개인정보보호 제도가 형성된 것이다. 이러한 포괄적 개인정보보호 제도에 따라 유럽에서는 개별 국가별로 개인정보보호기관이 운영되고 있을 뿐만 아니라 EU 수준에서도 개인정보보호 기관이 설치되어 있다. 유럽에서는 이러한 제도와 조직을 기반으로 강력한 개인정보보호 관련 규제 역량(regulatory capacity)을 보유하게 되었다. 이러한 규제 역량은 개별국가나 EU 수준에서 개인정보보호 규제기관의 운영, 오랜 기간의 규제 정책의 시행을 통한 전문성의 축적, 그리고 규제기관간의 정부간 네트워크에 기반한 협력에 바탕을 두고 있다.

세이프 하버 협정의 변화에 미친 영향으로는 새로운 상호의존관계를 들 수 있다. 이것은 정보화와 세계화의 심화를 배경으로 전통적인 국가간 상호의존과 함께 사회부문의 상호의존관계(inter-societal interaction)도 나타나고 있는 움직임을 말한다. 세이프 하버 협정의 형성과 붕괴에 미친 중요한 요인 중의 하나로 대서양 양안에 걸쳐서 국가안보, 경제적 이익, 인권보호의 가치를 담지하는 국가, 초국적 기업, 시민사회, 개인정보 보호기관들이 얽혀져 있는 '새로운 상호의존관계'의 형성이 중요하다는 것이다. 금융거래 정보의 공유와 항공기 탑승기록(PNR)의 역외이전을 둘러싼 미국과 유럽간의 협력과 갈등에서 국가이익, 경제적 이익, 사회적 가치를 주장하는 초국적 행위자, 국가행위자, 국가하부행위자 간의 상호의존관계를 엿볼 수 있다.

이러한 분석을 배경으로 정보주권 이슈를 검토하였다. 정보주권은 무엇보다 국가-개인 관계에서 검토될 필요가 있다는 점을 지적했다. 미국과 EU간 개인정보보호 분쟁의 경우를 보면 개인의 정체성은 전통적인 국민의 정체성을 넘어서 복합적 정체성을 보여 줌을 알 수 있었다. 정보의 주체로서 개인은 소비자로서 정체성, EU 시민으로서 정체성, 인권담지자로서 보편적 정체성을 나타냄을 알 수 있었다. 이것은 개인정보보호 이슈에서 국가에 의한 정보주권의 강화가 이율배반적인 성격을 가지고 있음을 보여 주는 것이다. 특히 국가안보와 치안목적을 위한 데이터 감시가 일어나는 현실의 맥락에서 국가에 의한 정보주권의 확립이 의도하지 않은 부정적 효과로부터 자유롭지 않다는 것을 보여준다.

결론적으로 이 논문은 개인정보보호 이슈가 국내적 차원의 법제의 제정, 거버넌스 구축, 정책관리의 문제에 그치는 것이 아니라 국제적 협력과 갈등의 이슈로 이해할 필요가 있음을 지적하였다. 더 나아가 개인정보보호와 함께 국가에 의한 감시의 문제도 같이 다루어야 이 문제영역을 깊이 있게 이해할 수 있다는 점을 주장하였다.

참고문헌)

강정수. 2015. "세이프 하버 무효화의 의미,"Naver Letter (10월 30일). http://nter.naver.com (2016.2.21 접근)

김상배. 2014. 『아라크네의 국제정치학: 네트워크 세계정치이론의 도전』. 서울: 한울.

김정해. 2014. "미국 패권의 후퇴, 국제정보질서 그리고 국가이익: 중견국 한국의 정보주권 실현을 위한 이론적 탐색,"『언론과 사회』22(4), pp.54-94.

배영. 2014. "정보주권, 경계없는 공간과 경계 지워진 이용자에 대한 새로운 모색,"Naver Letter (11월 27일). http://nter.naver.com (2016.2.21 접근)

슈나이어, 브루스(이현주 역). 2016. 『당신은 데이터의 주인이 아니다』. 서울: 반비.

유석진 · 장우영. 2005. "국가간 개인정보 유통과 국제규범의 동학: EU형과 미국형의 갈등을 중심으로,"『국제지역연구』9(3), pp.79-118.

이광현. 2009. "개인정보보호를 위한 국제적 협력에 관한 연구,"고려대학교 대학원 법학과 박사학위논문 (12월).

이원태 외. 2015. 『개인정보보호 이슈의 지형변화와 국제규범의 형성 연구』. 방송통신융합연구 KCC-2015-22 (2015.11) 방송통신위원회.

조소영. 2014. "정보화시대에 있어서의 주권(SOVEREIGNTY)의 의미와 내용,"『언론과 법』13(2), pp.267-287.

조화순. 2005. "정보화시대 국가주권과 사이버공간의 세계정치,"『정보화정책』12(4), pp.114-130.

조화순. 2006. "사이버 공간의 글로벌 거버넌스: 개인정보 국외이전과 관련한 미국-EU의 갈등,"『국제정치논총』46(1), pp.165-181.

조화순. 2015. "네트워크 시대 정보주권과 국가의 역할 (주제발표),"국회입법조사처 · 한국연구재단 공동학술포럼, 빅데이터와 개인정보 보호와 정보주권 확립방안, 2015.11.5(목) 국회도서관 대강당.

하연섭. 2011. 『제도분석: 이론과 쟁점』(제2판). 서울: 다산출판사.

Ansell, Christopher K. and Steven Weber. 1999. "Organizing International Politics: Sovereignty and Open Systems," International Political Science Review 20(1), pp.73-93.

Bennett, Colin J. and Charles D. Raab. 2006. The Governance of Privacy: Policy Instruments in Global Perspective. Cambridge, MA: The MIT Press.

Borgman, Albert. 1999. Holding On to Reality: The Nature of Information ant the Turn of the Millennnium. Chicago and London: The University of Chicago Press.

Drezner, 2007. All Politics is Global: Explaining International Regulatory Regimes. Princeton, NJ: Princeton University Press.

The Economist. 2015. "Data and Privacy(1): Get off my cloud," (Oct. 10th), pp.55-56.

Farrell, Henry. 2003. "Constructing the International Foundations of E-Commerce: The EU-US Safe Harbor Arrangement," International Organizations 16, pp.277-306.

Farrell, Henry and Abraham Newman. 2016. "The Transatlantic Data War: Europe Fights Back Against the NSA," Foreign Affairs (Jan./Feb.)

Farrell, Henry and Abraham Newman. 2015. "Here's how Washington weaponized America's IT companies and why it backfired,"Washington Post, Dec. 16, 2015.

Farrell, Henry and Abraham Newman. 2014. "The New Politics of Interdependence: Cross-National Layering in Trans-Atlantic Regulatory Disputes," Comparative Political Studies 48(4), pp.497-526.

Hay, Colin. 2004. "Ideas, Interests and Institutions in the Comparative Political Economy of Great Transformations," Review of International Political Economy 11(1), pp.204-226.

Kavanagh, Camino. 2015. "Cybersecurity, Sovereignty, and U.S. Foreign Policy," The Journal of the National Committee on American Foreign Policy 37(2), pp.100-112.

Keohane, Robert O. and Joseph S. Nye. 1977. Power and Interdependence. Boston: Little, Brown.

Kobrin, Stephen. 2004. “Safe Harbours are Hard to Find: The Trans-Atlantic Data Privacy Disputes, Territorial Jurisdiction and Global Governance,” Review of International Studies 30, pp.111-131.

Long, William and Marc Pang Quek. 2002. “Personal Data Privacy Protection in an Age of Globalization: The US-EU Safe Harbor Compromise,” Journal of European Public Policy 9(3), pp.325-344.

Maurer, Tim et al. 2014. Technological Sovereignty: Missing the Point? An Analysis of European Proposals after June 5, 2013. (Nov.).

Newman, Abraham L. 2008. Protectors of Privacy: Regulating Personal Data in the Global Economy. Ithaca, NY: Cornell University Press.

Schwartz, Paul M. and Daniel J. Solove. 2014. “Defining “Personal Data” in the European Union and U.S.” Privacy and Security Law Report, The Bureau of National Affairs, Inc. (Sep. 25) http://www.bna.com (2016. 3.20 접근).

Scott, Mark. 2015. “Data Transfer Pact between U.S. and Europe Is Ruled Invalid,” New York Times (October 7).

Slaughter, Anne-Marie. 2004. A New World Order. Princeton: Prineceton Univ. Press.

Vaile, David. 2014. “The Cloud and Data Sovereignty after Snowden.” Australian Journal of Telecommunications and the Digital Economy 2(1) (March).

제8장

정부의 스마트사회정책

제 1 절

지능기술과 지능사회

최근 인공지능(Artificial Intelligence; AI)이 상용화되고 기존 사물인터넷(Internet of Things; IoT), 클라우드(Cloud Computing), Big data 등 정보통신기술(ICT)과 결합하면서, 우리 사회가 지금까지 경험해보지 못했던 새로운 경로로 나아가고 있다. 기술융합에 따른 초연결(Hyper-connectivity)과 초지능(super intelligence)이 가능해짐에 따라 기계학습, 딥러닝 등의 인공지능기술이 크게 진전되어 인간만이 독점하고 있던 높은 수준의 사고능력을 인류 역사상 최초로 사물도 구사할 수 있게 되는 등(황종성, 2016, p.4) 이른바 지능사회(또는 스마트사회)가 도래할 것으로 예측되고 있다.

지능사회에서는 기술, 산업 중심의 정보화를 넘어 교육, 고용, 복지 등 사회 전반에 걸친 새로운 사회적 수요와 정부의 역할이 요구될 것으로 전망되며, 정부는 조력자로서 공공과 민간의 영역에서 어떠한 역할을 해야 할지에 대한 깊은 고민이 필요한 상황이다. 그간 우리나라는 국가적인 정보화를 추진하여 세계 수준의 통신 물적 기반을 확보하고, 산업과 ICT의 결합을 통해 국가경쟁력을 키워왔다(관계부처합동, 2016, p.3). 이를 통해 이미 우리나라는 정보화라는 커다란 패러다임의 변화에 성공적으로 대응한 경험을 가지고 있다. 그러나 '지능화'라는 또 다른 변화의 물결 속에서 우리 정부는 어떠한 방향과 정책으로 대응해야 하는 것인지에 대한 논의가 필요하다. 지능사회에 대한 성공적이고 선제적인 대응은 그동안 경험하지 못했던 부가가치를 창출할 기회를 제공할 수 있으며, 지능사회가 몰고 올 노동대체, 소득과 부의 양극화 등의 부정적 영향을 최소화 할 수 있을 것이다.

이 글에서는 지능사회에 대한 전반적인 개관, 지능사회가 가져올 사회 변화, 이에 따른 정부의 정책과제 등에 대해서 논해보고자 한다. 이를 통해 정보화라는 패러다임에 성공적으로 대응했던 우리 정부가 다가오고 있는 지능화라는 새로운 패러다임에 대응하여 무엇을 준비해 나가야 할 것인지 확인할 수 있다.

지능기술이란 사물인터넷, 클라우드 등 초연결 기술을 바탕으로 수집된 빅데이터를 활용하여 실시간 최적의 의사결정을 하고 지시하는 기술로서 정보통신기술과 인공지능기술이 결합되었다고 본다. IoT 기술을 통해 모든 사물에서 데이터가 끊임없이 생성되고, 네트워크를 통해 실시간으로 전달되며, 클라우드(Cloud)를 통해 저장되고 빅데이터(Big data)化되어, 분석가능해지는 것이다(관계부처 합동, 2016. p.6). 이를 통해 지능기술은 다양한 분야에 활용될 수 있는 범용기술[1]이자 코어(Core)기술의 특성을 보유하며, 이러한 범용적인 기술혁신들이 서로 결합되면 로봇, 자율주행차, 스마트팜 등에서 획기적인 진보가 이루어질 것이고 사회 전반의 모든 산업에서 생산성 제고 및 새로운 제품 · 서비스의 등장이 지속될 수 있을 것이다(최계영, 2015. p.8).

관계부처 합동으로 발표한 "지능정보사회 중장기 종합대책(2016)"에 따르면, 지능정보사회란 '고도화된 정보통신기술 인프라를 통하여, 생성 · 수집 · 축적된 데이터와 인공지능(AI)이 결합한 지능기술이 경제 · 사회 · 삶 모든 분야에 활용됨으로써 새로운 가치가 창출되고 발전하는 사회'라고 정의하고 있다.[2] 고도화된 정보기술과 지능기술, 즉 초연결(Hyper-connectivity)와

1 범용기술이란, 다른 분야로 급속히 확산되고, 지속적인 성능개선이 가능하며, 혁신을 유발하여 경제 · 사회에 큰 파급효과를 미치는 기술을 의미한다.

2 관계부처합동 종합대책 보고서에서는 '지능정보사회', '지능정보기술'이란 용어를 사용하고 있는데, 아마도 정보사회와 기술기술의 연장 개념으로 이해하고 있다고 본다. 기계가 인간과 가축의 동력을 대체한 산업사회, 기계가 인간의 시청각을 대체하는 정보사회라고 본다면 지능사회는 인간의 두뇌를 대체한다는 점에서 지능사회로 볼 수 있다. 정보사회의 연장으로 보면서도 미래 사람

초지능(Super Intelligence)기술을 바탕으로 이전에는 가능하지 않았던 새로운 가치들이 창출되는 사회를 지능사회라고 할 수 있다. 예를 들어, 머신러닝, 딥러닝 등을 통한 인공지능기술을 바탕으로 스마트공장을 통해 생산비용을 절감할 수 있으며, 자율주행차와 스마트 교통체계를 통해 교통사고도 감소될 수 있으며, 스마트홈 더 나아가 스마트시티의 구현을 통해 시민들이 체감할 수 있는 생활의 편의성 향상은 물론 안정적이고 친환경적인 에너지수급이 가능해질 수 있는 것이다.

이 글에서는 초연결과 초지능 기술을 바탕으로 하여, 사물과 물적 기반(Infrastructure)이 스스로 가치를 창출하는 사회를 지능사회(Intelligence Society)라고 정의하며, 지능사회도 결국 IoT, Cloud, Big data 등의 첨단 정보통신기술과 인공지능(AI)기술이 결합된 지능기술에 기반하기에 스마트사회의 연장선상에 있다고도 볼 수 있다고 판단하여, 지능사회와 스마트사회(Smart Society)를 상호 호환되는 개념으로 이해하고자 한다.

과 사물이 스마트해지는 사회를 차별화된 개념으로서 지능사회라 명명한다.

제2절

지능기술이 불러올 변화

1. 산업구조의 변화

지능기술의 발달로 사회 전반에 걸친 변화는 크게 산업구조의 변화, 고용구조의 변화, 삶의 모습 변화 세 가지로 분류될 수 있겠다. 먼저 산업구조의 변화에 있어서는 데이터와 지식이 산업의 새로운 경쟁원천으로 부각될 수 있다. 지능기술에서는 대규모 데이터에 대한 머신러닝을 통해 알고리즘의 성능을 지속적으로 강화하므로, 데이터와 지식이 산업의 주요 경쟁원천일 수 있다. 따라서 스스로 데이터를 확보할 수 있는 생태계를 구축하고 이를 활용할 수 있는 알고리즘을 보유한 기업이 시장을 주도하고 많은 이윤을 창출할 것으로 기대된다. 실제로 2017년 4월 기준 전 세계 시가총액 10대 기업 중 6개가 플랫폼을 기반으로 하는 ICT기업(애플, 구글, MS, 아마존, 페이스북, 텐센트)로 이들 대부분이 지능기술에 적극적으로 투자하고 있는 것으로 확인된다.[3] 이처럼 머신러닝 및 자동화에 따라 인간의 단순반복적인 업무를 대체하게 됨으로써 노동생산성 역시 크게 증가하여 전반적인 생산성 향상이 이루어질 것으로 보인다. 인공지능으로 자동화된 생산시스템은 기존의 높은 인건비 등으로 인해 오프쇼어링(Off-shoring)[4] 정책을 펴왔던 선진국들의 인건비 문

3 https://ycharts.com/companies/AAPL/market_cap

4 오프쇼어링(Off-shoring): 기업이 생산비 절감 등을 위해 생산기지를 외국으로 옮기는 현상

제를 해결해 줄 수 있게 되었다. 이에 일부 선진국들에서는 제조기반을 다시 선진국 시장으로 이동하는 현상이 발생하고 있다. 이미 미국에서는 최근 몇 년 전부터 리쇼어링(re-shoring)[5] 정책을 추진하기 시작하였으며, 이는 자국 일자리 창출에는 직접 기여하지 못하더라도, 연관 산업들을 파생시켜 관련 산업에 긍정적 효과를 창출할 것으로 기대되고 있다(김윤정 외, 2016, p.58).

산업의 경쟁방식도 플랫폼 및 생태계 경쟁 중심으로 변화할 것으로 예상된다. 산업군에서는 보다 많은 사용자들이 플랫폼 기반의 생태계에 참여하도록 유도하여 데이터를 지속적으로 생성 및 활용하는 구조를 형성하는 것을 추구하고자 할 것이다. 또한 이러한 플랫폼을 바탕으로 ICT기업들은 자사 플랫폼을 바탕으로 다양한 제품 및 서비스 분야로 사업의 영역을 확장하여 이종 산업으로 침투하는 등 점차 영역을 확장할 것이다. 일례로 거대 플랫폼기업인 구글은 무인자동차 시장에 진입하려고 하고 있으며, IoT플랫폼을 바탕으로 가전, 온도조절시스템 등 스마트홈 시장에까지 나서고 있는 상황이다. 이처럼 적용가능한 플랫폼을 먼저 구축한 기업들은 학습을 통해 성능이 지속적으로 발전할 수 있는 지능기술을 접목하여, 시장에 먼저 진출하여 생태계를 구축하려 할 것이다. 이 과정에서 기업들의 승자독식 플랫폼 경쟁이 이루어질 것으로 예측되고 있다(관계부처합동, 2016, pp.10-11).

2. 고용구조의 변화

제조업과 정보통신기술(ICT)이 융합되면서, 오프라인 산업 현장에 일어나는 혁신으로 인해 일자리의 변화가 예상된다(조선비즈, 2017.1.25.).[6] 또한 인공지능으로 인한 자동화로 업무대체현상이 일어나게 되면 일자리에도 많은 변화가 일어날 것으로 예측되고 있다. 일자리의 양적 측면에 있어서는 자동화로 인하여 대체되는 일자리가 확대됨과 동시에 지능기술의 보급으로 인한 신산업분야의 일자리가 발생할 것으로 예측된다. 세계경제포럼(WEF)이 발표

5 리쇼어링(re-shoring): 국외로 나간 기업이 다시 자국으로 돌아오는 현상

6 http://thestory.chosun.com/site/data/html_dir/2017/01/25/2017012502015.html

한 "2015-2020년 고용전망"에 따르면, 5년 동안 사라지는 일자리는 약 714만 개 이며, 새롭게 생겨나는 일자리는 약 200만개로서 전체적으로 5년간 약 514만 여개의 일자리가 감소될 것으로 전망되고 있다.

특히 단순 반복적 업무나 매뉴얼에 기반한 업무의 상당부분은 대체될 것으로 예측되며(Oxford, 2013; The Washington Post, 2015), 근로자의 역할은 자동화로 대체되기 어려운 창의적 · 감성적 업무분야로 집중되면서 해당 분야의 인력에 대한 가치가 상승할 것으로 예상된다. 〈표 1〉은 김윤정 외(2016)의 자료에서 발췌한 연구기관별 미래 쇠퇴 직종 및 유망직종을 보여주는 표이다. 매뉴얼에 기반한 업무를 주로 담당하는 텔레마케터, 콜센터 상담원 등이나 노동 생산직, 운송업자 등이 고위험군으로 인식된다. 반면, 사람을 직접 돌보거나, 다른 사람들을 설득하고, 협상하는 등의 대면 중심 직종이나, 예술, 감성적 특성이 강한 분야 혹은 아이디어들을 종합하거나 창조적 사고방식을 필요로 하는 일들은 대체되기 어려울 것으로 예측된다. 미래 유망 일자리로는 〈표 8-1〉에서 알 수 있는 것처럼 데이터 사이언티스트, 로봇 개발자, 소프트웨어 개발자 등 지식집약적인 새로운 일자리가 유망할 것으로 예측되고 있다. 이에 따라 미래의 일자리는 고부가가치, 창의 직무를 중심으로 업무가 재편성 될 가능성이 높다(김윤정 외, 2016, pp.59-60).

또한 평생직장의 개념이 약화되고 탄력적 고용이 확대될 것으로 예상된다. 물류 · 제조 · 마케팅 등 기업의 기능이 플랫폼을 통해 산업 간에 경계 없이 적용됨에 따라 고용형태도 기능전문성 중심으로 전환이 확대될 것이다. 단기고용 형태가 증가하는 가운데, 숙련사무직의 경우에도 프로젝트 기반으로 지식노동을 제공하는 형태가 증가할 것으로 예측되고 있다. 공유경제 [7], O2O서비스[8] 등 플랫폼 기반의 서비스가 발전되면서 플랫폼종사자 등 비전

7 공유경제(Sharing economy): 재화의 가치는 소유할 때보다 타인과 나눌 때 더 커진다는 아이디어를 바탕으로 하며, 대인간 신뢰(trust)가 중요시되는 개념이다. 성공적인 공유경제의 사례로는 airbnb와 UBER서비스 등이 있다.

8 O2O(Online to Offline Commerce): O2O거래는 오프라인에서 판매되는 서비스와 재화 등을 온라인에서 구매하는 상거래를 의미한다. 자신의 현재 위치 주변과 지역별 서비스 가능여부를 손쉽게 검색할 수 있는 스마트폰의 대중화를 통해 모바일기반의 O2O거래가 확산되고 있다. 사례로는 배달앱, 카카오택시 등이 있다.

표 8-1 10–20년 미래 쇠퇴 직종 및 유망 직종

발표 기관	쇠퇴 직종	유망 직종
Oxford(2013)	텔레마케터, 세무 대리인, 재봉사, 자료 입력원, 도서관리 정보원, 은행계좌 상담 및 개설 직원, 신용 분석가, 보험 감정사, 심판 및 기타 스포츠 관계자, 법률 비서, 출납원 등	치료사, 정비공/수리공/설치공, 사회복지사, 외과 의사, 전문의, 영양사, 안무가, 심리학자, 초등학교 교사, 관리자, 상담교사, 컴퓨터시스템분석가, 큐레이터, 운동 트레이너 등
The Washington Post(2015)	농업 분야 노동자, 우편 서비스 노동자, 재봉틀 사업자, 배전반 사업자, 데이터 입력 사무원 및 워드 프로세서 타이피스트	정보 보안 전문가, 빅 데이터 분석, 인공지능 및 로봇 공학 전문가, 모바일 장치용 프로그램 개발자, 웹 개발자, DB 관리자, 비즈니스/시스템 분석가, 윤리학자, 엔지니어, 회계사, 변호사, 금융 컨설턴트, 프로젝트 매니저, 전문의, 간호사, 물리 치료사, 수의사, 심리학자, 교사, 영업 담당자와 건설 노동자 (특히 벽돌공과 목수) 등

*출처: 김윤정 외 (2016). 인공지능 기술발전이 가져올 미래사회 변화.

형적 고용이 지속적으로 확대될 것으로 예측되고 있다(관계부처합동, 2016, p.12).

3. 삶의 변화

지능기술과 타 기술의 융합과 발전은 개인들의 삶에도 많은 영향을 미칠 것으로 예상된다. 첫째, 지능기술의 발전과 기술 융합은 각종 서비스의 비용을 감소시키고, 품질을 향상시켜 생활의 편의성이 증대될 것이다. 지능기술의 활용을 통해 질병의 진단과 치료의 정확도가 개선됨에 따라 의료비용이 절감되고, 의료 품질과 접근성이 향상될 것이다. IoT와 인공지능 기술이 융합되어 이를 통해 사람의 행태를 학습하거나 생활환경을 실시간으로 모니터링 하게 된다면 보다 쾌적하고 편리한 환경으로 개선되어 삶의 질이 향상 될 수 있을 것이다. 또한, 인간의 언어를 기계가 이해하도록 하는 자연어처리 기술이

발달될수록, 인간이 필요한 지식을 보다 정확하고 빠르게 찾아낼 수 있게 될 것이다. 이와 같은 기술의 발달로 보다 많은 사람들에게 다양하고 방대한 지식에의 접근성을 제공하고, 이러한 지식들이 확장된다면 전반적인 삶의 질이 확장 될 수 있을 것이다. 마지막으로 지능기술의 발달로 자동번역 기술이 발달된다면, 국내외 서비스가 자유로워지며, 언어장벽으로 인한 각종의 불편함이 감소될 것이다. 예시로, 2014년 구글에 인수된 Quest Visual의 Word Lens 서비스는 카메라에 번역하고자 하는 텍스트를 비추면 실시간으로 원하는 언어로 번역해주는 서비스를 통해서 여행자들의 언어장벽을 없애주고, 여행의 편의를 제공할 수 있게 될 것이다(김윤정 외, 2016, p.62).

둘째, 지능기술의 발전과 융합은 기존시스템을 보완하여 안전한 생활환경을 조성할 수 있을 것이다. 경계 · 감시 및 위험 임무 수행에 무인시스템(드론, 로봇 등)을 도입하여 전방위적인 경계망을 구축하고, 빅데이터를 적극 활용하여 정교한 범죄예측 모델을 구성하여, 치안서비스를 강화할 수 있을 것이다. 또한, 교통정보의 실시간 공유와 교통흐름에 대한 지능적 제어를 통해 교통 혼잡이 줄어들고 교통사고가 예방될 것이다. 자율주행자동차에 탑재되

그림 8-1 Quest Visual의 Word Lens 서비스 예시

출처: http://www.idownloadblog.com/2014/05/16/googol-buys-word-lens/

는 인공지능 또한 기술이 발달할수록 실용화 가능 수준에 근접하고 있으며, 향후 운전자의 안전성과 편의성을 확보해줄 것으로 기대되고 있다(관계부처합동, 2016, p.13).

셋째, 생활 전반에 걸친 맞춤형 서비스 제공이 확대될 것이다. 자신의 수준에 맞는 맞춤형 학습이 보편화되고 새로운 질 높은 교육콘텐트들이 광범위하게 공유되어 이전보다 학원 및 과외 등을 통한 사교육 부담이 줄어들 가능성이 있다. 또한, 지능기술의 발전으로 노인 · 장애인 · 아동 등 전통적인 취약계층 및 빈곤계층에 대한 복지사각지대에 대한 발굴과 예측이 보다 정교화될 수 있을 것이다. 뿐만 아니라, 인공지능 도우미 로봇 기술 등이 발전하여 다가올 초고령사회에 노인들에 대한 돌봄 수요를 인공지능 도우미 로봇을 통해 대응할 수 있고 이를 통해 증가하는 복지업무의 인력문제를 해결해줄 가능성을 엿볼 수 있다(관계부처합동, 2016, p.13).

그러나, 지능기술의 발전과 기술의 융합이 삶의 편의성 제공, 맞춤형 서비스 등의 편익을 가져다주는 만큼 다가올 위험도 분명 존재한다. 승자독식 구조로 인한 소득과 부의 양극화가 심화될 것이며, 새로운 지능기술이 기존의 법과 제도에서 제대로 수용되지 못하고 관련 분쟁이 증가할 가능성이 존재한다. 예를 들어, 자율주행차 주행 중 사전에 프로그램 되지 않은 갑작스러운 상황이 발생하여 인명 혹은 재산피해가 발생했을 때, 이를 누구의 책임으로 볼 것인가의 문제가 발생할 수도 있다. 또한, 자율주행기술이 탑재된 차량이 많아질 경우 해당 차량들과 자율주행기술이 탑재되지 않은 자동차 간에 주행 수준에 있어 역차별이 발생할 가능성도 존재한다. 또한, 수집되는 정보의 양이 확대됨에 따라서 사생활 침해가 우려된다. 지능기술이 다양한 기기와 결합되어, 개인의 일상생활의 분석과 예측이 가능해지며, 이러한 정보가 다른 공적 주체나 사적 주체에게 남용될 경우, 감시 및 통제 등의 문제가 발생하여 인간의 기본권에까지도 악영향을 끼칠 수 있다. 마지막으로 국가 근간을 이루고 있는 전력, 교통 등 지능서비스 망이 해킹 혹은 오작동이 발생했을 시에 국가 전체가 큰 위기에 빠질 수 있다는 점도 명심해야 한다(관계부처합동, 2016, p.13).

제3절

지능사회의 정책 과제

지능화라는 새로운 패러다임의 변화, 예측 불가능한 미래는 우리가 상상할 수 없는 여러 위험들을 내포하고 있지만, 이에 대한 선제적이고 효과적 대응은 오히려 대한민국의 새로운 기회로 다가올 수 있다. 그렇다면 곧 다가올 지능사회의 다양한 현안들을 해결하고, 우리 사회의 미래를 효과적으로 대응하기 위해 차기 정부의 정책과제를 살펴보고자 한다. 정책과제는 관계부처합동(2016)의 "지능정보사회 중장기 종합대책"과 한국정보화진흥원(2017)이 발간한 "4차 산업혁명과 지능정보사회의 정책과제 100선"에서 발표한 정책과제를 중심으로 살펴보고자 한다.

1. 경제, 산업, 고용부문 정책과제

(1) 데이터 관리시스템 구축과 데이터 유통활용 촉진

데이터의 융합과 연결은 지능사회의 핵심이고 이를 지탱하는 근간이라 할 수 있다. 인공지능 역시 데이터에 기반하므로 활용할 수 있는 데이터의 양과 데이터 품질을 제고하기 위한 체계적인 데이터관리 시스템을 구축하는 것이 필수적이다. 국가데이터 관리체계를 확립하여, 기계가 학습할 수 있는 대규모 데이터 기반 구축이 필요하다. 정부가 보유하고 있는 공공데이터는 기계학습이 가능한 오픈 포맷으로 전환, 개방하여야 하며 공공기관이 보유하고 있는 보우 데이터 또한 발굴 및 개방이 확대되어야 한다. 특히 민간활용도가 높은 의료 · 특허 · 언어 등의 데이터를 정부의 지원을 통해 머신러닝이 가능한 데이터셋(data set)으로 구축하고 적극적으로 제공해야 한다. 또한 IoT와 친환경적 인프라를 바탕으로 하는 스마트시티가 실현된다면, 스마트시티에서 생산된 IoT 기반 센서 데이터를 체계적으로 축적하고 활용하기 위해 민간과 공공부문의 데이터 플랫폼과 연계하는 방안도 마련되어야 한다. 이 외에도, 데이터 보유기업과 데이터 분석기업을 매칭 지원하고, 공공 및 민간의 데이터 현황을 알려주는 데이터맵 구축, 데이터 소재 파악과 중개를 지원하는 서비스 제공 등에 대해서도 고려해볼 수 있다. 또한 데이터 유형별 유통과 활용을 촉진해야 한다. 개인정보, 비식별정보, 일반정보 등의 데이터가 프라이버시 침해없이 안전하게 유통되고 활용될 수 있도록 데이터의 유형별로 차별화된 전략이 추진되어야 할 것이다(관계부처합동, 2016, p.34).

(2) 기초과학 · 원천기술 · 응용기술에 대한 전략적 투자

새로운 지능산업의 기반이 되는 기초과학과 원천연구를 활발히 진행하여 지능기술의 기반을 확보하여 세계시장에서 선도적 위치를 점해야 한다. 이를 위해, 기초과학, 원천기술, 응용기술 연구에 대한 적극적이고 전략적인 투자가 필요하다.

우선, 뇌과학과 산업수학 등의 기초과학은 지능기술의 이론적 기초를 제공한다는 점에서 장기적 관점의 투자가 필요하다. 이를 위해, 뇌과학 연구기관(한국뇌연구원, KIST 뇌과학연구소 등)과 대학에 대한 지원을 확대하고, 대학 내 연구소들이 자율적이고 안정적인 연구를 추진할 수 있도록 지원이 필요하다(관계부처합동, 2016, p.37).

원천기술에 있어서는 기술의 성숙도, 국내의 기술수준 등을 고려하여 인공지능 · 하드웨어 · 데이터활용기술, IoT 등 분야별 기술개발 목표를 차별화하는 것이 필요하다. 기술격차 극복이 필요한 분야(언어 · 시각지능, 지능형 반도체, 초고성능 컴퓨팅 등)는 R&D 로드맵을 수립하여 명확한 연구의 목표와 추진방향을 구체적으로 제시하는 것이 필요할 것이다(관계부처합동,

2016, p.37).

응용기술에 있어서는 국방 · 치안 · 복지 · 문화 등 공공분야에 선도적으로 적용가능한 서비스 기술(국방경계시스템, 노인돌봄로봇, 맞춤형 문화 바우처 기술 등)의 개발을 통하여 민간의 혁신적인 응용기술 개발을 촉진해야 할 것이다. 또한 응용기술분야에 있어서는 목표지향 · 도전적 문제해결 중심의 연구를 촉진하도록 독창성 중심으로 R&D 기획과 평가 체제를 전환하는 것이 바람직할 것이다(관계부처합동, 2016, p.37).

(3) 공유경제 기반의 플랫폼 구축지원 및 성공사례 확산

기존의 방식대로 제품을 판매하며 서비스가 덧붙여지는 경우에서부터, 제품이 플랫폼화 되어 서비스가 주력 비즈니스가 되는 모델까지 산업구조는 매우 유연하게 변화하고 있다(이은민, 2016, p.1). 예시로 세계에서 가장 큰 숙박업체인 에어비앤비[9]가 소유한 부동산이 없다는 사실은 디지털플랫폼의 비즈니스가 기존의 비즈니스와는 완전히 다른 형태임을 알 수 있다. 뿐만 아니라, 쏘카(SOCAR), 우버(UBER)서비스 등도 대표적인 공유경제(Sharing economy)에 기반한 성공적인 디지털플랫폼 구축사례로 평가받고 있다. 공유경제 기반 플랫폼 서비스 사례는 이미 전 세계적 현상이나, 국내에서는 그 성공사례가 드문 편이다(서울경제, 2016.8.17.). 이에 새로운 비즈니스 혁신 및 공유경제 모델을 확산하여, 국내의 스타트업도 에어비앤비(Airbnb)와 우버(Uber)와 같이 파괴적 혁신을 통한 높은 부가가치 창출을 할 수 있도록[10] 정책적 지원이 필요하다(한국정보화진흥원, 2017, p.53).

(4) 고용형태 다변화 및 부문 간 일자리 이동지원을 위한 대응

지능사회에서는 이미 현재에도 나타나고 있는 비전형적 근로형태가 더욱 확산될 것이다. 온라인기반의 플랫폼 기반 공유경제, O2O 서비스에 의한 플

---

9 에어비앤비(Airbnb)는 재화의 가치는 소유할 때 보다 타인과 나눌 때 더 커진다는 공유경제(Sharing economy)개념에 기반하고 있다. 남는 방을 여행자들에게 빌려주는 아이디어를 바탕으로 온라인 플랫폼을 통해 숙박예약을 중개하고, 수수료를 받고 있다. 2008년에 시작하였고, 6년만에 기업가치는 11조원 규모로 성장하고 있다.

10 글로벌 컨설팅 기관인 PwC는 디지털플랫폼을 활용하는 공유경제가 2025년까지 연평균 29.5% 성장할 것으로 예측하였다(KT경제경영연구소, 2016).

랫폼 노동과 같은 비전형적 근로형태가 증가하여 근무방식의 다양화가 이루어질 것이다. 그러나, 현재의 노동법은 표준적인 고용관계에 따른 노동자를 보호하는데에 중점을 두고 있기 때문에 노동의 시간적 · 공간적 유연성이 높아진 현 노동법제는 그 적용상 한계를 나타낼 수 밖에 없다(한국법제연구원, 2016). 따라서 다양해진 근로 및 고용형태에 대한 변화에 대응하기 위하여 특수형태근로종사자 등 다양한 고용형태를 포괄할 수 있는 근로자의 개념 정의 등의 새로운 근로기준 법제 마련 검토가 필요하다. 또한, 이러한 비전형적 근로자들에 있어서 고용 · 산재보험 적용의 사각지대에 놓이지 않도록 보험적용대상을 특수형태근로종사자 등으로 확대시켜야 할 것이다(관계부처합동, 2016, p.52).

자동화에 따른 일자리 대체현상이 심화되고, 기술 융합이 더욱 빨라진다면 근로자들의 일자리 이동이 더욱 빈번해질 것이며 근로자들의 실직 · 전직에 대한 두려움은 높아질 것이다. 이에 정부는 부문간 일자리 이동지원을 위하여 근로자들에게 맞춤형 고용지원서비스를 제공해야 할 것이다. 고용정보 보험 등을 이용하여, 취업정보 · 훈련정보 · 지원금 등 개인별 맞춤형 서비스를 제공해야 한다. 구직자의 다양한 욕구에 맞춘 신속한 일자리 이동 지원을 위하여, 중앙-지방-민간의 일자리 관련 정보를 유기적으로 연계하여 제공하는 고용정보플랫폼을 구축해야 할 것이다. 또한 전직자를 대상으로 일자리 창출 잠재력이 풍부한 신산업 분야인 빅데이터, 인공지능, 가상현실 등에 대해 창업 및 창직에 대한 훈련을 제공하는 것이 바람직할 것이다(관계부처합동, 2016, p.52).

2. 교육, 문화부문 정책과제

(1) 지능기술을 활용한 맞춤형 교육체제의 실시

지능사회에서는 고도화된 지능기술을 활용하여 학생의 학습이력과 수준을 분석할 수 있을 것이다. 이를 통해 학습자의 학습효과를 극대화할 수 있는 맞춤형 학습(Adaptive Learning)체제를 구축할 수 있으며, 학습자의 학습활동

데이터를 분석하여 흥미와 수준에 맞는 학습활동 처방과 학습개선을 지원할 수 있는 지능형 학습 플랫폼 개발이 요구될 것이다. 또한 종이 위주의 교과서가 아닌 실감형 콘텐트를 활용한 디지털 교과서 개발과 맞춤형 학습자료 검색이 가능한 교육콘텐트 정보플랫폼 구축이 요구된다. 뿐만 아니라, 실제 이러한 교육프로그램을 현장에서 수행하는 교원의 지속적인 SW 지도역량 강화를 위해 교원들에 대한 SW연수프로그램을 실시하여야 할 것이다(관계부처합동, 2016, p.50).

(2) 지능형 학교 인프라 구축

앞서 논의한 맞춤형 교육플랫폼, 실감형 콘텐트를 활용한 디지털 교과서의 활용 등을 위해서는 학생들이 실제 생활하는 학교 환경의 전면적인 스마트화가 요구된다. 이를 위해서는 전 학교의 무선인터넷망 설치가 확보되어야 하며, 스마트 기기 등의 보급도 필요하다. 또한, 새로운 체험(VR/AR)등을 바탕으로 하는 실감형 콘텐트를 학습공간에서 구현하기 위하여, 학내에 ICT융합 스튜디오와 같은 최첨단의 지능형 교육인프라가 필요하다(한국정보화진흥원, 2017, p.30).

(3) 관광객의 ICT 편의성 개선

국내의 무료 와이파이의 경우에는 대다수가 관리되지 못하고 있으며, 경쟁적으로 확대 제공만 되었을 뿐, 실제 외국인이 사용하기에 불편하거나 불가능한 경우가 많다. 또한 국내 휴대전화번호가 있어야 무료 와이파이 사용이 가능하거나, 유료결제 시도시 결제페이지로 연결이 되지 않는 등 사용에 불편함이 많은 상황이다. 이에 여행자들이 여행 중 쉽게 인터넷망에 접속하여, SNS 등을 통해 개인의 여행 경험을 쉽게 공유할 수 있도록 공공 와이파이와 같은 ICT 인프라 구축이 필요하다. 이를 통해, 외국 관광객의 경우 한국 여행 중 길찾기, 검색 등의 서비스를 원활하게 사용할 수 있도록 간접적으로 지원하고, 또한 이들이 SNS에 쉽게 접속하여 한국의 여러 관광경험을 공유할 수 있도록 하여야 할 것이다(한국정보화진흥원, 2017, p.81).

3. 도시, 공간, 행정부문 정책과제

(1) 지능기술을 활용한 행정 · 복지서비스 구현

지능기술 기반의 개인맞춤형 통합 행정서비스 제공으로 국민 개인별 요구에 기민하게 대응할 수 있는 지능형 행정서비스가 가능해질 것이다. 인공지능기술이 더욱 발전한다면, 인공지능이 민원을 자동 대응하는 지능형 민원시스템 구축이 가능하다. 예를 들어, AI기반 대화형 통합민원상담서비스 혹은 지능형 법률 · 세정 민원서비스 구축 등이 가능해질 것이다. 또한, 국민들의 행정서비스 이용내역, SNS 동향 등을 분석하여 기존의 행정서비스 개선과 신규서비스 개발에 활용할 수 있다. 뿐만 아니라, 국민 개인별 요구와 상황을 인지하여 필요한 서비스를 찾아 적시 제공하는 개인맞춤형 통합서비스 구축이 가능할 것이다. 이처럼, 지능기술의 발전은 행정서비스 고도화를 통해 국민들의 편의성을 증진시킬 수 있을 것이다. 또한, 정보연계 및 지능기술의 활용을 통하여 복지대상자를 자동으로 발굴하고, 효과적으로 관리하는 서비스 구현이 가능하다. 복지사각지대 발굴시스템을 확대하여 아동학대 및 고독사 예방 등에 활용하고 지능형 분석을 도입할 수 있을 것이다. 이를 통해 적은 인력으로 신속하게 취약계층 발굴이 가능하다. 또한, 소득 연계 및 복지대상자의 이력관리로 기초생활보장 등 수급가능한 복지서비스를 자동으로 판정하고 제공하는 지능형 복지관리서비스를 구축하여, 국민들에 대한 대응성을 높이고 서비스 제공의 효율성도 제고할 수 있다(관계부처합동, 2016, p.41).

지능기술은 행정 · 복지 서비스 측면 뿐 아니라 복지재정의 건전성을 유지하는 데에도 활용될 수 있다. 사회보장정보시스템에 지능기술을 도입하고, 소득 · 재산정보 분석을 통한 수급자의 검증 강화로 예산의 누수를 방지하고, 행정부담을 경감시킬 수 있다(관계부처합동, 2016, p.54).

(2) 지능기술을 활용한 교통 · 유통 · 도시 인프라 구현

지능기술을 차량 등 이동체와 교통 인프라에 투입시키게 되면, 모든 차량과 교통 인프라가 연계될 것이다. 이를 통해 실시간으로 최적 신호체계를 구성하고 맞춤형 교통정보를 제공하는 지능형 교통체계 구현이 가능하다. 이를 위해 공공 ITS 기반 교통 빅데이터와 스마트카의 GPS, 센서 등을 연계하여 실시간, 고정밀 교통 정보수집 기술을 개발하는 것이 필요하며, 도시 교통정체를 유발하는 주요 요인(사고, 노변 주정차 등)에 대한 실시간 파악을 바탕으로 차량을 분산시키고, 교통정체 개선 시스템을 구축하는 것이 요구된다. 이를 통해, 실제 국민들이 직접적으로 체감하는 지능행정 수준을 높이고, 과도하게 교통량이 밀집되어 발생하는 도시 교통과 대기오염 문제를 해결할 수 있다는 측면에서 반드시 필요한 정책과제라 할 수 있다. 유통과 물류에 있어서는 드론배송서비스, 빅데이터 활용 물류시스템, 우편물류센터의 로봇 및 자동화 등을 통해 유통과 물류서비스의 비용을 절감하고, 신속성을 제고할 수 있다. 도시 인프라 측면에서 공공과 민간이 보유한 각종의 도시데이터와 지능기술을 접목하여 교통-물류-에너지 등 도시자원을 최적으로 관리하는 스마트시티 플랫폼 구축이 필요하다. 최적의 에너지 관리를 통해 지속가능한 친환경 도시를 구현할 수 있을 것이다(관계부처합동, 2016, p.42).

4. 보안역량의 강화

지능사회에서 치명적인 문제는 사이버 위협, AI 오작동 등 역기능 문제이다. 따라서 사이버 위협과 지능정보시스템의 오작동의 역기능을 효과적으로 차단하여 지능사회에서 나타날 수 있는 국민들과 사회의 불안감을 해소시키는 것이 필요하다.

(1) 지능형 자율 방어체계 구축 및 실현

보다 강화되고 있는 사이버 위협에 대응할 수 있는 지능형 자율 방어체계 실현이 필요하다. AI기반 제품(CCTV, 자율주행차, 로봇 등) 및 비정형데이터까지 사이버 위협정보 수집 대상을 확대하고, 이에 기반한 사이버보안센터 구축이 필요하다. 또한, 인공지능에 기반한 사이버 면역시스템 및 자가방어체계가 구축이 필요하다. 예를 들어, 사이버공격 발생시 AI가 스스로 핵심데이터를 은폐하고, 전송경로 변경 등을 통해 방어력을 높이는 자율 방어체계 구축이 요구된다(관계부처합동, 2016, p.58).

(2) 인공지능의 안전성 검증시스템 마련

인공지능의 안전성(safety) 검증시스템 마련이 필요하다. 특히 자동차, 의료기기 등 오작동시 시민들의 생명에 위협이 매우 크므로, 단순히 테스트베드의 제공을 넘어 효율적인 검증시스템 개발이 필요하다. 예를 들어, 자율주행차의 안전성 입증을 위해 가상시뮬레이터 등을 개발하여 효율적인 검증시스템 마련이 요구된다. (이성호, 2017, p.20).

(3) AI 사이버 침해대응 훈련시설 구축 및 보안전문가 양성

AI 관련 사이버 침해대응 훈련시설을 구축하고, AI 보안시스템 개발자와 관리자를 육성하는 것이 필요하다. 또한 사이버보안 국제 공동연구를 확대추진하여, 사이버위협 정보를 글로벌사회와 공유하고, 보안 위협에 대한 글로벌 대응공조체계 구축 노력이 필요하다(관계부처합동, 2016, p.59).

제4절

지능사회의 정책 추진기제

1. 인력양성

(1) 지능사회의 핵심인력 양성

지능사회라는 새로운 변화에 미래세대가 적용할 수 있게 전반적인 교과과정 개편이 요구된다. 초·중등 학생들의 소프트웨어와 STEAM[11]교육을 대폭 확대하고, 컴퓨터적 사고력과 문제해결 능력을 배양하는 교육이 실현되어야 한다. 초·중·고 전학년에 SW 교육을 실시하고, 이를 점진적으로 확대하는 방안을 추진하여야 한다. 지능사회에 등장할 새로운 서비스와 산업을 이끌어갈 전문인력을 양성하기 위해 지능사회 및 지능기술 핵심인력의 양성계획이 마련되어야 하고 SW 교육 전문기관 설치, SW 관련 교사 확보 등 세부적인 실천방안을 마련해야 한다(관계부처합동, 2016, p.50).

또한 STEAM 교육을 기반으로 컴퓨터과학, 데이터분석, 소프트웨어 개발 등에 능통한 지능영재를 조기에 발굴하고, 양성하는 방안을 고려해볼 수 있다. 구체적으로는 과학고·영재고 재학생을 대상으로 클라우드 기반 슈퍼컴퓨터 이용환경 및 응용 프로그램 개발교육을 제공하여 융합인재를 양성

11 STEAM은 Science, Technology, Engineering, Arts & Mathematics 의 약자로서, 융합인재 교육을 뜻한다(미국의 STEM 교육에 인문·예술(Arts)를 추가한 용어이다).

할 수 있을 것이다. 대학과 대학원에서는 최고의 전문가 교수진으로 구성된 산 · 학 · 연 합동 집중 교육과정을 개설하고, 관련 분야 석 · 박사과정 장학금 확대 등 지원을 통해 지능기술의 핵심전문인력을 양성해야 할 것이다. 또한 인공지능 등 지능기술영역의 국내 최고 수준 대학원을 선정하여 5년 동안 집중 지원을 하는 방안도 검토해볼 수 있을 것이다(관계부처합동, 2016, p.51).

2. 법제도 정비

(1) 국가지능사회기본법 제정

AI, 자율주행차 등 지능기술로 인한 사회적 변화가 시작되었지만, 이와 관련된 규범적 인프라도 부재할뿐더러, 추진체계 또한 부재한 상황이다(한국정보화진흥원, 2017, p.32). 이에 개인과 기업이 안전하고 활발하게 지능기술을 이용할 수 있도록 하며, 국가 · 사회 전반의 지능화의 방향을 제시하기 위해 「국가정보화기본법」을 「국가지능사회기본법」으로 개정하는 방안을 검토해볼 수 있겠다. 주요 내용으로는 자율적 판단 능력을 지닌 로봇 혹은 사물의 법적 지위를 검토하고 이에 대한 권리와 의무를 부여하는 등이 법체계 전반에 대한 정비가 필요하다. 또한, 지능정보화와 관련되는 법제를 개선하고 과제를 발굴하며, 각 부처 소관 법률 개정을 위한 "지능사회추진위원회"를 설치하여 운영하는 방안을 검토할 수 있다(관계부처합동, 2016, p.56).

(2) 네거티브 규제체계로의 전환

지능기술을 적극 활용하여 기존의 포지티브 규제(법규에 명시된 행위만 허가 · 승인 등을 통해 허용됨), 사전규제를 네거티브 규제(법규에 금지 또는 허가 · 승인 대상으로 명시되지 않은 행위는 허용됨), 사후 규제로의 전환이 필요하다. 예를 들어 사물인터넷 기술(센서네트워크 기술)로 핵심성과지표의 실시간 광역 감시역량을 강화하여, 기존 면허 기반의 진입규제를 평판(reputation)기반의 사후규제로 대체하는 방안이 검토될 수 있을 것이다. 또한 신산업의 발전을 촉진하기 위하여, 일정 규모 미만의 신사업은 규제대상에서 제외하여 시장의 새로운 시도를 장려하는 방안도 검토되어야 한다. 신산업 · 신기술에 있어서는 규제개혁특별법 및 규제프리존특별법 제정 등 규제완화 추진이 필요하다(이성호, 2017, p.17).

(3) 산업의 지능정보화 촉진을 위한 법제 정비

현행 손해배상책임 법령은 행위주체를 사람으로 한정하고 있어 자율주행차 등 인공지능에 의한 사고 발생 시 인공지능 소프트웨어 및 하드웨어의 제조사에 책임 부과가 어려운 상황이다. 이에 지능기술 결합에 따른 사고시 제조물책임법 상 제조사의 책임을 명확히 하고, 피해자 보상 강화를 위한 지능기술 특화보험을 신설하는 방안을 검토해볼 수 있다. 또한, 현행 법제도로 인한 지능기술 산업화 지연을 방지하기 위하여 임시허가제도를 강화하고, 규제샌드박스 도입 등 「정보통신융합법」의 전면 개정이 필요하다(관계부처합동, 2016 p.57).

(4) AI를 위한 데이터 수집 및 기술 개발시 윤리관련법 제정

데이터 자가 학습을 통해 알고리즘을 고도화하는 지능정보시스템의 특성상, 데이터 및 알고리즘 개발자에게 반영된 여러 윤리적 이슈들은 부정적 결과를 초래할 가능성이 높다. 따라서, 데이터 및 AI 알고리즘에 사회적 편견[12] 등이 반영되지 않도록 알고리즘 개발 단계에서 지켜야할 기준과 절차 등을 연구하는 과정이 반드시 필요하다. 이를 바탕으로 개발자 및 이용자의 윤리의식을 반영한 지능기술 윤리헌장 제정이 추진될 수 있겠다(관계부처합동, 2016, p.56).

또한, 지능사회에서 발생할 수 있는 역기능을 예방하고, 이용자들을 지원하기 위하여 기술영향과 위험성 등을 상시 모니터링 · 연구하는 민관 합동 협의체를 설치하는 방안도 검토할 수 있겠다(관계부처합동, 2016, p.56).

(5) 지능사회가 가져올 사회변화의 선제적 대응을 위한 법제 준비

지능기술의 발전으로 사회 전반에서 일어나게 될 변화들에 대해 선제적 대응을 통하여 변화의 부정적 영향들을 최소화할 수 있을 것이다. 자동화 및 플랫

12 사회경제적 불평등, 인종 · 성별 · 민족 등에 대한 사회적 편견

폼 경제구조로 노동시장의 탄력성이 높아질 것으로 예상되며, 유연근무제 등 유연한 근무환경 조성을 위한 법적 근거 마련이 필요하다. 또한 비전형적 근로 등 다양한 고용형태를 포괄할 수 있도록 근로자의 개념을 새롭게 정립하고, 고용 · 산재 보험 적용을 확대하는 근로기준법 등을 개정하는 방안을 검토할 수 있다(관계부처합동, 2016, p.57).

3. 거버넌스: 정책 추진체계

수많은 정책과제들을 추진하기 위한 적절한 추진체계들을 마련한다. 전체적인 추진방향에 있어서는.정부는 지능사회에서 민간이 스스로 혁신하고, 가치를 창출할 수 있도록 지원하고 협력하는 역할을 수행해야 할 것이다. 기업은 혁신적 기술과 서비스를 제공하고 많은 기업들이 참여하는 건전한 생태계를 조성하도록 노력해야 할 것이다. 정부는 중앙 · 지방정부 뿐 아니라 입법부 및 사법부를 포함한 범국가적 참여를 활성화시킴과 동시에, 민간에 대한 파트너로서의 역할을 수행하고, 사회변화에 따른 정비된 사회안전망을 제공하는 등의 역할을 하여야 할 것이다. 전문가와 학계는 인재양성을 지원하고 정책방향을 지시하는 등의 역할을 수행할 수 있다. 국민들은 지능문해력(Intelligence Literacy) 제고에 적극 나서고 새로운 지능사회에 도래에 따른 각종의 변화들을 주시하며, 시민사회를 통해 지속적으로 정책과정에 참여하고 모니터링하는 역할을 수행해야 할 것이다(관계부처합동, 2016, p.62).

추진체계로서는 대통령 또는 국무총리 소속의 "지능사회추진위원회"를 구성하여, 지능사회에 대한 범국가적 공감대 형성과 사회적 합의를 위한 민 · 관협의체로 운영하여야 할 것이다. 중앙정부와 지방정부 대표 외에 시민사회단체, 기업, 전문가(학계) 등 민간위원이 다수이면서 의제를 주도하는 방식으로 위원회를 운영할 필요가 있다. 정부지원조직으로서는 대통령 또는 국무총리 소속의 "지능사회추진단"을 운영하여, 추진위원회가 기획한 "지능사회 중장기 종합계획"을 따라 연도별 구체적인 시행계획을 마련하고, 집행하고 평가하여야 할 것이다(관계부처합동, 2016, p.63). 또한 지능사회추진위원회는 기존 규제개혁위원회와 정부조직과 인사 개혁을 담당할 "정부개혁위원회"와 협력하고 합동 위원회 회의 또는 추진(점검, 평가)단을 구성하여 운영하여 실효적인 성과를 낼 수 있어야 한다.

참고문헌

관계부처 합동. (2016). 제4차 산업혁명에 대응한 지능정보사회 중장기 종합대책.

서울경제. (2016.817.) 공유경제 어디까지 와있나. 안재후 기자.
http://www.sedaily.com/NewsView/1L06EI9Q94

김윤정 · 유병은. (2016). 인공지능 기술발전이 가져올 미래 사회 변화. KISTEP R&D Inside and Insight 2월호.

이성호. (2017). 4차 산업혁명과 기술 · 산업 발전전략. KDI중장기전략 위원회 세미나 발표자료.

이은민. (2016). 4차 산업혁명과 산업구조의 변화. 정보통신방송정책, 28(15): 1-22.

조선비즈. (2017). 일자리 위협하는 4차 산업혁명, 내 직업은 괜찮을까. 2017.1.25.
http://thestory.chosun.com/site/data/html_dir/2017/01/25
/2017012502015.html

한국정보화진흥원. (2017). 4차 산업혁명과 지능정보사회의 정책과제 100선.

최계영. (2015). 인공지능: 파괴적 혁신과 인터넷 플랫폼의 진화. KISDIS Premium Report.

황종성. (2016). 지능사회의 패러다임 변화 전망과 정책적 함의. 정보화정책. 23(2): 3-18.

KT경제경영연구소. (2016). ICT로 도약하는 가치중심 공유경제. Issue&Trend.

Oxford. (2013). The future of employment: How susceptible are jobs to computerisation?

The Washington Post. (2015). In 10 years, your job might not exist. Here's how to make sure you're still employable.

제 9 장

전자정부 구현을 통한 정부혁신 방안 -정부 3.0 실패의 교훈-

* 이 글은 2016년 한국행정학회 동계학술대회에서 발표한 논문을 수정하여 보완한 것이다.

제 1 절

서론

1993년에 미국에서 전자정부라는 용어가 처음으로 등장한 이후에 세계 여러 나라들은 정보기술을 활용한 행정혁신을 추구하기 위하여 많은 노력을 기울여 왔다. 우리나라도 지난 20년간 전자정부의 구현을 위하여 다양한 사업들을 전개하여 왔다. 그 결과 세계 193개국을 대상으로 하는 UN 전자정부 평가에서 2010년, 2012년 및 2014년 연속하여 3번 세계1위를 달성하는 위업을 이루어내었다.

전자정부는 정보기술을 활용한 행정혁신이며 정부경쟁력을 강화시킬 수 있는 가장 강력한 수단이다. 지금 이 순간에도 세계 각국은 전자정부의 구현을 통한 정부혁신을 지속적으로 추진하여 정부경쟁력을 향상시키고 있다. 그러나 지난 10년간 우리나라 전자정부는 정책의 영속성을 얻지 못하고 방치되었다. 따라서 현재의 전자정부 시스템들은 지난 10년간 지속적인 예산 삭감을 통하여, 제대로 된 유지 보수가 이루어지지 못한 상태에서 급속하게 노후화되어서 정부혁신의 걸림돌로 작용할 가능성이 있다.

그동안 이명박정부는 전자정부 대신에 국가정보화를, 그리고 박근혜정부는 정부 3.0을 추진하면서 우리나라의 ICT 정부경쟁력을 퇴보시켰다. 이명박정부는 정보기술을 활용한 정부혁신의 전자정부를 단순히 전자정부 시스템 구축 사업으로 격하시켰다. 박근혜정부는 초기에는 전자정부가 정부 3.0과는

무관하다고 주장하다가, 후반에는 전자정부를 정부 3.0의 업적 포장을 위한 수단으로 전락시켰다.[1]

이 과정에서 2010년, 2012년 및 2014년의 UN전자정부 세계1위의 평가 결과를 자신들의 업적으로 미화하였다. 이러한 UN전자정부 세계1위의 업적은 지난 김대중정부 및 참여정부에서 추진된 전자정부 사업들의 성과에서 기인한 것이다. 즉 정책의 시차적 효과에 의한 산물일 뿐이다.[2]

전자정부는 정부혁신의 이념을 구현하는 것이다(안문석, 2016a). 그런데 지난 10년간 이명박정부와 박근혜정부는 전자정부의 구현이 아니라, 과거 정부가 구축해 놓은 전자정부 시스템을 유지 보수하는 수준에 머무르고 있다.

전자정부의 이념 구현은 고사하고 전자정부 시스템 구축과 관련해서도 지난 10년간 제대로 된 사업이 수행된 적이 없다. 일 예로, 참여정부 시절에 구축된 청와대 업무관리시스템인 e-지원(知園)시스템은 위민(爲民)시스템이라고 이름만 바뀌어서 그대로 활용되고 있다. 또한 우리나라 모든 중앙부처와 대다수 지방자치단체에서 활용하고 있는 업무관리시스템 역시도 참여정부 시절에 구축된 하모니시스템이 온나라로 이름만 바뀌어서 현재까지 활용되고 있다. 더 나아가 정부 3.0의 업적이라고 홍보되는 거주 이전 및 병원 출생신고 등 다양한 주민 맞춤형 서비스 모두 다 지난 김대중정부에서 구축되어 노무현정부에서 고도화사업으로 추진된 전자정부 대표 포털인 민원24(당시의 이름은 G4C)에 기반을 두고 있다.

박근혜정부는 정부 3.0 정책을 추진하면서 공공데이터의 개방을 통한 정보공개, 그리고 정부의 운영방식을 국가중심에서 국민중심으로 바꾸는 새로운 국정운영 패러다임이라고 홍보하여 왔다. 그러나 최근 국제기구인 열린정

1 필자는 20여년 전에 전자정부 전공으로 박사학위를 취득한 이후에 이 분야 하나 만을 연구하여 왔다. 그리고 이제까지 어떤 정당이나 어느 정치인의 캠프에서도 활동한 사실이 없음을 밝힌다.

2 필자는 2009년 정부로부터 연구 용역을 받아서 여러 교수들과 함께 UN의 전자정부 순위 제고 방안을 마련하였다. 그 내용은 참여정부가 수행했던 전자정부 31대 과제들 중에서 10개를 선별하여 그 사업의 성과를 영어로 번역하여 UN에 제출하는 것이었다. 이처럼 2009년 여름의 데이터를 기초로 UN은 우리나라 전자정부를 평가하여 세계1위로 자리매김 하였기 때문에, 전자정부 세계1위의 업적은 이명박정부에서 수행된 것이 아니라 노무현정부의 전자정부 사업 결과이다.

부 파트너십(OGP)의 보고서에 의하면 한국의 정보공개 수준 및 정부투명성은 낙제점을 기록하고 있다(주간동아, 2016년 2월 24일)

이처럼 이명박정부와 박근혜정부에서 추진된 비정상적인 ICT정책들로 인하여 전자정부 분야에서는 "잃어버린 10년"이 되었으며, 정부경쟁력은 지속적으로 하락하였다. 따라서 이제 다음 정부에서는 다시 근본으로 돌아가야 한다. 이것은 전자정부를 통하여 정보기술을 활용한 행정혁신으로 정부경쟁력을 향상시켜야 하는 것을 의미한다.

2013년 출범한 박근혜정부는 창조경제와 정부 3.0을 제시하였다. 하지만 지난 4년간 '잠재성장률 4%, 고용률 70%, 1인당 국민소득 4만 달러'달성을 목표로 제시한 '474공약'은 세 가지 지표 중 어떤 것 하나도 달성하지 못했다. 따라서 창조경제 정책은 실패하였다.

마찬가지로 개방, 공유, 소통, 협력을 통하여 투명한 정부, 서비스정부 및 유능한 정부를 구현하여 국민 모두가 행복한 대한민국을 만들겠다는 정부 3.0 정책도 실패하였다. 희대의 국정농단으로 인하여 대통령이 탄핵을 당하고, 국민들의 정부에 대한 신뢰가 바닥에 떨어진 이 시점에서 박근혜정부가 유능하고 투명한 정부였다고 주장할 사람은 없을 것이다. 개방, 공유, 소통 및 협업을 주장하는 박근혜정부의 정부 3.0은 소통이 아니라 불통이라는 것이 확인되었다.

박근혜정부에서 정부의 각종 위원회는 들러리에 불과했고, 회의는 제대로 이루어지지 못하였다. 정부의 각종 회의는 서로 의견을 내고 토론하는 것이 아니라 '받아쓰기 경연장'으로 변모하였다. 집권 세력의 대포폰 활용으로 정부 3.0의 가치라고 주장하던 개방과 공유는 퇴색하였다. 또한 박근혜정부는 정부 3.0의 가치를 홍보한다는 이름하에 전국의 대학교에 정부 3.0 특강을 주문하는 등 대학의 자율성을 침해하는 상황에 이르게 되었다.

하지만 현재 많은 학회들은 정부 3.0위원회로부터 후원을 받아서 '정부 3.0의 가치를 계승한다'는 이유로 여러 세미나를 진행하고 있다. 이것은 우리 학회들이 정부 3.0의 예산에 포획(Capture)되어 비판적인 관점을 상실한 것이다. 이제까지 우리는 동업자 정신에 입각해서 동료들에 대한 비판을 자제해 왔지만 이제 더 이상 이러한 실패가 반복되어서는 안된다.

이 글은 지난 10년간 이명박정부와 박근혜정부의 전자정부 정책이 얼마나 정치적인 수사(Political Rhetoric)에 의해서 왜곡되어서 추진되어 왔는지에 대한 기록이다.

제2절

이론적 배경 및 분석의 틀

전자정부에 대한 이론적 접근에서 가장 중요하게 다루어져야 할 부분은 개념 정의에 대한 것이다. 이와 함께 우리나라 전자정부의 출발과 추진 정책 및 성공요인에 대한 이해도 필요하다. 이 장에서는 전자정부의 출발 및 개념에 대하여 정리하고자 한다.

1. 전자정부의 출발 및 전개 과정

(1) 미국에서 전자정부의 시작

미국에서의 전자정부 개념은 1993년 클린턴 정부가 집권하면서 정부개혁과 정보화를 연계하여 정부를 과거와 다르게 변모시키고자 노력하는 과정에서 시작되었다(이하 정충식, 2015의 수정). 클린턴정부는 당시 고어 부통령이 주도하는 국가행정평가위원회(National Performance Review, 이하 NPR)를 중심으로 작고 효율적인 정부를 구현하기 위하여, 1993년에 정부재창조를 위한 전자정부 계획안을 발표하였다. 구체적으로 정보기술을 통한 리엔지니어링(Reengineering Through Information Technology) 이라는 보고서를 통해 전자정부 구현 및 지원체계 구축을 위한 13개 사업 및 49개 세부 실행계획을 제시하였다.

전자정부는 처음에는 은행이 고객에게 보다 편리한 서비스를 제공하기 위해 개발한 "전자은행서비스(Electronic Banking)"개념[3]에서 출발하여, 이후에 정부가 정부의 고객인 국민들에게 보다 편리한 정부서비스를 제공해야 한다는 차원에서 전자정부의 개념으로 변화하였다.

미국의 전자정부는 "정보기술을 이용하여 정부의 행정조직 · 업무 · 시스템을 효율적으로 개혁하여, 정부의 행정능률을 최고로 하며, 국민에 대한 정부의 각종 정보 및 행정서비스가, 언제, 어디서나, 어떤 방법으로든 국민에게 효과적으로 제공될 수 있도록 하는 정부"를 의미한다. 따라서 이러한 미국의 전자정부의 개념은 단순한 비용절감이나 정부 규모의 축소와 같은 외형적인 실현에 그치지 않고 국민의 만족도를 높이고 민주주의의 심화라는 보다 상위의 목표를 추구하는 정부개혁운동으로 확대되었다.

여기에서 중요한 사실 하나는 미국의 NPR정책은 단순한 통신망의 구축이나 정보기술의 도입이 아니라 행정부문의 리엔지니어링을 통한 행정개혁의 일환으로 추진되었다는 사실이다. 이것은 ① 리엔지니어링을 통한 관료제 간소화 ② 연방구매의 재창조 ③ 정보기술을 통한 리엔지니어링 ④ 정부 사이의 행정비용 감축 ⑤ 개별 행정기관의 예산 절감 등과 같은 당시 NPR의 다섯 가지 권고안에서도 알 수 있다. 따라서 이 당시 미국은 행정의 리엔지니어링을 통하여 '효율적이고 고객지향적인 전자정부'를 지향하였다.

미국의 경우에는 우리와는 달리 정권교체에도 불구하고 전자정부의 추진을 지속적으로 제도적으로 진행시키는 모습을 보여주었다. 미국의 전자정부 구현은 1993년 클린턴행정부 시절에 시작되어 8년간 지속적으로 추진되어 왔다. 이 당시에 클린턴 대통령은 부통령인 고어에게 환경과 정보화분야의 전권을 부여하였다. 따라서 대통령 자신은 국방, 외교 및 치안 등을 전담하고 전문가인 고어 부통령에게 전자정부와 관련한 모든 권한을 위임(Delegation)하였다. 클린턴 집권 8년 동안 고어부통령이 미국의 NPR을 이끌면서

3 전자정부(Electronic Government)는 전자은행서비스 "Electronic Banking"에서 처음 대두된 개념을 확장한 것이다. ATM, 플라스틱으로 된 접근 카드, 전국에 걸친 네트워크가 은행 업무 처리를 보다 편리하게 해 주었듯이, 전자정부도 정부와 고객 간의 의사소통을 보다 용이하고 신속하게 만들어 줄 것이다. 전자은행서비스에서와 마찬가지로, 전자정부에서도 프라이버시 및 보안 문제가 중요하게 다루어져야 한다(NPR, 1993).

지속적으로 전자정부 사업을 추진하였다.

이후 민주당에서 공화당으로 정권이 교체되었으나, 전자정부 추진의 정책기조는 바뀌지 않고 오히려 법의 제정으로 추진체계가 제도화되었다. 우선 부시행정부는 집권 초반에 전자정부의 확산(Expanding E-Government)을 부시행정부의 다섯 가지 '대통령의 핵심적 관리의제(the Presidential management agenda)'중 하나로 선정하였다(Executive Office of the President, 2002). 부시행정부는 '적극적이면서도 제한된(active, but limited)정부'를 표방하며 시민중심적(citizen-centered), 결과지향적(results-oriented), 그리고 시장경제에 바탕을 둔(market-based) 정부의 창조를 지향하였다.

따라서 미국의 경우, 정권교체에도 불구하고 전자정부의 구현은 미국 행정개혁의 큰 맥락 속에서 행정개혁의 수단으로 지속되었다. 특히 미국은 2002년 전자정부법을 제정하면서 관리예산처 산하에 전자정부국을 두어 책임과 권한 및 예산에 이르기까지 모든 부분을 법제화하였으며, 강력한 추진체계를 구성하였다.[4]

이어서 공화당에서 다시 민주당으로 정권이 교체되어, 2009년 1월에 집권한 오바마정부도 이전 정부보다 더욱 적극적인 IT 활용을 강조하며, 정부의 사활이 걸린 국가혁신의 충분조건으로써 국가정보화전략을 추진하고 있다. 오바마정부는 '열린정부'라는 새로운 국정운영방식을 도입하고, 국민/기업과의 소통과 참여, 협력으로 새로운 가치를 만들어 내는 보다 견고한 IT기반의 혁신전략을 추진하고 있다. 구체적으로는 투명성, 참여, 협업의 3대 구현원칙에 따른 추진전략과 서비스 모델 개발에 집중하고 있다.

결론적으로 지난 20년간 미국의 전자정부 추진은 정권 교체와 무관하게 대통령 의제(Presidential Agenda)로 지속되면서 대통령의 강력한 리더십하에서 추진되어 오고 있다.

---

4 미국의 전자정부 추진은 대통령 행정관리위원회(PMC : the President's Management Council), 관리예산처(OMB) 그리고 분야별 책임관리자와 운영위원회(steering committee)의 3단계 전자국정관리(E-Governance)의 구조을 갖추고 있다. 미국은 전자정부 구현의 가장 큰 걸림돌이 변화에 대한 조직의 저항이라는 것을 인식하고 행정부 최고위층의 적극적이고 지속적인 관심을 유도하기 위하여 대통령 행정관리위원회(PMC)를 최상위 조직으로 하고 있다(OMB, 2003).

(2) 우리나라 전자정부의 시작

1) 김영삼정부 - 초고속정보통신기반 정책의 추진

우리나라에서 정보화의 중요성이 강조되기 시작한 것은 김영삼정부 시절의 일이다. 물론 그 이전에도 행정전산화, 행정정보화 및 국가기간전산망의 구축 사업이 진행되었으나 종합적인 국가정보화 기본계획이 마련되어 추진된 것은 아니었다. 또한 체신부가 정보통신부로 변화하는 것이 이 시점이다(안문석, 1996). 그러나 김영삼정부의 정보화 정책은 집권 초반에는 별다른 모습을 보여주지 못하였다.

문민정부 이전의 시기, 군사정부의 시절에는 국가기간전산망 사업이 청와대 위주의 전산망조정위원회가 중심이 되어 그야말로 상명하복(上命下服)식의 정보화정책이 추진되었다. 그러나 김영삼정부 시절 초반에는 이전의 군사정부 시절과 달리 민주화의 욕구가 분출하던 시점이었으므로 중앙 통제식의 정보화 추진을 기대하기 힘든 시절이었다.

구체적으로 문민정부의 집권초반에는 하나회숙정, 공직자 재산등록, 금융실명제 실시 등 그야말로 총체적인 정부개혁이 진행되었으나 정보화는 국정의 우선순위로 부각되지 못하였다. 이어서 집권 후반기인 1996년 5월부터 청와대에서 "정보화추진확대보고회의"가 개최되었다. 그러나 이 시기는 개혁논리가 정치와 경제논리에 밀리면서 정보화의 추진이 총체적인 정부혁신과 결합되지 못하고, 정책추진의 탄력을 받기가 힘든 상황이 전개되었다.

김영삼정부는 정보화촉진기본법을 제정하여 정보화추진위원회를 구성하였음에도 불구하고, 청와대에서 대통령이 참석하는 정보화추진확대보고회의를 개최하여, 이를 기반으로 정보화정책을 추진하였다. 따라서 이때부터 정보화추진위원회가 제 기능을 발휘하지 못하였다. 이 시기에는 개별 부처나 조달, 특허, 관세 등 외청 단위의 정보화가 정보통신부의 기술 및 기금 지원에 힘입어 괄목할만한 성과를 거두었다. 이 단계에서는 인터넷이 충분하게 보급되지 않았기 때문에 제공되는 서비스들은 대부분 기관 내부의 단일 업무나 제한된 외부고객을 대상으로 하는 것이었다.

결론적으로 김영삼대통령이 정보화의 중요성을 인식하고 이를 정책 의

제화하여 추진했다고 보기는 힘들 것이다. 이 시기의 가장 큰 성과는 초고속 정보통신 기반정책이 수립되어 정보화의 기반을 다질 수 있게 된 것이다.

2) 김대중정부 - 집권 후반기에 전자정부 사업의 추진

이어서 등장한 국민의정부 역시도 마찬가지의 길을 걸어왔다. 1998년 2월 12일 대통령직 인수위원회는 국민의 정부 품질혁신을 위한 100대 국정과제를 발표하였다(대통령직 인수위원회, 1998). 이 가운데 중앙정부의 경쟁력강화 부문인 99번째 "정책실명제와 행정정보 공개확대로 열린정부 구현"을 위한 추진계획 네 가지 중 하나가 바로 전자정부의 구현이었다. 그러나 국민의정부는 '작지만 강력한 정부'의 구현을 표방하면서 경제위기를 극복하기 위해 4대 부문 개혁을 시도하였고, 첨단 정보기술을 활용한 전자정부를 행정개혁과 연계시키려는 시도를 하지 않았다. 이것은 문민정부의 정보화추진체계를 계승한 것에서도 잘 알 수 있다.

국민의정부 역시도 집권초반기에는 다양한 분야의 개혁에 전념하다가 집권후반기인 2001년 1월에 가서야 전자정부특별위원회를 구성하게 된다. 비록 출발은 늦었지만 2년간 한시적으로 일한 전자정부특별위원회는 청와대 비서실과 긴밀하게 업무협조 관계를 유지하면서 우리나라 전자정부의 기반을 완성한 것으로 평가받고 있다.

김대중정부는 집권 초반에 진행된 공공부문 구조조정, 기구통폐합, 인력감축 등을 통하여 하드웨어적인 정부개혁 추진하였다. 이어서 2001년부터는 일하는 방식과 프로세스 혁신, 대민서비스의 품질향상 등 소프트웨어적 정부개혁으로 전환하면서 전자정부를 정부혁신의 전략적 수단으로 선택하였다. 이에 따라서 전자정부특별위원회를 설치하고, 정부개혁을 총괄하는 기획예산처 정부개혁실이 전자정부 사업에 본격적으로 참여하였다.

그러므로 전자정부특별위원회는 차관급의 직위를 유지하면서 대통령의 강력한 권한부여(Empowerment)에 의거하여 종전에는 시도조차 하기 힘든 다 부처 관련 사업을 적극 추진하였다. 전자정부특별위원회는 민간위원장이 다 부처 사업을 추진하는 데 핵심요소인 행 · 재정 및 인적자원의 조달과 부처 간 조정을 위하여 정보통신부(정보화촉진기금 배정 및 정보기술 지원)와 기획예산처(정부혁신 및 예산배정) 및 행정자치부(조직개편 및 지방자치단체 관리권) 간의 실무협의를 원활하게 이끌면서 큰 힘을 발휘하였다. 따라서 전자정부특별위원회를 중심으로 하여 김대중 정부에서 우리나라 전자정부 정책이 대통령 의제로 격상되어 본격적으로 추진되었다(안문석, 2016a).

이처럼 전자정부의 추진이 성공을 거두게 된 것은 전자정부특별위원회가 당시 안문석 위원장을 중심으로 헌신적인 노력을 한 결과이지만, 결국 대통령이 전자정부의 중요성을 인식하고 수시로 이를 공개석상에서 피력하였기 때문에 가능하였다고 볼 수 있다.

3) 노무현정부 - 집권 초반기에 행정혁신의 일환으로 강력하게 추진

노무현 정부 이전에는 우리나라에서 정보화전략 및 전자정부의 구현은 집권 하반기에 추진되는 경향을 보여주었다. 이러한 배경에는 전자정부나 정보화를 기술지향적으로 이해하면서, 정보기술을 활용한 행정개혁으로 인식하지 못했기 때문이었다. 이와는 대조적으로 참여정부는 집권 초반부터 행정개혁과 연계시켜 강력하게 추진하는 다른 모습을 보여주었다.

노무현정부는 2003년 초반에 정부혁신지방분권위원회를 신설하여 여기에 전자정부전문위원회를 두어 전자정부의 추진을 행정혁신과 연계시키고자 하였다. 전자정부전문위원회는 대통령 의제인 전자정부 로드맵을 개발하고, 그 집행과정을 점검 및 평가하면서, 필요하다면 조정하는 기능을 수행하였다. 대통령비서실과의 연계부분은 김대중정부에서는 대통령비서실의 정책기획수석이 전담하였으나, 노무현정부에서는 신설된 대통령 정책실이 전자정부 로드맵의 쟁점과 진도를 관리하였다(김병섭, 2007).

또한 주요 쟁점이 되는 사항은 대통령이 참석하는 국정과제회의에서 직접 정리하였다. 따라서 국무총리가 위원장인 정보화추진위원회는 참여정부에서도 계속해서 형태만을 유지할 뿐, 전자정부 사업과 관련하여 큰 역할을 수행하지 못하였다. 이러한 전자정부 로드맵의 행정지원 및 집행기능은 2004년에 행정자치부로 일원화되었다. 2005년 4월 제2기 정부혁신지방분권위원회가 출범하면서, 전자정부 로드맵에 대하여 임기말까지 추진할 계획으로 전자정부전문위원회의 역할과 기능을 승계하면서 당연직 위원의 위상을 차관급으로 격상시킨 전자정부특별위원회가 신설되었다. 이 시기에 대통령 비서실도 정부혁신과 전자정부를 총괄하는 혁신관리수석실을 신설하였다.

그러나 이러한 새로운 체계는 부처 간에 발생한 이해관계를 조정하는데 한계를 드러내었다. 그 결과 2006년 1월 혁신관리수석실의 조정에 의해 전자정부특별위원회는 기능과 역할이 순수한 대통령 자문기능으로 전환되었고 전자정부 사업과 관련한 모든 집행기능이 행정자치부로 이관되었다.

결론적으로 참여정부에서 전자정부 구현이 큰 성공을 거두게 된 것은 제도적인 관점보다는 노무현대통령의 탁월한 식견에 기인한다고 볼 수 있다. 노무현대통령은 정보기술을 활용한 행정혁신을 국정의 지표로 설정하고 정부혁신지방분권위원회에서 강력하게 전자정부를 추진할 수 있도록 권한을 부여하였다. 따라서 31대 로드맵 과제를 통하여 일관되게 전자정부 사업들을 추진할 수 있었다.

2. 전자정부의 개념 정립

전자정부의 용어는 정보화 및 정보통신기술(ICT: Information & Communication Technology)정책 등과 함께 섞여서 사용되고 있기 때문에 일반인들에게 혼란이 가중되고 있다. 이러한 전자정부의 개념과 범위를 명확하게 정리하면 다음과 같다.

(1) 전자정부의 개념

전자정부의 개념은 다양하게 정의될 수 있으며, 아직까지도 연구하는 학자들 사이에서 합의가 이루어진 것은 없다. 따라서 우리나라 전자정부법[5]에 조문화되어 있는 개념을 먼저 살펴보면 다음과 같다.

2016년 현재의 전자정부법 제2조(정의)에서는 전자정부를 다음과 같이 정의하고 있다. “전자정부”란 정보기술을 활용하여 행정기관 및 공공기관(이하 “행정기관등”이라 한다)의 업무를 전자화하여 행정기관등의 상호간의 행

5 2001년 법률이 제정될 당시의 정식 명칭은 ‘전자정부구현을위한행정업무등의전자화촉진에관한법률’이었다. 이후 2006년 개정 시에 ‘전자정부법’으로 명칭이 변경되었다.

정업무 및 국민에 대한 행정업무를 효율적으로 수행하는 정부를 말한다. 이러한 전자정부법의 개념 정의는 2001년 법이 제정될 당시부터 행정기관 사무의 전자화에 초점을 두었다. 이후 여러 차례의 개정을 거치면서도 행정업무의 전자화 등으로 전자정부의 정의를 너무 좁게 규정해 놓았다는 비판을 받고 있다.

이러한 정의에서 추출해 낼 수 있는 전자정부의 주요 요소들로는 ①정보기술의 활용, ②행정업무의 전자화, ③행정업무의 효율적 수행 등이 있다. 비록 법률 조문에서는 전자정부가 폭넓게 정의되지는 못했지만, 법률 제정의 목적을 살펴보면 전자정부의 개념이 보다 확실해진다. 전자정부법의 제1조(목적)은 다음과 같이 조문화되어 있다.

제1조(목적) 이 법은 행정업무의 전자적 처리를 위한 기본원칙, 절차 및 추진방법 등을 규정함으로써 전자정부를 효율적으로 구현하고, 행정의 생산성, 투명성 및 민주성을 높여 국민의 삶의 질을 향상시키는 것을 목적으로 한다.

따라서 전자정부법의 목적은 크게 ①기본원칙, 절차 및 추진방법 규정 ②전자정부 구현 사업의 촉진 ③행정기관의 생산성, 투명성 및 민주성 향상 ④국민의 삶의 질 향상 등으로 구성되어 있다.[6]

(2) 전자정부의 범위

지난 30년간 대한민국의 국가정보화는 정보통신부와 미래창조과학부에 의해서 추진되어 오고 있다. 그리고 현재의 전자정부 민원행정서비스 기반 역시 초고속정보통신망의 구축에 의하여 실현될 수 있었다. 따라서 기술지향적인

---

6 2000년 봄에 전자정부법의 초안 제정에 참여했던 저자는 이 법의 제1조(목적)에서 크게 두 가지 용어 선택에 의미를 부여하고자 한다. 첫째는 구현이라는 단어의 사용이다. 법률 제정의 이전에는 전자정부를 구축한다는 용어가 일반적으로 사용되었다. 그 이유는 당시에 전자정부를 정보시스템 구축사업으로 파악하는 분위기가 지배적이었기 때문일 것이다. 이에 저자는 1990년대 중반부터 일관되게 전자정부의 구축이 아니라 구현이 적절한 표현이라고 주장하였고, 이것이 법안에 반영되었다. 둘째는 민주성이라는 용어의 사용이다. 1990년대 중반에는 초고속정보통신기반이 구축되거나 정부고속망이 완비되면 전자정부는 당연하게 완성되는 것으로 생각하였다. 따라서 전자정부의 구현이 행정기관의 민주성과 결부되어 국민의 삶의 질을 향상시킬 것이라는 점에 대다수의 공무원들은 동의하지 않았다. 그러나 이러한 점이 법률의 목적에 명기되어 전자정부 구현의 목적이 보다 분명하게 정의되었다

관점의 시각에서는 전자정부를 초고속정보통신기반의 연장선상에서 이해하던 시절이 있었다. 그러나 정부혁신의 관점에서 볼 때, 이제 전자정부의 구현은 정보통신망의 구축과는 무관하게 전개될 수밖에 없다. 따라서 이러한 두 가지의 시각이 상충되면서 국가정보화와 전자정부의 범위에 대한 부처 간의 갈등이 유발되어 왔다.

1) 과거 협의의 전자정부

과거에 정보통신부와 현재의 미래창조과학부는 국가정보화의 주무 부처로서 전자정부의 출발을 국가정보화에서 시작하면서 대상에 따른 구분을 시도하였다. 즉 정보화의 비전과 대상범위에 따라 (그림 9-1)과 같이 국가사회 정보화 > 전자정부화 > 행정정보화(협의)의 개념으로 구분이 가능하다고 보았다.

이러한 과거 정보통신부의 시각에 따르면 전자정부는 정부의 정보화를 의미하는 것으로서 넓은 의미의 국가사회 정보화에 포함되게 된다. 즉 행정정보화(협의)는 중앙행정기관 및 지방자치단체를 대상으로 공통 행정사무와 민원업무 처리를 효율화하고 민원서비스를 개선하기 위한 정보화를 의미한다.

따라서 이러한 행정정보화의 확장으로서의 전자정부는 정부(행정)의 생산성 및 투명성 제고, 국민참여 등 민주성 증진, 고객지향적 행정서비스 제고

그림 9-1 과거의 정보화 및 전자정부의 비전, 목표 및 대상 구분

비전 및 목표		대상
국가사회 정보화	• 국가 경쟁력 제고 (정부, 기업, 개인) • 개인 삶의 질 향상	• 정부, 기업, 개인 등 국가사회 모든 영역
전자정부화	• 정부 생산성, 투명성 제고 • 국민참여 확대로 민주성 증진 • 고객 지향적 정부서비스	• 입법, 사법, 행정을 포괄하는 전 정부영역 – 공통행정 영역 – 국정분야별 업무영역
행정 정보화	• 각 기관 공통업무의 효율화 • 민원 서비스 개선	• 중앙정부 공통행정 • 지자체 공통행정

를 목표로 입법 · 사법 · 행정 등 전체 정부를 정보화하는 것을 의미한다.

일반적으로 이러한 개념에 국한되어 진행되는 전자정부의 개념을 가리켜 협의의 전자정부라 할 수 있다. 협의의 전자정부는 궁극적으로 정부가 정보기술을 활용하여 국민들에게 전자적인 민원행정서비스를 제공하는 것으로 인식된다. 하지만 시장에 대한 정부의 개입이 축소되는 현 시점에서 이러한 영역 구분은 더 이상 적합하지 않은 상황이 되었으며, 이제 정부는 국가사회 정보화가 아니라 전자정부에 전념해야 할 시점이다.

2) 현재 광의의 전자정부

따라서 이제까지의 이러한 좁은 의미로서의 전자정부 보다는 다른 차원에서의 접근을 시도되어야 한다. 즉 전자정부는 행정정보화의 연장선상에서의 정보화가 아니라 행정개혁의 핵심수단으로서의 총체적 정부혁신을 의미하는 것이다. 현재 세계 여러 나라들은 정부 기능을 재정립하고 정부혁신의 수단으로 정보기술을 적극 도입 · 활용하는 추세이다. 이처럼 세계 각국은 정보화를 행정개혁의 핵심수단으로 인식하고, 전자정부를 적극 추진 중이며, 우리 정부 역시도 노무현정부 시절에 이러한 관점에서 전자정부를 추진하였다. 이제까지 우리나라에서 전자정부의 주무부처가 정보통신부나 미래창조과학부가 아니라 행정자치부였던 것도 이러한 관점에서 매우 적절한 것이었다.

오늘날의 정보화 추진 환경은 전자정부의 기반에서 끊임없이 정보기술의 도입을 요구하면서 다부처 사업으로 진행되는 양상이다. 즉 (그림 9-2)와 같이 국가정보화와 전자정부의 구분 영역이 점차 무의미해지는 상황이 전개되고 있고 국가정보화에 비하여 전자정부의 비중이 상대적으로 커지고 있다.

전자정부는 산업사회에서 스마트 정보사회로의 거대한 변화(great transition)에 정부가 대응하는 개념이다. 이러한 전자정부는 최근 다양한 정보기술 발전에 힘입어 협의의 개념에서 광의의 개념으로 급속하게 확장되고 있다.

광의의 전자정부는 단순하게 전자적인 민원행정서비스만을 전달하는 정부에서 벗어나서 정보기술을 활용하여 정부를 혁신시키는 것에 초점을 두고 있다. 더 나아가 전자민주주의를 통하여 국민이 정부에 직접참여하고 국민이

그림 9-2 2016년 현재의 국가정보화와 전자정부 및 정부 3.0의 영역

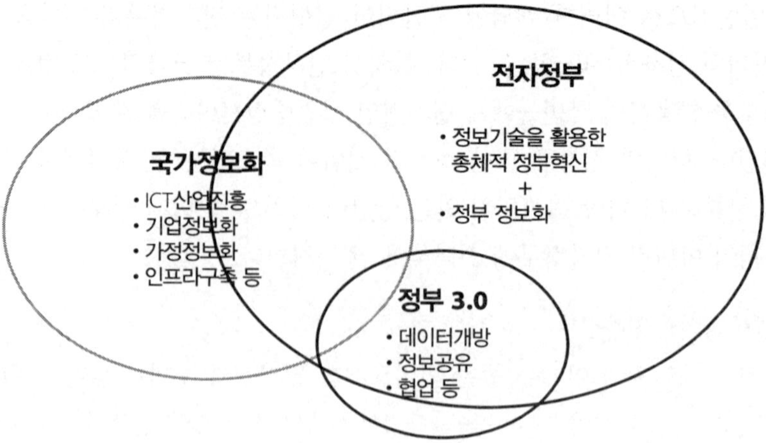

정치에 직접 참여 할 수 있는 열린 행정과 열린 정치를 의미하는 것이다. 국민과 정치가 일체화된 기반 위에서 국민을 위해 작동하는 정부를 가리켜 광의의 전자정부, 즉 민주적 전자정부라 할 수 있다.

3. 전자정부의 분석틀 – 성공요인

1996년에 필자는 전자정부의 주요성공요인을 중심으로 하는 구현 방안을 도출해내기 위하여, 전문가 집단을 대상으로 세 차례에 걸쳐서 델파이 조사를 실시하였다(정충식, 1996). 조사 결과, 법과 제도의 정비 및 최고위층의 의지 등이 주요성공요인으로 도출되었다.

앞에서 살펴본 미국 NPR의 사례는 전자정부 추진에 있어서 대통령 권한의 이양을 통한 리더십을 잘 보여주고 있다. 우리나라의 경우에도 전자정부 추진 시에 대통령 1인의 관심 보다는 시스템으로서의 제도화가 필요한 시점이다. 과거 국민의 정부와 참여정부를 거치면서 전자정부 구현과 관련하여 도출된 중요한 성공요인들은 다음과 같이 정리된다(윤영민, 2003; 송희준, 2003; 안문석, 2016b).

첫째, 대통령의 역할이 성공의 관건이라는 점이다. 전자정부의 발전 단계

가 올라갈수록 전자정부사업에 있어 부처 간의 이해관계를 조정하는 일이 중요해지고 따라서 대통령의 역할도 그만큼 결정적이 된다. 그러나 이는 대통령이 직접 조정에 나서야 한다는 것을 의미하지 않는다. 실제로 국민의 정부 전자정부사업에서 대통령이 직접 조정에 나선 적은 없다. 그럴 필요도 없고, 그것이 바람직하지도 않다. 전자정부사업에 관해 대통령이 깊은 의지와 관심을 갖고 있음을 각 부처가 인식할 수 있으면 된다.

둘째, 조정기구에 확실하게 힘을 실어주어야 한다. 전자정부특별위원회의 주요 위원들이 모두 민간인이었지만 조정자의 역할을 성공적으로 수행할 수 있었던 것은 대통령, 정책수석실 등이 그들을 존중하고 그들에게 권한을 분명히 위임해 주었기 때문이다. 대통령에게 효과적인 보고 통로를 확보하였으며, 또한 사업수행 성과와 예산을 효과적으로 연계시킴으로써 전자정부특위는 적어도 11대 사업에 관한 한 막강한 영향력을 행사할 수가 있었다. 민간인들이 정부의 고위 관리자들에게 사업의 주도권을 행사한 것은 역사상 대단히 이례적이었다.

이 이외에도 최신 기술 적용, 전문성의 확보 등 다양한 관점이 제기될 수 있으나 이러한 두 가지, 즉 대통령의 리더십 및 강력한 거버넌스 체계에 의한 조정력의 확보가 가장 중요한 성공요인임에는 틀림없을 것이다.

제3절

이명박정부의 전자정부 추진정책 분석

2008년 2월 이명박정부의 출범은 우리나라에서 10년 만에 정권이 교체되는 결과를 가져왔다. 이러한 정권의 교체는 전자정부의 추진정책에도 커다란 영향을 미치게 되었다. 우선 기존에 노무현정부가 추진해 오던 전자정부 정책들은 최소한의 사업만을 남기고 폐기되었다.[7] 따라서 전자정부의 관점에서 볼 때, "잃어버린 10년"이 시작되었다.

1. 이명박정부의 출범과 전자정부

이명박정부의 출범과 함께 2008년 2월의 정부조직 개편으로 정보통신부가 폐지되고 행정안전부가 국가정보화의 기능을 수행하게 됨에 따라서 기존의 전자정부 기능은 국가정보화에 편입되는 결과를 낳았다. 이러한 추세를 반영

7 노무현정부는 저출산과 고령화 및 세계화의 추세에 대응하여 국가미래전략인 Vision2030을 수립하였고 전자정부는 이러한 '희망 한국 건설'의 핵심수단으로 인식되었다. 이에 따라서 2007년 9월 행정자치부는 "차세대 전자정부 추진계획"을 마련하여 전자정부 구현의 4대 목표와 5대 추진 전략을 제시하였다. 이것은 유비쿼터스 기반기술을 활용하여 정부혁신을 가속화하고 국가경쟁력을 강화하고자 하는 24개 중점추진과제로 이루어져 있었다. 그러나 이명박정부는 집권과 동시에 Vision2030 및 "차세대 전자정부 추진계획"을 모두 백지화하였다.

하여 기존의 전자정부본부는 정보화전략실로 개편되었으며, 제1차관에서 제2차관으로 소속이 변경되면서 기능이 대폭 축소되었다.[8]

그러므로 2008년과 2009년 행정안전부의 대통령 업무보고에서 전자정부 분야는 거의 찾을 수가 없게 되었으며, 정보보호 기능만이 남게 되었다. 이러한 흐름을 반영하여 2008년 10월에 발표된 '이명박정부 100대 국정과제'에서도 전자정부와 국가정보화는 포함되지 않았다. 2008년 12월 3일 이명박정부의 국가정보화 비전선포식이 개최되었으나, 이 자리에서 이명박대통령은 저탄소 녹색성장과 에너지 절감만을 강조했을 뿐 전자정부라는 용어를 전혀 언급하지 않았다.

2008년과 2009년에는 정부내에서 전자정부라는 용어를 사용하는 것조차 금기시 될 정도로 이명박정부는 집권 초기에 전자정부 정책에 과민 반응을 보였다. 이것은 이전의 노무현정부가 2003년 정부혁신지방분권위원회를 설립하여 5대 전문위원회를 구성하고, 이 가운데 하나를 전자정부전문위원회로 설치하여, 집권초기부터 대통령 의제(Presidential Agenda)로 격상시켜서 추진한 것과는 완전히 상반되는 것이었다.

특히 2008년 상반기에는 이전에 참여정부가 수립해 놓은 전자정부관련 예산이 거의 집행이 되지 못함으로 인하여 ICT업계의 불만과 원성이 높아졌다. 이 당시에 정보통신부의 해체로 인한 ICT콘트롤 타워의 부재로 인하여 대다수 ICT업체들은 고사위기에 직면하였다. 기존의 정보통신부 기능은 신설한 방송통신위원회, 지식경제부, 문화체육관광부 및 행정안전부로 이관시켰으나, 부처별 기능 중복 및 예산 중복 등 ICT산업의 지원기능 분산에 따르는 문제점이 지속적으로 제기되었다.

당시 행정안전부는 부처별 정보화 사업 시에 중복투자와 사업의 타당성을 검증하기 위하여 사전협의제를 시행하였지만 예산권을 갖지 못한 상태에

8 행정안전부는 2008년 2월 출범하면서 복수차관제를 실시하여 제1차관 아래 기획조정실, 조직실, 인사실의 3실을 두고, 제2차관 아래 재난안전실, 정보화전략실, 지방행정국, 지방제정세제국, 지역발전정책국의 2실 · 국을 두었다. 그러나 2011년 1월말에 2차관 소속으로 있던 정보화전략실을 조직운영의 효율성을 높이기 위해 1차관 소속으로 바꾸었다. 그 이유는 국가정보화 등을 담당하는 정보화전략실 업무의 70% 이상이 인사, 조직 등과 관계가 있어, 1차관 소속으로 옮기는 게 더 시너지 효과가 있다고 보았기 때문이다.

서 실효성을 거두지 못하였다. 따라서 당시에 ICT산업계에서는 국내 ICT산업의 성장률이 저하되고 있는 이유를 세계적인 경기 침체 보다는 부처별 기능 중복에 따르는 정부조직 개편의 후유증으로 진단하였다.

2010년 4월 13일, 당시 김형오 국회의장은 이명박 정부의 ICT정책 추진체계에 대하여 공식적으로 문제 제기를 하였다.[9] 김형오 국회의장의 문제제기로 논의가 촉발된 ICT총괄 통합부처 설립은 정보통신부의 부활론에서부터 미래부의 신설에 이르기까지 다양한 방안으로 제시되었다. 그러나 대내외 상황을 고려한다면 이명박 정부 임기 내에 실현 가능성은 거의 없었다.

이명박정부에서 전자정부 사업의 예산들은 〈표 9-1〉과 같이 매년 지속적으로 감소하였다. 전자정부사업은 전자정부 구현에 필요한 정보화 사업으로 각 기관에서 정보화예산을 확보하여 자체적으로 추진하는 일반 정보화사업과 행정안전부가 다수 부처 관련 정보화 사업에 필요한 예산을 확보하여 지원해오고 있는 전자정부지원사업으로 구분할 수 있다.

노무현정부에서 핵심 정책과제로 추진한 2단계 전자정부 사업이 종료된 2008년 이후부터 전자정부에 대한 투자는 급속하게 축소되었다. 이명박정부의 출범 첫해인 2008년에는 이전 년도에 비하여 절반으로 축소되는 상황이 발생하였다. 이러한 축소 기조는 박근혜정부에 들어와서도 보다 악화되었

표 9-1 전자정부 지원사업 투자 추이

(단위 : 억원)

연도	2005	2006	2007	2008	2009	2010	2011	2012	2013	2014	2015
예산	2,202	2,822	2,877	1,438	1,307	1,600	1,304	1,087	584	839	1,262

(자료: 한국정보화진흥원, 2013의 수정 및 보완).

9 김형오 국회의장은 "모바일 빅뱅 등 변화하는 시장 상황에 대응하지 못해 그동안 쌓아온 IT분야의 성장 동력이 힘을 잃고 있다"고 지적하였다. 김 의장은 문제의 원인을 4개 부처로 분산돼 난맥상을 보이고 있는 IT정책의 의사결정 구조에서 찾았다. 따라서 미래 먹거리가 될 정보 · 통신 · 콘텐츠 등 이른바 ICCT(Information, Communication and Contents Technology) 분야를 총괄할 통합 부처 설립을 대안으로 제시했다(전자신문, 2010년 4월 14일).

다. 박근혜정부 출범 초기인 2013년의 경우, 새로운 국정과제와 연계한 사업 추진의 필요성으로 ISP 중심의 과제가 추진됨에 따라 전자정부지원 사업에 대한 투자액은 전년도에 비해 대폭 감소하였다. 감소폭 역시 커서 2013년에 584억원으로 2012년 1,087억 대비 54% 수준을 보여주고 있다.

2. 전자정부의 추진 체계 –국가정보화전략위원회–

이명박정부는 출범과 함께 정보통신부를 해체하고 국가정보화의 기능을 행정안전부로 이관하여 전자정부와 국가정보화의 기능을 통합하였다. 이와 함께 기존의 정부혁신지방분권위원회도 해체됨에 따라서 새로운 정보화추진체계가 필요하게 되었다. 그러나 정보화촉진기본법을 전부 개정하여 국가정보화기본법으로 제정하는 작업이 지연됨에 따라서 이명박정부의 국가정보화 추진체계는 2008년부터 연도별로 조금씩 변화하였다. 이명박정부는 정보화 추진체계의 전면 개편에 앞서서 2008년 7월 정보화촉진기본법시행령을 개정하여 우선적으로 정보화추진위원회 산하의 정보화추진실무위원회를 개편하여 활용하였다.

(1) 위원회 주요 기능 및 역할

이명박정부는 2009년 1월 23일 정보화촉진기본법의 전부개정법률안인 「국가정보화기본법」을 국회에 제출하였다. 정부는 법률안의 제안이유를 "2008년 2월 정부조직 개편으로 정보화 기능이 다수 부처로 분산되고 세계적으로 국가정보화의 패러다임이 정보화 촉진에서 정보 활용 중심으로 변화하는 등 국가정보화의 추진 환경이 급격히 변화하고 있어, 이에 부응하는 새로운 국가정보화의 기본이념 및 원칙을 제시하고 관련 정책의 수립ㆍ추진을 위한 사항을 규정하여 지식정보사회의 실현에 이바지하려는 것"이라고 밝히고 있다.

국가정보화기본법에 따라서 이명박정부는 2009년 11월에 국가정보화 추진체계로 국가정보화전략위원회를 신설하였다. 국가정보화전략위원회는 국가정보화 추진과 관련된 사항을 심의하기 위하여 대통령 소속으로 설치하였다. 위원장은 국무총리와 대통령이 위촉하는 민간위원이 공동으로 되고, 위

원은 위원장을 포함하여 35명 이내로 하며, 임기는 2년으로 하고 연임할 수 있도록 하였다.[10]

또한 위원회의 효율적 운영 및 지원을 위하여 간사 1명을 두되, 간사는 행정안전부의 국가정보화 업무를 관장하는 차관이 맡도록 하였다. 이어서 위원회에 상정할 안건을 미리 검토하고 위원회가 위임한 안건을 심의하기 위하여 위원회에 국가정보화전략실무위원회를 두며, 실무위원회 소속으로 안건 심의 등을 지원하기 위하여 분야별 11대 전문위원회를 두었다.

국가정보화전략위원회는 정보화정책을 총괄하여 조정하면서 국가정보화 기본계획과 실행계획의 수립 및 이행관리, 그리고 부처 간 이견 조정 등의 업무를 수행하였다. 이를 위하여 각 부처의 시행계획을 사전에 검토하고 성과점검 등의 수단을 이용하여 실행계획의 이행을 관리하였다.

제1기 국가정보화전략위원회가 범정부적인 국가정보화와 관련하여 활동한 실적은 거의 없으며 위원회 전체적으로도 2010년 7월 20일 대통령에게 스마트워크 활성화 전략을 보고한 것을 제외하고는 제 기능을 발휘하지 못하였다(국가정보화전략위원회, 2011b). 이렇게 국가정보화전략위원회의 위상이 추락하게 된 것은 위원장을 포함하여 민간위원들을 인선하면서 정보기술 전문가 보다는 명망가 중심으로 안배하였기 때문이다. 또한 위원회의 구조가 본위원, 실무위원 및 전문위원으로 너무 옥상옥(屋上屋)의 형태를 지녀서 각 위원들 간에 업무 추진에 있어서 비효율적인 요소가 내재되어 있었다. 이러한 구성하에서는 본위원들은 거수기로 전락하게 될 수밖에 없는 구조였다.

따라서 2011년 11월에 출범한 제2기 국가정보화전략위원회는 일하는 위원회로 개선할 것을 표방하였다. 제2기 국가정보화전략위원회는 2012년 1월에 운영방안을 마련하면서, 기존의 11개의 전문위원회를 6개로 축소하였다. 또한 전략위원 중 1명이 실무위원장을 겸임토록 하여 전략위원회와 실무위원회 간에 연계성을 강화하도록 하였다. 그리고 전략위원 중심으로 위원회를

10 위원은 국회 사무총장, 법원 행정처장, 헌법재판소 사무처장과 중앙선거관리위원회 사무총장 및 중앙행정기관의 장과 지방자치단체의 장 중 대통령령으로 정하는 사람, 그리고 국가정보화에 관한 전문지식과 경험이 풍부한 사람 중에서 대통령이 위촉하는 사람으로 한다.

운영하고, 실무위원은 전략위원회 활동 지원 및 안건 사전 조율에 집중하도록 하고, 전략위원들이 전문위원회에 참여토록 함으로써 전략위원회와 전문위원회 간에 연계성을 확보하도록 하였다(국가정보화전략위원회, 2012a).

(2) 위원회 평가

이명박정부에서 운영된 국가정보화전략위원회는 대통령직속 기구였지만 성공적인 평가를 얻지는 못하였다. 그 이유는 다음과 같이 정리할 수 있다. 첫째는 정책의 영속성을 지니지 못하였기 때문이다. 즉 이명박정부는 출범하면서 "잃어버린 10년"이라는 구호를 내세우며 과거 정부와의 단절을 시도하였다. 이 과정에서 가장 크게 부각된 것이 참여정부의 전자정부였다. 따라서 이명박정부 초기 시절에는 전자정부라는 용어의 사용도 금기시되었고 국가정보화의 용어로 대체되었다. 이후 2010년 UN의 전자정부 평가에서 우리나라가 1위를 달성하게 되자 다시금 전자정부의 용어 사용이 가능해졌다(정충식, 2015).

둘째는 ICT정책과 관련한 대통령의 리더십 부족이었다. 이명박대통령은 국가정보화 사업들에 대하여 눈에 보이지 않는 진행과정을 거친다고 하여 과거 정부에서 매우 방만하게 운영되어 온 것으로 간주하였다.[11] 따라서 집권 초기에 정보화에 대하여 부정적인 인식이 많았으며, 이후 "저탄소 녹색성장"의 구호 아래서 그린IT를 추진하였으나, 정보화를 대통령 의제로 추진하지는 않았다.

따라서 대통령직속으로 구성된 국가정보화전략위원회는 대통령의 무관심 속에 각 부처의 정보화 사업들에 대하여 강력한 통제력을 행사할 수 없는 한계를 지니고 있었다. 특히 전자정부의 경우에는 국가정보화전략위원회 산하의 하나의 전문위원회로 구성되어 있었으나 스마트워크나 모바일 전자정부 분야를 제외하고는 별다른 성과를 거두지 못하였다.

11 이명박정부에서는 과거 정부 시절에 추진되어 오던 정보화 사업들의 고도화 예산들을 일률적으로 20-30%씩 삭감하도록 요구하였다. 이 과정에서 정보자원 및 시스템의 연계와 통합이 강조되었으며, 이렇게 삭감된 정보화 부문의 예산들은 4대강 사업에 배정되었다.

3. 평가

이명박정부의 전자정부 추진 문제점은 우선 전자정부의 범위 및 방향에 대한 상실에서 찾아야 한다. 과거 정부들에서는 국가정보화와 전자정부의 추진 부처가 분리되어 있었기 때문에 나름대로의 부처 간 갈등이 유발되더라도 조정이 가능하였다. 하지만 이명박정부에서는 행정안전부가 국가정보화와 전자정부를 함께 추진하였기 때문에 두 영역이 혼재되어 구분하기 힘든 상황이 전개되었다. 더구나 전자정부와 달리 국가정보화는 산업을 기반으로 국가경쟁력의 향상을 추구할 수밖에 없기 때문에 S/W진흥 및 ICT산업을 담당하는 당시 지식경제부와 영역 갈등으로 나타나게 되었다.

또한 2008년의 국가정보화기본계획, 2009년의 국가정보화실행계획 그리고 2010년의 제1기 국가정보화전략위원회의 11대 전문위원회 과제 등이 전혀 유기적으로 연결되지 못하고 따로 집행되면서 일선 실무자들의 혼란이 가중되었다. 제2기 국가정보화전략위원회는 출범 직후에 이러한 문제점을 인식하고 전문위원회를 6개로 축소하고 선택과 집중을 표방하였으나 임기말에 직면하여 제대로 업무를 수행하지 못하였다.

결론적으로 이명박정부는 전자정부를 대통령 의제로 추진하지 못하였다. 따라서 비록 2010년, 2012년에 UN의 전자정부 평가에서 세계 1위를 달성하였지만, 성공적으로 추진하였다고 평가하기는 힘든 상황이다.[12] 이것은 여러 가지의 시각에서 바라볼 수 있겠지만, 이명박대통령의 전자정부에 대한 리더십이 부족했다는 점은 분명하다. 결국 이명박정부는 전자정부를 통하여 정보기술을 활용한 행정개혁을 추진할 수 있는 기회를 놓치고, 전자정부를 정부혁신이 아니라 정보시스템의 구축사업으로 전락시켰다. 이처럼 전자정부의 실패는 정권교체에 따라서 이전 정부의 흔적을 지우겠다는 치졸한 발상에서 비롯한 정책실패의 대표적 사례로 기록될 것이다.

12 정책과 제도의 시차적 접근방법(Time Lag Approach)에 의하면 제도나 조직은 생명체와 비슷한 생명주기(Life Cycle)를 지니고 있기 때문에 정책평가에서 시간적 요소를 고려하여야 한다(정정길, 2005) 이러한 관점에서 볼 때, 2010년 UN 전자정부의 평가는 2009년 초반의 자료를 대상으로 한 것이며, 이러한 평가 대상들은 모두 2003-2008년까지 참여정부에서 구축된 시스템들이다.

제4절

박근혜정부의 전자정부 추진정책 분석

1. 박근혜정부의 출범과 전자정부

2013년 2월 박근혜정부의 출범은 정권교체가 아니라 같은 당 출신의 대통령이 취임한 것이다. 그러나 전자정부 및 국가정보화와 관련하여 많은 변화가 초래되었다. 첫째는 국가정보화전략위원회를 해체한 것이다. 지난 이명박정부에서 정보화추진위원회를 대체하고자, 어렵게 정보화촉진기본법을 국가정보화기본법으로 개정하면서 출범시켰던 국가정보화전략위원회를 폐지하였다. 폐지 이유는 과거 정부에서 방만하게 운영되었던 위원회 조직들을 정비하는 것이었다.

둘째는 국가정보화의 기능을 새로이 신설된 미래창조과학부로 이관한 것이다. 따라서 국가정보화와 전자정부 및 정부 3.0 정책 등은 분산된 추진체계를 지니게 되었다. 국가정보화는 신설된 미래창조과학부에서 그리고 전자정부는 행정안전부에서 이름이 바뀐 안전행정부에서 담당하게 되었다. 이 부처의 이름은 세월호 사건 이후에 다시 행정자치부로 명칭이 바뀌게 된다.

셋째는 정부 3.0의 등장이다. 박근혜정부는 '국민행복, 희망의 새시대'라는 국정비전을 설정하고 이를 달성하기 위한 수단으로 5대 분야에서 국정목표와 추진전략을 설정하였다. 또한 5대 국정목표의 달성을 뒷받침하기 위한 정부 운영시스템의 혁신 방안으로 신뢰받는 정부를 설정하였다. 이것은 일방향(1.0)을 넘어 쌍방향 정부(2.0)를 구현하고 이를 바탕으로 개인별 맞춤정보와 서비스를 제공하는 '정부 3.0 시대'를 달성하는 것이다. 또한 민간과의 협치를 강화하고 정부 내 협업시스템을 구축하는 등 개방, 공유, 소통 및 협력하는 새로운 미래를 선도하는 유능한 정부를 구축하는 것이다.

이러한 정부 3.0을 정권 초기에는 전자정부와 전혀 무관한 것으로 홍보하면서 박근혜정부만의 독창적인 정책으로 포장하였다. 이 과정에서 정부 3.0과 전자정부는 분리되고, 초기에 정부 3.0 정책들이 전자정부의 도움을 받지 못함으로 인하여 추진 동력을 상실하는 결과를 가져왔다. 2014년 후반에 정부 3.0추진위원회를 구성하고 전자정부와의 융합을 도모하였지만 현재까지도 분리되어 추진되고 있는 실정이다.

이 과정에서 전자정부 예산은 〈표 9-2〉와 같이 연평균 1,000억 원으로 지속적으로 축소되었으며, 과거 정부에서 구축한 전자정부 시스템의 유지 보수 및 정부 3.0을 지원하는 기능만을 수행하고 있다. 참고로 정부 3.0 정책에는 연간 3,500억 원씩 투자하고 있는 실정이다.

결론적으로 박근혜정부는 전자정부가 아니라 정부 3.0 정책을 중점적으로 추진하여 왔다. 이 과정에서 전자정부와 정부 3.0 사이에 개념 및 서비스

표 9-2 정부별 전자정부 예산

구 분	국민의 정부	참여정부	MB정부	박근혜 정부
시기	2001~2002년	2003~2007년	2008~2012년	2013~2016년
과제명	전자정부 11대 과제	전자정부 로드맵 31대 과제	MB정부 전자정부 과제	박근혜정부 전자정부 과제
주요 목표	정부업무와 대민 서비스의 전자적 처리	다수 부처 서비스 연계전자적 국민 참여 확대	일 잘하는 지식정부행정서비스 연계 · 통합	정보개방 · 공유 · 협업유능한 정부
예산액	2,219억 (연평균 1,110억)	8,786억 (연평균 1,757억)	6,736억 (연평균 1,347억)	4,026억 (연평균 1,006억)

자료 : 행정자치부 홈페이지

영역 등에서 혼란이 야기되고 있다. 정부 3.0이 전자정부와 무관하다고 주장하던 박근혜정부가 2014년 UN 전자정부 평가에서 우리나라가 세계1위를 하자, 정부 3.0의 덕택이었다고 자화자찬하는 상황이 전개되었다. 그런데 올해 2016년 UN 전자정부 평가에서 3위를 달성하자 아무런 이야기를 하고 있지 않다.

국가정보화전략위원회라고 하는 법제화된 대통령직속의 이명박정부 정보화추진체계가 같은 당의 박근혜정부에서 바로 뒤집어지는 상황은 우리나라 정당 정치의 후진성에서 기인하는 것이다. 즉 정당이 집권하는 것이 아니라 대통령 개인이 집권하는 상황에서, 대통령 후보를 둘러싸고 있는 이른바 캠프에 참여하는 폴리페서 등이 전면에 나서는 형국이 된다. 대통령이 되고자 하는 사람들은 후보 시절부터 개인의 정책 캠프를 구성하고 개인적인 정치조직을 통하여 선거 운동을 한다(김병준, 2016). 따라서 선거에서 승리하여 집권한 이후에 정당에 대하여 큰 의무감을 지니지 않기 때문에 같은 당의 전임 대통령 정책들에 대하여 전혀 계승할 생각을 하지 않는다.

도리어 이들은 전임 정권과 차별화를 위해서 이전 정부의 추진 정책들을 모두 폐기하고 새로운 정책을 만들어 내기에 골몰한다. 이 과정에서 국민들을 현혹시키기 위하여 과거 정부의 정책을 이름만 바꾸어서 새로이 포장해서 선보이거나, 작은 정부를 구현한다는 미명하에 조직의 통 · 폐합을 추진한다. 박근혜정부는 이러한 두 가지를 집권 초기에 모두 실시하였다. 정부 3.0의 추진 정책이 급조되어 새로이 포장된 대표적인 사례이다.

2. 전자정부의 추진 체계 – ICT 추진체계의 다기화 –

박근혜 대통령은 당선인 시절에 "우리나라가 '위원회 공화국'이란 말을 들을 정도로 정부 산하에 각종 위원회가 많다"고 말하였다. 이에 대통령직인수위원회는 2013년 1월에 "21개의 대통령 직속위원회 중 지역발전위원회를 제외하고 모두 폐지한다"는 공약을 발표하였다.[13] 그러나 2016년 6월 현재 정부

13 하지만 이 공약은 지켜지지 못했다. 국가정보화전략위원회를 포함하여 6개를 폐지하였으며, 1개를 이전하고 2개를 신설하였다. 이에 대해 대통령직인수위원회는 폐지 대상의 상당수가 법률

위원회는 549개에 이르고 있으며, 이는 지난 이명박정부 말기의 위원회 수인 505개 보다 많은 숫자이다(이하 정충식, 2016b: 81-84의 수정).

(1) ICT 거버넌스의 다기화 – Control Tower의 부재

이명박정부가 국가정보화전략위원회 하나를 구성하여 운영한 것에 비하여 박근혜정부에서는 ICT관련 정부위원회가 너무 많이 설치되어 운영되고 있다. 이러한 ICT관련 위원회들은 서로 독립적으로 운영되면서 범위의 중복 문제를 야기하고 있다. ICT 관련 위원회는 설치 근거에 대해 법률적 차이가 있다. 먼저 설립된 '공공데이터전략위원회'및 '정보통신전략위원회'는 법률, '정부 3.0추진위원회'는 대통령령, '전자정부추진위원회'는 행정자치부 훈령에 근거를 둔다. [14]

간사 역할을 하는 부처를 살펴보면 '정보통신전략위원회'를 제외한 3개 위원회는 모두 행정자치부를 간사로 두고 있다. 따라서 실질적으로 우리나라 ICT 정책은 미래창조과학부와 행정차치부가 주요 부처임을 알 수 있다. 특히 행정자치부가 간사 역할을 수행하는 '공공데이터전략위원회', '정부 3.0추진위원회'및 '전자정부추진위원회'는 기능이 중복될 수밖에 없는 구조를 가지고 있다. 현 정부 국정 운영 방침에 의하면, '공공데이터전략위원회'는 창조경제, '정부 3.0추진위원회'는 행정서비스, '전자정부추진위원회'는 행정효율화를 위한 기반 구축의 영역으로 구분하고 있다. 그러나 현 정부의 ICT 정책 구분의 논리, 비논리성 여부를 떠나 이러한 분류가 사회적 합의를 이끌어 내지 못한 것은 명백하다. 따라서 다음 정부에서 동일한 정책을 추진할 가능성은 매우 낮은 실정이다. 그러므로 현 정부의 ICT 관련 위원회는 정권 변화와 함께 폐지 및 조정될 가능성이 아주 높다고 볼 수 있다. 따라서 ICT 정책의 일관된 정책 추진을 위해서는 기존 위원회를 개편하거나 업무 영역을 명확히 할 필요가 있다.

에 규정된 위원회로 정비가 어렵다는 입장을 밝혔다.

14 '위원회 설치 사전협의 제도'에 따르면 법률 및 대통령령에 의하여 신규로 설치하는 위원회는 별도의 협의가 필요하기 때문에 '전자정부추진위원회'는 타 위원회와 그 지위가 다르다 할 수 있다. 그러나 2016년 11월 현재 행정자치부가 전자정부법 개정안을 발의한 상태이고, 이 개정안에 따르면 앞으로 전자정부추진위원회는 법률적 지위를 갖게 된다.

왜냐하면 이렇게 다기화된 ICT거버넌스는 국가적으로 큰 문제에 직면했을 때, 제대로 기능할 수 없는 한계를 보여주었다. 박근혜정부에서 발생한 가장 큰 국가적인 재난들은 2014년의 세월호 사태와 2015년의 메르스 확산이었다. 그러나 세월호 사태에서는 경찰, 해경 및 관계 정부기관들의 통신망 연계 미비에서, 그리고 메르스 확산 시에는 정보공개의 대응 부분에서 ICT관련 정부위원회들이 모두 무기력한 모습을 보여주었다.[15]

행정학계의 원로인 안문석 고려대 명예교수는 이에 대하여 다음과 같이 이야기 하고 있다.

"지난 정권에서 금기어로 여겨지던 '전자정부'가 되살아나고 있어요. 전자정부는 살아 있는 생물처럼 사회가 변화함에 따라 지향점도 달라지고, 기술이 발전할수록 구현할 수 있는 역량도 달라집니다. 정부가 빅데이터 등 최신 정보통신기술(ICT)을 적극 활용했다면 메르스(중동호흡기증후군) 확산 사태, 세월호 침몰 사고 등에 선제적으로 대응할 수 있었을 것입니다."

자료: (서울신문, 2016년 6월 30일).

이것은 지난 이명박정부에서 국가정보화전략위원회가 ICT를 활용하여 구제역과 조류독감의 확산에 대응하는 전략을 수립하여 시행한 것에 대비되는 모습들이다. 따라서 이러한 국가적 재난 사태를 겪으면서 박근혜정부의 정부신뢰는 하락하였으며(윤상오, 2015), 그 배경에 ICT관련 정부위원회들이 제대로 대응하지 못한 책임이 자리 잡고 있다.

(2) 위원회의 기능 및 역할 중복

위원회 기능은 '정보통신전략위원회'가 「국가정보화기본법」에 명시된 ICT 총괄 기관으로 가장 폭넓은 분야를 포함하여 업무를 수행하고 있다. '정보통신전략위원회'의 안건을 살펴보면 빅데이터, ICT 법 · 제도, 데이터산업, IoT

---

15 메르스 확산 시에 국민들은 SNS를 통하여 환자 발생 경로를 추적하여, 메르스 발생 지도를 만들어서 정보를 공유하였다. 따라서 경기도 남부의 어느 시의 어느 병원에서 시작되고 전파되었는지 다 알고 있는 상황이었다. 이 와중에 보건정책 관련 담당자는 계속해서 정보를 공개할 수 없다고 모르쇠로 일관하였다. 이러한 사태에서 국민들은 정부의 정보공개에 대한 기대와 희망을 접었고, 결구 정부 3.0 정책에 대한 국민신뢰를 상실하는 단초를 제공하였다. 따라서 우리나라에서 정부 3.0 정책은 메르스 사태 때 사망선고를 받았다.

등을 심의하고 있기 때문에 '공공데이터전략위원회'및 '정부 3.0추진위원회'의 영역을 거의 모두 포함하고 있다.[16]

'공공데이터전략위원회'와 '정부 3.0추진위원회'역시도 실질적으로 많은 영역을 공유하고 있다. '공공데이터전략위원회'는 공공데이터를 활용한 창조경제 활성화에 중점을 두고 있지만 데이터개방에 따른 정량적 효과로 정부부서 간 정보공유, 부처 정보 개발 등을 상정하고 있다. '정부 3.0추진위원회'는 정부 3.0이 단순히 정부운영의 패러다임이 아니라 국민 맞춤형 서비스를 제공하고 동시에 일자리 창출과 창조경제를 지원하기 위한 목적을 지닌다고 밝히고 있다(송효진 외, 2014).

특히 '정부 3.0추진위원회'는 2013년과 2014년 상반기의 이른바 골든타임을 놓치고 뒤늦게 구성됨으로 인하여 정부 3.0 추진 및 개념에 대하여 여러 가지의 혼선을 초래하였다. 정부 3.0은 2013년에는 데이터 개방을 강조하다가 2014년에는 일자리 창출에 초점을 두었다. 이어서 2015년에는 국민맞춤형 서비스를 강조하다가 2016년에 들어와서는 정부혁신이라고 주장하고 있다. 이처럼 정부 3.0의 추진은 매년 그 초점이 달라졌기 때문에 전자정부와의 범위 중복 및 정체성의 문제가 야기되었다.

마지막으로 '전자정부추진위원회'는 전자정부가 '공공데이터전략위원회' 및 '정부 3.0추진위원회'가 활용하고자 하는 공공데이터의 실질적 생산 기반이라는 점에서 매우 밀접하게 연관되어 있다. 따라서 이러한 ICT관련 위원회의 기능과 역할 범위는 〈표 9-3〉과 같이 정리해 볼 수 있다.

그러므로 4개의 위원회들은 공공데이터의 개방, 활용 및 전자정부의 모든 부분에서 그 기능과 역할이 중복되어 있다.

(3) 위원회 조직 – 임시조직의 위상 및 역할 미비

위원회들 가운데는 국무총리실 소속으로 국무총리를 위원장으로 하는 '공공

16 박근혜정부는 ICT 정책에서 전자정부를 별도로 언급하지 않아 전자정부를 국가정보화 분야와 별도로 분류하고 있는 것으로 여겨진다. 다만 2016년 5월에 이루어진 7차 회의에서 전자정부 2020 기본계획에 대한 보고를 받음으로써 향후 필요한 경우에는 '정보통신전략위원회'에서 전자정부를 주요하게 다룰 가능성도 남아있다.

표 9-3 ICT관련 위원회별 기능 및 역할 범위

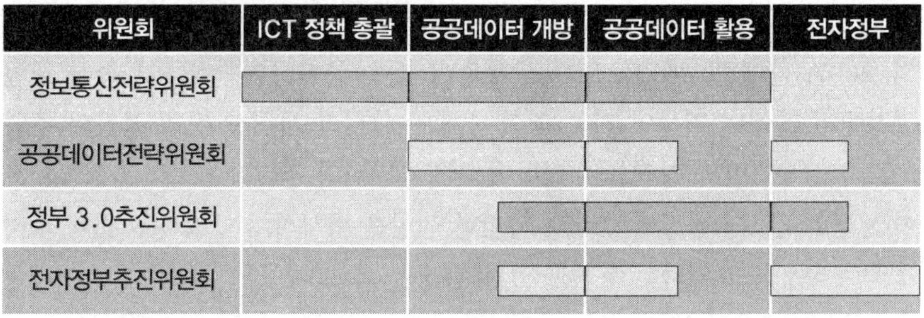

자료: (정충식, 2016b).

데이터전략위원회'및 '정보통신전략위원회'가 위원 구성에서 타 위원회에 비해 높은 위상을 가지고 있다. 이에 비하여 '정부 3.0추진위원회'는 국무총리실 소속이지만 민간위원장이 맡고 있으며 정부위원들의 직급도 가장 낮은 편이다. '전자정부추진위원회'는 소속 측면에서는 국무총리실이 아닌 행정자치부이지만 정부위원들의 직급은 상당히 높은 편이다.

그러나 이러한 위원회의 조직 구성은 외형일 뿐 실제적인 업무는 사무국이나 지원단의 상근 인력에 의하여 수행되고 있다. 앞에서 살펴본 것처럼 과거에 정보화추진위원회의 경우, 위원들이 모두 관계부처 장관이었으나 국무회의와의 중복성 문제로 인하여 제대로 기능할 수 없었다. 또한 본위원회, 실무위원회 및 전문위원회 등의 다단계 및 옥상옥(屋上屋) 구조로 인하여 서류작업만 남발하였던 경험이 있다.

마찬가지로 현재 공공데이터전략위원회의 경우, 34명의 위원들로 전략위원회를 구성하고 있다. 이어서 실무위원회는 25명의 위원들로 구성되어 있으며, 전문위원회는 5개 분과에 45명의 전문위원으로 구성되어 있다. 이들 100여명의 위원들 가운데 상근하는 위원은 단 한명도 없으며 일부는 다른 ICT위원회의 위원으로 중복되어 있는 실정이다. 심지어 위원장의 경우에도 정부 내의 여러 다른 위원회 위원장을 겸직하고 있는 실정이다.

더 나아가 이러한 ICT관련 정부위원회의 운영이 정부부처들 간의 정책조정이나 상호협력 등 조정기능을 수행하기 보다는 대부분 심의기능과 의결

기능을 수행함으로써 정책수립의 과정에서 부처 입장을 대변하는 역할 이상을 하지 못하여 정부의 책임 회피 수단으로 악용되고 있는 실정이다(김정해 외, 2007; 나채준, 2013). 또한 국무총리 소속의 자문위원회들이 정책 형성 과정에서 본래의 기능인 자문 역할 수행이 아니라 사실상 정책 결정의 주역으로서 정부전반의 정책을 수립하여 행정기관위의 권력집단으로 군림함으로써 행정부처보다 실질적으로 더 막강한 권한을 행사하여 행정사무 집행의 비효율로 작용하고 있다는 우려도 있다(김명환 외, 2008).

3. 평가: 정부 3.0 정책은 왜? 실패했는가!

일상적인 의미의 평가는 어떠한 것의 장점과 가치를 판단하는 일반적인 과정을 말한다. 정책평가는 정책의 가치를 판단하는 과정이며, 정책과정에는 정책의 결정자와 집행자, 일반국민과 이해관계자 집단 등 관점이 다른 여러 사람들이 참여하거나 결과를 이용한다(남궁근, 2012: 524). 따라서 입장과 관점이 다른 집단들은 정책 평가를 서로 다른 의미로 사용하며, 그에 따라서 평가기준도 상당히 달라질 수 있다. 하물며 앞에서 이야기한 것처럼 정책의 시차적 관점을 고려해 볼 때, 현재 진행 중인 정책에 대하여 평가를 내리는 것은 한 편으로는 위험할 수도 있다. 그러나 그럼에도 불구하고 평가를 진행하는 이유는 전자정부의 추진과 관련하여 더 이상의 국력 낭비를 막고 국가경쟁력을 강화하려는 목적 때문이다.

박근혜정부가 추진하고 있는 정부 3.0 정책은 크게 다음과 같은 네 가지의 관점에서 실패한 정책으로 평가할 수 있을 것이다.

(1) 지속가능성 없는 정책 – Unsustainable Policy

우선 정부 3.0 정책은 지속가능하지 않다는 문제점을 지니고 있다. 지속가능하다는 단어는 1972년 '로마클럽'의 제1차 보고서인 「성장의 한계」에서 환경과 개발에 관한 강한 우려를 표명하면서, '지속가능한 발전(sustainable development)'이란 용어를 사용하면서 시작되었다. 최근에는 UN이 지난 2000년부터 2015년까지 달성하기로 설정한 새천년개발목표(MDGs)의 후속 의

제로, 2016년부터 2030년까지 지속가능한 발전목표(Sustainable Development Goals: SDGs)를 실행하고 있다.

그러나 우리나라의 ICT정책은 일관된 정책 추진과는 거리가 멀게 하루살이 기획을 반복하고 있다. 이명박정부는 2008년에 참여정부의 전자정부 정책을 폐기하면서 신성장 동력과 일자리 창출을 위한 국가발전 전략으로 녹색성장을 꺼내 들었다. 그리고 이러한 저탄소 녹색성장의 일환으로 그린IT 정책을 추진하였다. 이 과정에서 국가정보화와 전자정부를 연구하는 국책 연구기관들은 개별 ICT 정책들의 효과로 인하여 이산화탄소(CO2)가 얼마나 줄어드는지 밝혀야 하는 촌극을 연출하였다.

이러한 저탄소 녹색 성장은 2013년 박근혜정부가 출범해서 '이전 정부 색깔 지우기'와중에 어디론가 사라져 버렸다. 그린 IT 정책 역시도 이제는 어느 국책연구기관들도 이야기 하지 않는다. 여기서 중요한 것은 녹색성장이나 그린IT가 나쁜 것이어서 폐기된 것이 아니라는 사실이다. 5년 단임의 대통령제에서 새로 들어선 정부가 지우개로 지우고 새로 쓰듯이 다른 ICT 정책을 내놓으면서 과거 성과가 쌓이지 않고 5년마다 원점에서 새로 시작하는 '정책 블랙홀'이 만들어졌다. 이것은 이명박정부와 박근혜정부가 자초한 결과이다. 따라서 전자정부의 관점에서는 "잃어버린 10년"이 되었다.

한 가지의 사실은 분명하다. 다음 정부에서 어느 정당이 집권하든지, 누가 대통령이 되던지 정부 3.0이라는 이름의 정책을 계속 추진하거나 정부4.0을 추진하는 일은 없을 것이다. 이것은 정권의 문제를 떠나서 국가의 앞날을 생각해 볼 때, 불행한 일임에는 틀림없다.

이제까지는 한국정보화진흥원, 한국행정연구원 및 한국지역정보개발원 등이 정부 3.0의 성과에 대하여 홍보 마당도 운영하고 글로벌 포럼도 개최하여 국민들에게 확산시키려고 했지만, 2017년 중반에 새로운 정부가 들어서면 다들 본연의 업무에 치중한다고 정부 3.0을 지우는 작업에 나서게 될 것이다.

이처럼 정부 3.0 역시도 개방과 공유와 협업이라는 좋은 단어들로 구성되어 있지만 정책의 영속성이 없기 때문에, 즉 지속가능하지 않다는 문제점을 지니고 있다. 따라서 현재 추진하고 있는 정부 3.0은 중단하고, 근본으로 되돌아가는(Back to the Basic) 출구 전략을 모색하여야 한다. 이것은 결국

정부 3.0 사업들이 거시적인 전자정부 정책의 우산 아래로 되돌아와야 한다는 것을 의미한다.

(2) 이념의 부재 및 개념의 혼돈

박근혜정부에서 정부 3.0은 출범이후 지금까지, "공공정보를 적극 개방 · 공유하고, 부처 간 칸막이를 없애고 소통 · 협력함으로써 국정과제에 대한 추진동력을 확보하고 국민 맞춤형 서비스를 제공함과 동시에 일자리 창출과 창조경제를 지원하는 새로운 정부운영 패러다임"으로 설명되고 있다. 또한 행정자치부 홈페이지에서는 정부 3.0과 관련하여 다음과 같은 10대 과제들이 제시되어 있다.

- 공공정보 공개 확대로 「국민의 알권리」충족
- 공공데이터 민간 활용 활성화로 새로운 일자리 창출
- 민관협치를 강화하여 국민과 함께하는 정부 구현
- 정부 내 칸막이 제거로 통합행정서비스 제공
- 정보공유와 디지털 협업으로 더 나은 행정서비스 제공
- 데이터에 기반한 과학적 행정 구현
- 개인 맞춤형 서비스 제공
- 창업과 기업활동 지원 강화
- 정보취약계층 서비스 접근 제고
- 새로운 정보기술을 활용한 맞춤형 서비스 제공

결국 정부 3.0은 종합해 보면, 정부가 보유하고 있는 공공정보 즉 데이터 개방을 통한 맞춤형 행정서비스 제공이다. 여기서 중요한 것은 무엇이 새로운가? 에 대한 것이다. 정부 3.0은 이론적 기반을 갖고 있지 못하기 때문에, 전혀 새로운 것이 없음에도 불구하고 새로운 패러다임이라고 주장하고 있다. 우선 정부 3.0에서 중요한 기반으로 생각하는 정보의 개방과 공유는 지난 20년 전부터 우리 전자정부가 지속적으로 추진해 오던 것들이다.

① 개방

구체적으로 지난 노무현정부는 2004년 1월에 정보공개법을 개정하여 급변

하는 지식정보사회에서 온라인을 통한 정보공개가 이루어질 수 있도록 전자적 정보공개의 근거를 마련하였다. 이어서 각 기관이 보유 · 관리하는 정보에 대하여 국민이 쉽게 알 수 있도록 정보목록을 작성하도록 하였고, 그 목록을 정보통신망을 활용한 정보공개시스템 등을 통하여 공개하도록 의무화하여, 2005년 7월 30일부터 시행하여 오고 있다.

이와 함께 2004년부터 2007년까지 68억의 예산을 투입하여 통합정보공개시스템을 구축하였다. 특히 정보공개시스템을 이용할 수 있는 기관이 2006년에 805개 기관에 불과하던 것이 2013년에 18,613개 기관으로 확대되면서 대부분의 청구가 온라인으로 가능하게 되었고, 이를 통하여 국민들은 집에서도 편리하게 원하는 정보를 원스톱으로 제공받을 수 있게 되어 실질적인 정보공개제도 활성화에 크게 기여하였다.

이처럼 전자정부 시스템의 기반 고도화를 통하여 능동적, 적극적 정보공개서비스 제공이 가능해지고 정확한 정보를 바탕으로 활발한 국정참여의 기회가 제공되었다. 또한 전자정부를 통한 투명한 행정의 구현으로 정부에 대한 국민의 신뢰성이 향상될 것으로 기대하였다. 이와 같이 지난 10여년간 추진되어 온 전자정부의 사업들을 현재 박근혜정부는 정부 3.0으로 포장하여, 이 세상에 어느 국가에도 없는 것을 자신들만이 수행하고 있다고 홍보하는 것이다.

물론 시대가 바뀌어서 단순한 정보공개가 아니라 데이터의 개방이 중요하다고 이야기 할 수 있다. 그러나 데이터의 개방보다 훨씬 중요하고 정교하게 다루어져야 하는 것이 정보라고 볼 때, 이것은 설득력을 지닐 수 없을 것이다. 더 나아가 정부 3.0을 추진하지 않았다면, 우리 정부가 현재 정부 데이터를 개방하지 않을까? 라고 생각해 본다면 답은 자명하다. 결론은 박근혜정부의 정부 3.0에서 데이터 개방은 앞의 (그림 1)에서 보았듯이 전자정부의 하위시스템일 뿐이다.

② 공유

공유와 관련한 전자정부 시스템은 개방 보다 더 오랜 역사를 가지고 있다. 과거 노무현정부는 2005년 말에 국무총리실 산하에 행정정보공유추진위원회를 구성하고 이를 지원하기 위한 실무기구로 행정정보공유추진단을 신설하였다. 이 추진단에서는 범정부 행정정보공유센터의 설립을 목표로 행정정보 공동이용 구축사업을 추진하였다.

그런데 행정정보 공유 확대의 과제는, 당초에는 행정정보공유를 위해 2002년부터 서비스되고 있던 인터넷 민원서비스(G4C)의 정보공동이용센터의 공유 DB를 확대 구축하고, 부처별 행정정보DB를 상호 연계하는 것에서 시작되었다. 따라서 공유의 근원은 김대중정부에서 구축한 G4C 즉 현재의 민원24이다.

참여정부는 '행정정보 공유를 위한 기본계획'수립과 추진체계 정비를 통해 2005년 12월부터 1단계 사업을 본격적으로 추진하였다. 이후 전자정부 고도화의 일환으로 현재까지 지속적으로 사업을 진행하여 행정정보 대상 정보 및 대상 기관을 확대하는 사업을 추진하여 왔다.

참여정부에서는 공동이용의 범위를 확대하고 1차에서 3차에 이르는 공유 확대 사업을 추진하였으며, 이명박정부에서는 1차에서 3차에 이르는 수요자 맞춤형 공동이용체계 기반 확대 사업들을 전개하였다. 이러한 10여년에 걸친 전자정부 행정정보 공동이용 및 공유 사업의 과실들을 박근혜정부는 정부 3.0의 데이터 공유로 포장하여 홍보하고 있다.

③ 새로운 정부운영 패러다임

정말로 정부 3.0이 새로운 정부운영의 패러다임인가? 이에 대하여 답하기 위해서는 개방과 공유 및 협업 에 대한 기존의 연구 결과들에 대하여 살펴볼 필요가 있다. 이명박정부 시절에 이러한 주제에 대하여 국책 연구기관들을 중심으로 여러 연구들이 진행되어 왔다.

우선 2009년 한국정보화진흥원은 "ICT를 활용한 소프트파워 강화전략"의 연구보고서에서 ICT를 활용한 소통, 신뢰 및 협업을 통하여 시민참여의 확대, 의사결정 과정의 투명성 및 정부의 효율성 증대 방안을 제시하였다(한국정보화진흥원, 2009).

2010년에 한국행정연구원은 전자정부의 고도화 방안으로 지능형 전자정부(Intelligent Government) 개념을 도입하여 I-Government를 제안하였고, 이를 위한 실행전략으로 소통정부(Interactive Government), 정보정부(Informative Government) 및 통합정부(Integrated Government)를 제시하였고, 참여와 공유와 통합을 통한 지능형 미래정부 모델을 제시하였다(한국행정연구원, 2010).

이어서 2012년에 한국행정연구원은 미래 전자정부 구현을 위한 정부조직 재설계를 위한 연구에서 데이터 중심의 개방과 공유 전략을 미래 전자정부의 비전으로 제시하였다(한국행정연구원, 2012).

또한 정보통신정책연구원은 지속적으로 ICT를 활용한 공공과 민간의 협업 방안을 오랫동안 연구하여 왔다. 2010년에 정보통신정책연구원은 IT 실용화를 통한 국가정보화 선진화 방안 연구(II)에서 공공정보와 민간정보를 결합하여 이용자에게 서비스를 제공하기 위해서는 공공-민간부문 전체를 국가차원의 틀에서 통합할 수 있어야 한다는 전제를 중심으로 연구를 진행하였다(정보통신정책연구원, 2010). 2011년에는 국가정보화 아키텍처 기반 공공-민간 협업시스템 구축 방안에 대한 연구를 진행하여, 정보화를 선진화시키기 위해 공공과 민간부문의 협업을 촉진하는 구체적인 시스템의 구축 방안을 제시하였다(정보통신정책연구원, 2011).

국가정보화전략위원회 역시도 오래전부터 빅데이터와 클라우드를 활용한 스마트 정부의 구현에 대하여 지속적으로 당시 이명박대통령에게 보고하고 추진 계획을 수립하여 진행하여 왔다(국가정보화전략위원회, 2011a; 2012b). 또한 국가정보화전략위원회는 외부 용역도 실시하여, 플랫폼 기반의 미래 전자정부 전략을 담고 있는 「미래 전자정부를 위한 플랫폼 e-Gov 추진전략」의 연구 보고서도 발간하였다(국가정보화전략위원회, 2012c).

학계에서도 많은 전자정부 전문가들이 차세대 전자정부의 발전 방향으로 정부 3.0을 이야기 하였다. 특히 명승환교수는 2012년 한국정책학회에서 차세대 전자정부의 새로운 패러다임으로 개방, 공유, 협업의 정부 3.0을 제안하였다(명승환 · 허철준, 2012).

2013년 6월 19일에 관계부처 합동으로 개최된 정부 3.0 비전선포식 자리에서 발표된 정부 3.0의 주요 추진 계획은 이제까지 진행해 오던 전자정부 사업에 무임승차(Free Ride)하여 개방, 공유, 소통 및 협력을 통하여 투명하고

정부 3.0 관련 전문가 설문

안녕하십니까?

한국정책학회에서는 안전행정부의 의뢰로 '정부 3.0의 이론적 배경 및 변화관리'에 관한 연구를 수행하고 있습니다. 잘 아시는 것처럼 정부 3.0은 박근혜 정부가 새롭게 추진하고 있는 정부혁신 어젠다입니다만 아직 구체적인 개념화가 더 필요한 실정입니다. 이에 일종의 포커스 그룹 인터뷰 형식으로 서면 설문을 실시하여 귀하와 같은 전문가들의 의견을 수렴하고자 합니다.

귀하께서 응답하신 내용은 통계분석에만 활용될 뿐 *개인별 세부 응답내용은 외부에 노출되지 않으며 통계법에 의거하여 절대 비밀이 보장됩니다.*

개인적으로 무척 바쁘신 줄 압니다만, 새로운 정책어젠다를 형성하기 위해 고견을 주시면 대단히 감사하겠습니다. 인터뷰를 대신한 설문인 점을 감안하셔서 각 질문에 대해 가급적 상세한 의견을 제시해 주시기 바랍니다. 감사합니다.

2013년 8월

연구책임자 숭실대학교 오철호 교수

공동연구원 성균관대학교 이명석 교수

상명대학교 김미경 교수

숭실대학교 우윤석 교수

자료: (한국정책학회, 2013).

유능한 서비스 정부를 만들겠다는 것이었다.

구체적으로 공공정보를 적극 개방 · 공유하고, 부처 간 칸막이를 없애고 소통 · 협력함으로써 국정과제에 대한 추진동력을 확보하고 국민 맞춤형 서비스를 제공함과 동시에 일자리 창출과 창조경제를 지원하는 새로운 정부운영 패러다임이라고 홍보하였다. 특히 국민 개개인이 행복한가? 라고 하는 물음에 답하기 위해서 현재의 비정상적인 행정을 정부 3.0을 통하여 바로 잡고 국민신뢰를 회복하겠다고 주장하였다(오철호, 2013).

그러나 이러한 정부 3.0은 이론적 바탕이 미약하기 때문에 일선 행정현장에서 정부 3.0의 개념에 대하여 지속적으로 의문을 제기하였다. 이에 당시 안전행정부는 정책학회에 정부 3.0의 이론적 기반과 개념 정립을 위한 연구

용역을 발주하게 된다.

이 연구에 참여한 연구자들 역시도 이러한 정부 3.0의 이론적 기반이 취약하다는 것에 대하여 인식하고 있었다. 따라서 구체적인 개념화가 더 필요한 실정이라고 설문지에서 밝히고 있다.

또한 2013년말에 발간된 연구 보고서에서는 연구의 필요성에서 다음과 같이 기술하고 있다.

"새로운 정부혁신 관점인 정부 3.0이 지향하는 바에 대한 일반적인 이해나 동조에도 불구하고 정부 3.0을 둘러싼 여러 가지 궁금증이 존재하는 것이 사실이다. 예컨대, 박근혜정부가 의도하는 정부 3.0의 개념은 무엇이며, 어느 수준과 범위에서 정부혁신을 하고자 하는지, 관련된 이론적 배경은 무엇이며, 정부 3.0으로의 이행과정(즉 변화과정)을 어떻게 관리할 것인지 등에 대한 다양한 의견이 존재할 수 있다. 이런 궁금증과 관련하여 일관성 있고 분명한 내용정립 없이는 향후 정부 3.0을 추진하는 과정에서 불필요한 오해와 순응확보의 어려움이 예상된다. (중략)

박근혜정부가 지향하는 정부 3.0을 통한 행정혁신의 의미, 내용 및 범위 등에 대한 분명한 설정 없이는 연계성이 낮은 다양한 주장을 양산하게 되고, 후속적인 세부사업추진이나 활동과 관련한 추후 평가기준 설정 시 혼란을 야기할 수 있다. 추진과정에서 개별사업들을 체계적으로 유도하고 관리할 관리전략의 부재로 이어져 분절적인 사업추진이 발생할 것이고, 결과적으로 5년 후 정책성과를 판단하는데 갈등을 초래할 수 있다."

자료: (한국정책학회, 2013: 2-3).

이처럼 연구진들도 정부 3.0의 개념의 혼란 및 정책 추진에서 순응확보의 어려움을 충분히 예상하고 있었다. 그러나 그럼에도 불구하고 연구 보고서 상에 나타나는 정부 3.0의 새로운 개념은 없다. 단순하게 전문가들과 지방자치단체장들에게 정부 3.0에 대한 전망을 조사하여 "정부 3.0에 바란다"라고 하는 내용들만이 정리되어 있지, 정부 3.0의 개념에 대하여는 기술하지 않고 있다.

연구보고서에 의하면 이 연구의 목적은 다음과 같이 세 가지로 구성되어 있다. 첫째, 행정환경 및 행정패러다임 변화와 정부 3.0의 등장배경에 관한 사항이다. 둘째, 둘째, 해외에서 추진되고 있는 정부 3.0 관련 사항과 우리나라의 그간 정부혁신 패러다임을 살펴본다. 셋째, 정부 3.0 구현을 위한 변화관리 전략에 대해 살펴본다.

따라서 이 연구에서는 세계화3.0 및 자본주의4.0의 대두를 정부 3.0의 출현 배경으로 설명하고, 기존 정부개혁의 한계 및 후기 신공공관리모형(Post-NPM)으로의 정부 3.0을 기술하고 있다. 더 나아가 미국을 비롯한 해외 사례 설명에 치중하고 있다. 박근혜정부의 정부 3.0 홍보자료인 "국민이 행복해지는 정부 3.0 이야기"에서는 미국 오바마정부의 열린 정부(Open Government)를 벤치마킹했다고 이야기 한다. 이 보고서 역시도 지속적으로 미국의 열린 정부 사례를 강조하고 있다. 그러나 미국 오바마정부의 열린정부 정책들은 우리나라 노무현정부의 참여정부 전자정부를 벤치마킹한 것이다.

따라서 우리나라에서 이전 정부의 정책이 단절되고 제대로 계승되지 못한 사이에 해외를 거쳐서 다시 역수입되는 촌극을 연출한 것이다. 이것은 "이전 정부에서 한 것은 계승하지 않지만 미국이 하면 무조건 따라서 한다"라고 하는 일부 폴리페서들의 학문적 사대주의와도 연관이 있다고 볼 수 있다.

이처럼 정부 3.0의 이론적 배경 및 개념이 제대로 정립되지 않은 상태에서 범정부적인 국정과제로 추진되면서, 행정 현장에서는 여러 가지의 혼란이 초래되었다. 즉 개방, 공유, 협업 및 소통이 부처의 어느 수준에서 어느 정도까지 이루어져야 하는지에 대하여 다양한 의견이 표출되었다. 심지어는 공개석상에서 박근혜대통령이 어느 부처의 장관에게, "장관님은 정부 3.0에 대하여 그렇게 생각하시느냐? 나하고는 아주 많이 다르게 알고 계시다"고 면박을 주는 상황이 발생하였다.

이에 안전행정부는 2013년 9월에 공공정보의 공개 및 공유 활성화 방안을 마련하여 국무회의에 보고하게 된다(안전행정부, 2013). 이에 따라서 박근혜정부의 집권 첫 해인 2013에 정부 3.0은 공공 데이터의 개방에 초점을 두었다고 평가할 수 있다. 그 이유는 2013년 6월 19일에 정부 3.0 비전선포식을 개최하여 정부 3.0 기본계획을 발표한 이후에 2013년 7월 30일에 공공데이터의 제공 · 이용 활성화에 관한 법률이 공포되어 10월 31일부터 시행되었기 때문에 다른 분야보다 상대적으로 앞서서 추진할 수 있는 기반이 마련되었기 때문이다. 따라서 2013년에는 7월에 국가오픈데이터 포럼을 창립하고, 9월에 공공데이터활용 지원센터를 설치 등 데이터의 관리와 개방 및 활용 분야에 집중하게 된다.

그러나 정부 3.0의 가장 큰 취약점은 이론적 기반이 미비한 것에 그치지 않고, 이것을 수행할 수 있는 시스템을 갖추고 있지 못하다는 것이다. 단순히 데이터를 개방하는 것은 각부처들이나 지방자치단체들이 할 수 있지만 국민들에게 맞춤형 서비스를 제공하기 위해서는 전자적인 민원행정서비스의 기반을 갖추어야 한다. 하지만 정부 3.0은 데이터의 개방 및 활용만을 강조하였지, 시스템 기반의 구축은 제대로 이루어지지 못하였기 때문에 결국에서는 기존의 전자정부 시스템을 활용하는 전략을 구사하게 된다. 따라서 아래 (그림 9-3)과 같이 지난 10여년간 이전 정부에서 구축한 전자정부 포털인 민원24에 정부 3.0이 들어오게 된다.

따라서 정부 3.0은 시작은 행정혁신이라고 하는 새로운 행정 패러다임의 담론으로 출발하면서, 이전 정부의 전자정부와 거리를 두고 시작하였으나, 그 시행과정에서 서비스 제공 수단을 갖고 있지 못하였기 때문에 기존의 전자정부에 의존하는 모습을 보이고 있다. 따라서 정부 3.0은 전자정부에 기생(寄生)하는 불완전한 행정이념이라고 볼 수 있다.

그림 9-3 대한민국 전자정부 포털에 기생하는 정부 3.0

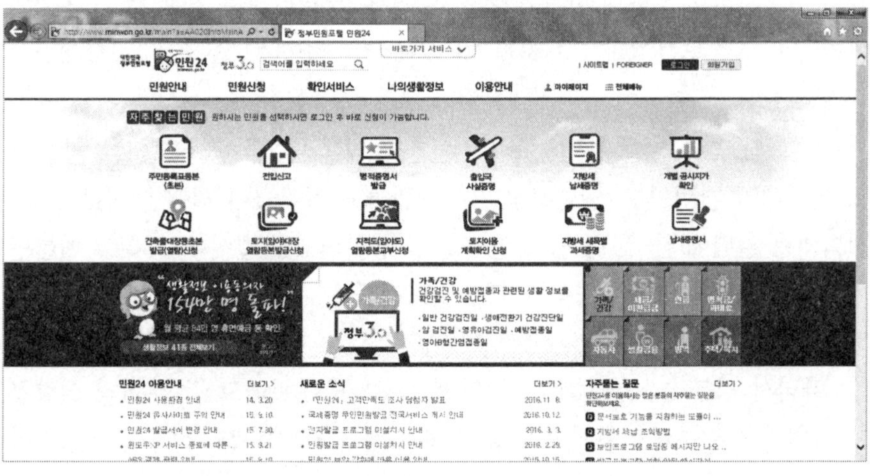

여기에서 문제가 되는 것은 정보기술을 활용한 정부혁신이라고 하는 전자정부의 관점에서 볼 때, 정부 3.0은 데이터 개방 및 전자적 서비스 제공 등 하위시스템에 불과한데도, 박근혜정부의 국정과제라고 부각시키면서 기존의 전자정부시스템을 정부 3.0의 하위 수단으로 활용했다는 사실이다.

(3) 추진체계의 문제점

앞에서 박근혜정부의 ICT 거버넌스가 다기화되어 있다는 내용을 살펴보았다. 그러나 여기에서 중요하게 다루어져야 하는 것은 정부 3.0 추진체계의 변화 과정에 대한 것이다. 정부 3.0 정책은 추진체계의 관점에서 두 가지 실패요인을 지니고 있다.

① 초기에 전담 추진체계의 부재

박근혜정부에서 정부 3.0추진위원회가 구성된 것은 2014년 7월 25일이다. 즉 제대로 된 추진체계를 구성하는데 박근혜정부 출범 이후에 1년 반에 가까운 시간을 허비하였다. 즉 박근혜대통령이 즐겨 사용하는 이른바 골든타임을 놓친 것이다. 정부 3.0추진위원회가 구성되기 이전의 정부 3.0 추진체계는 다음 (그림 9-4)와 같다.

조직도의 맨 위에 국무회의가 자리 잡고 있지만 아무런 의미가 없다. 국무총리와 각 부처의 장관들인 국무위원들이 정부 3.0과 관련하여 실제적으로 할 수 있는 것은 아무 것도 없다. 국가정책조정회의나 공공데이터전략위원회 역시도 자신들의 본연의 임무가 있는 다른 조직이다. 결국 정부 3.0의 추진과 관련하여 범정부협의체라고 하는 정부 3.0추진회의 및 정부 3.0실무회의가 존재하였다.

이 회의 역시 상설기구가 아니라 안건이 있을 때, 한 번씩 모이는 말 그대로 협의체일 뿐이었다. 안행부장관이 주관하고 차관급이 위원인 정부 3.0추진회의는 일년에 한 두 번 정도 열리는 임시 회의체일 뿐이다. 그리고 대한민국의 안전행정부장관의 임무가 정부 3.0 정책을 추진하는 것에 국한되는 것도 아니다.

따라서 정부 3.0 실무회의 즉 안행부차관이 주관하고 각 부처의 실장급이 위원인 정부 3.0 실무회의가 말 그대로 정부 3.0 정책의 실무를 책임져야

그림 9-4 2013-2014년 정부 3.0 추진체계

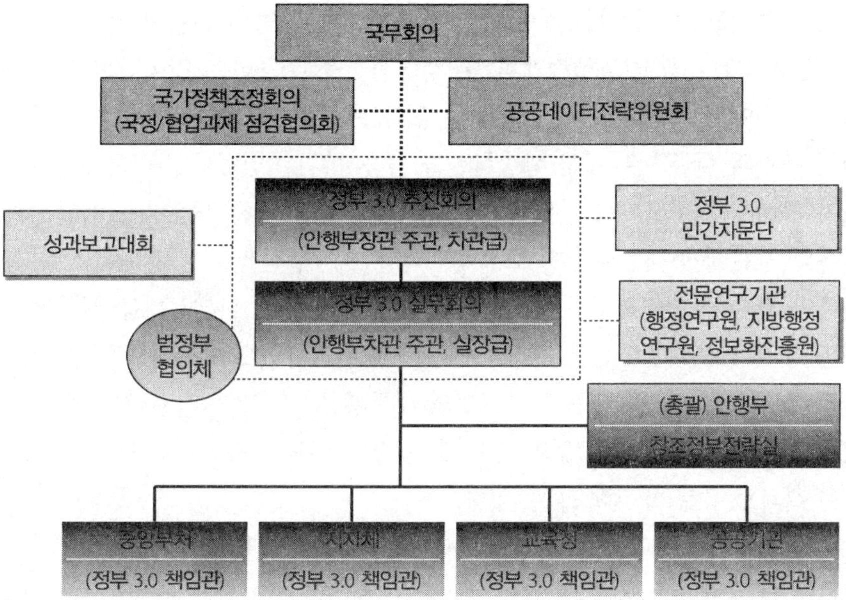

하는 구조이다. 그러나 이 역시도 대한민국 안행부차관과 각 부처의 실장급 고위공무원들 중에서 정부 3.0 하나만을 전적으로 담당하고 있는 사람은 없다. 각 중앙부처와 지자체 및 교육청 그리고 공공기관에 정부 3.0책임관을 두도록 하였으나 기획관리실장, 기획조정관, 부시장 및 부구청장 등이 겸직하면서, 정부 3.0을 전담하는 인력은 없는 실정이었다.

이 과정에 안전행정부는 창조정부전략실[17]을 중심으로 총괄기능을 수행하고자 하였다. 이 당시 안전행정부의 창조정부전략실은 전략기획관, 제도정책관 및 조직정책관의 세 국으로 구성되었으며, 정부 3.0 이름의 과는 설치하지 않았다. 따라서 각 부처들의 입장에서는 박근혜정부에서 정부 3.0을 범정부적인 국정과제로 추진한다고 하는데 왜 안전행정부의 창조정부전략실에서 수행하는지에 대하여 이견이 제시되었다. 즉 부처의 수준에서 다른 부처를

17 이 당시 안전행정부의 창조정부전략실(2013. 3.23-9.26)은 이후에 안전행정부 창조정부조직실 (2013, 9, 26 - 2014, 11, 19)로 명칭이 바뀌었다가 2014년 11월 19일 이후에 지금까지 행정자치부 창조정부조직실로 운영되고 있다.

규율하기 곤란한, 우리의 행정조직 환경에서 안전행정부의 일개 실국 수준에서 정부혁신을 주도한다는 것에 대하여 부처 간에 갈등이 유발되었다.

정부 3.0이 정말로 행정개혁 및 행정혁신을 추구하는 것이라면 부처의 실국 단위에서 추진해서는 성공할 수 없다는 것은 자명한 이치이다. 만약에 일개 부처의 실국 단위에서 행정혁신을 성공시킬 수 있었다면 박근혜정부에까지 차례가 돌아오지도 않았을 것이다. 이에 많은 전문가들이 당시 안전행정부의 차관에게 대통령에게 보고해서 정부 3.0 추진을 위한 전담조직을 신설해야 한다고 조언하였다. 따라서 당시 안전행정부 차관이 대통령에게 두 번 이상이나 정부 3.0 전담 조직의 필요성을 건의하였으나 성과를 거두지 못하였다. 이것은 박근혜대통령이 이전의 대통령들과는 달리 장관이나 시장 등의 직책을 수행해 본적이 없기 때문에, 행정업무와 조직관리에 대하여 잘 모르는 결과로 유추 해석해 볼 수 있다.

이처럼 정부 3.0의 추진체계가 제대로 정립되지 못한 상황에서 안전행정부는 모든 부처와 지방자치단체를 대상으로 하여 데이터 개방을 독려하면서 정부 3.0 교육에 치중하였다. 이 과정에서 일선 공무원들은 정부 3.0의 개념의 혼란 및 데이터 개방으로 인한 업무 과중을 호소하였다. 특히 일선 자치단체들의 경우, 정부 3.0 업무를 수행할 전문 인력이 충원되지 못한 상황에서 데이터 개방이 요구되자, 기존의 정보화 담당관 산하의 전산직 인력들이 업무에 동원되어 기존 업무와 함께 이중고를 겪어야 했다.

이처럼 정부 3.0 추진을 위한 전담조직이 설치되지 못한 상황에서 일선 현장에서 정부 3.0 정책은 혼선이 야기되었다. 이 와중에 박근혜정부 출범 1년이 다가오는 시점에 언론에서 정부 3.0 정책이 표류하고 있으며 정부0.3에 불과하다는 비판이 제기되었다(중앙SUNDAY, 2014년 2월 9일). 이 신문은 특집 기사에서 공공데이터법 시행 이후에도 데이터의 제공이 PDF포맷으로만 제공되어 일선 기업들에서 전혀 활용가치가 없음을 지적하면서, 정부 3.0이 아니라 정부0.3의 수준이라고 비판하였다. 신문기사에 의하면 특히 일선 행정현장에서 “정부 3.0의 데이터 개방에 대한 혼란이 지속되고 있다”고 비판하면서, 주무부처인 안전행정부 관계자는 “아직 개별 부처들이 정부 방침을 제대로 이해하지 못한 것 같다”며 “앞으로 지속적인 교육과 지침을 하달하겠다"고 답했다.

이러한 상황에 직면하자 박근혜정부는 2014년 상반기에 정부 3.0추진을 위한 전담기구 신설을 고려하기 시작하였으며, 이 결과 2014년 7월에 정부 3.0추진위원회가 출범하였다. 그러나 이미 골든타임을 놓친 상태였고, 설립 이후에도 다른 ICT관련 위원회 및 행정자치부와 갈등 관계를 조성하면서 추진 동력이 약화되었다. 특히 이 과정에서 청와대의 역할은 전혀 찾아 볼 수 없는 상황이었다. 즉 정부 3.0이 박근혜정부의 주요 국정과제이고 범정부적으로 추진되어야 하는 과제라면 단일 부처가 아니라 청와대에서 과제에 힘을 실어주어야 했지만 앞의 조직도나 이후에도 청와대의 리더십은 발휘된 흔적을 찾아 볼 수 없다.

② 행정자치부내 조직의 분리

박근혜정부에서 정부 3.0 정책의 추진은 국무총리실 소속의 정부 3.0추진위원회가 중심이며, 이를 지원하는 총괄 업무를 행정자치부 창조정부조직실이 맡았다. 그러나 정권 후반기 정부 3.0의 주요 과제들은 거의가 다 기존 전자정부 사업들의 고도화와 관련된 것들이었다. 그럼에도 불구하고 행정자치부 내의 조직을 볼 때, 창조정부조직실과 전자정부국은 (그림 9-5)와 같이 분리되어 운영되었다.

필자는 과거 이명박정부 마지막 해에 차기 정부의 정보화 조직과 관련하여 당시의 정보화전략실 개편 방안을 다음과 같이 제안한 적이 있다(정충식, 2012).

국가정보화의 기능 변화와 관련하여 이상에서 논의한 내용들 이외에 이른바 콘트롤타워의 정립 및 국가정보화전략위원회의 조정력 부재 등 다양한 요인들이 존재한다. 하지만 국가정보화와 전자정부를 분리시키는 관점에서만 정보화전략실의 개편방안을 제시하면 다음과 같다.

첫째, 행정지원처로는 전자정부와 개인정보보호 기능을 이관시킨다. 행정지원처내에 정부혁신실을 설치하고 그 산하에 정부개혁국과 전자정부국을 두어서 전자정부국내에 전자정부기획과, 전자정부사업과 및 개인정보보호과를 신설하면 될 것이다. 이 경우, 전자정부가 정보기술을 활용한 행정혁신이

그림 9-5 행정자치부 조직도

라고 하는 본연의 모습으로 돌아갈 수 있다.

여기에서 중요한 것은 만일 전자정부의 기능을 실로 편제할 경우, 과거처럼 국가정보화와 전자정부의 경쟁 및 중복이 우려되므로 국으로 설치하고, 정부통합전산센터와 행정정보공유추진단을 통합하여 집행 기구로 활용하면 될 것이다. 우리는 지난 참여정부에서 정보통신부와 행정자치부가 전자정부의 주도권 다툼으로 여러 분야에서 부처 간에 갈등을 겪는 것을 지켜보았다(유홍림 · 윤상오, 2006). 따라서 그러한 전철을 되풀이하지 않기 위해서는 전자정부를 실이 아닌 국의 수준으로 편제하여야 한다. 그리고 각 중앙부처들의 새로운 업무혁신을 전자정부 사업과 결합시켜 수행할 수 있도록 전자정부국이 지원하면 될 것이다.

이 당시 정책 제안의 요지는 정부혁신실을 신설하고, 그 산하에 정부개혁국 및 전자정부국을 설치하여 정보기술을 활용한 행정개혁을 추진하라는 것이었다. 그런데 현재 행정자치부의 모습은 창조정부조직실의 정부 3.0과 전자정부국의 전자정부가 분리되어서 따로 움직이는 모습을 보여주고 있다. 이 과정에서 창조정부조직실은 전자정부를 정부 3.0의 하위 집행수단으로 활용하고 있다. 이것은 주객이 전도된 것이며 따라서 향후 정부조직 개편 시에 바로 잡아야 한다. 이제 이 세상은 스마트 정보기술이 지배하는 지식정보사회가 되었기 때문에 창조정부조직실은 조직국으로 전자정부국은 전자정부실로 편제하여 범정부적인 정보기술을 활용한 행정혁신 기반을 마련하여야 한다.

(4) 정부 2.0시대로 회귀한 위원회 조직 및 추진 정책

① 정부 2.0시대의 조직으로 운영

현재 정부 3.0추진위원회의 구성과 운영은 지난 2001년 김대중정부에서 시작하여 노무현정부를 거쳐서 이병박정부에 이르기까지의 과거의 ICT관련 위원회들과 거의 같은 방식이다. 즉 교수들을 위원으로 위촉하여 각 분과의 전문위원회를 하나씩 맡도록 하고, 전문위원회 별로 2-3개의 사업을 설정하여 추진하는 방식이다. 정부 3.0위원회 역시도 (그림 9-6)과 같이 빅데이터와 클라우드 그리고 맞춤형서비스 전문위원회 및 마지막에 법제도특별위원회까지 가동하고 있다. 이것은 지난 이명박정부의 국가정보화전략위원회와 다른 것이 없으며 분과위원회 숫자만 축소시킨 것이다. 이러한 방식은 지난 20여년 동안 지속되어 왔으나 이제 한계에 직면한 구시대적인 발상이다.

따라서 이러한 전문위원회를 통한 정부 3.0 정책의 추진은 과거 위원회

그림 9-6 정부 3.0추진위원회 조직도

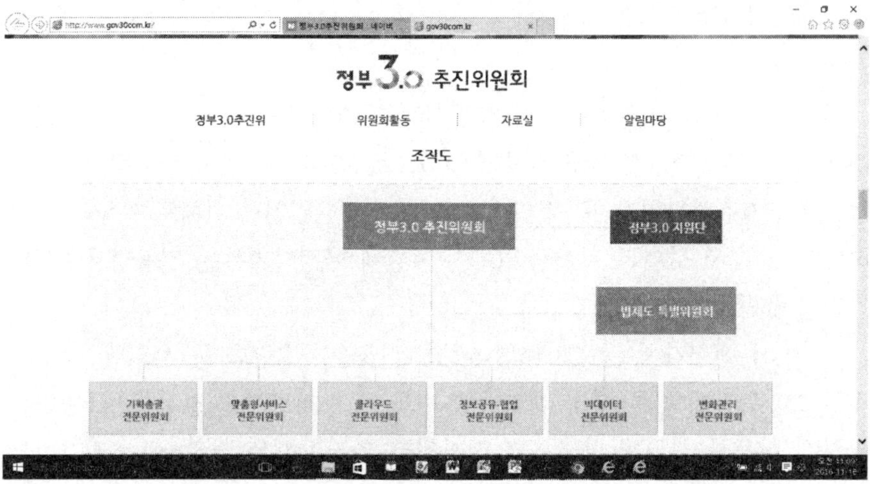

들과 전혀 차별화된 방식이 아니며 따라서 새 시대의 새로운 정부운영 방식에 맞지 않을 수도 있다. 그리고 예산권을 확보하지 못한 상태에서 정책의 평가까지 행정자치부가 주도하는 현실에서 정부 3.0추진위원회가 정책과 관련하여 강력한 조정력을 행사한다는 것은 무리였다. 따라서 위원들의 조정력 확보가 쉽지 않은 실정이었다.

이제 이 세상은 스마트 정보기술 및 SNS에 의하여 급속하게 변화하였다. 그런데 정부 3.0을 추진한다고 하면서 과거 20년전의 방식을 답습하였기 때문에 공무원들과 국민들의 신뢰를 얻지 못한 것이다. 일선 현장의 공무원들은 정부의 각종 위원회에서 위원으로 활동하는 교수들에 대하여 많은 반감을 지니고 있다. 그 이유는 5년마다 반복되는 정권교체에서 수 없이 많은 ICT위원회들이 만들어지고 매 정권에서 같은 교수들이 위원으로 새로운 정책을 만들어내고 공무원들에게 집행하기를 강요하는 형국이 되기 때문이다. 또한 많은 공무원들은 교수들에게 정부 3.0시스템이 구축되어 있지 않은 상황에서 변화관리라는 이름하에 교육과 홍보에만 치중하고 있다고 비판하였다. 따라서 일선 공무원들은 정부 3.0 추진에 상당한 부담감을 느끼고 있으며 각 기관에 대하여 협업 건 수, 데이터 개방 건 수 및 영상회의 건 수 등으로 실적을 평가한다고 몰아세우는 것에 피로감을 호소하고 있다.

그리고 정작 교수 자신들은 정권 교체 이후에는 학교로 돌아가서 정책 집행과 관련하여 단 하나의 책임도지지 않는 "아니면 말고"식의 위원회 운영이 반복되었기 때문에 이제 이러한 위원회 운영으로는 정책을 집행하기 곤란한 실정이다.

이러한 정부 3.0추진위원회의 문제점을 행정자치부도 인식하고 있었던 것으로 보인다. 따라서 출구 전략의 일환으로 2016년 상반기부터 행정자치부는 정부 3.0추진위원회와는 별도로 전자정부추진위원회 설치로 방향을 회귀하였다. 앞에서 살펴본 것처럼 2016년 4월에 행정자치부는 전자정부추진위원회를 출범시켰다.

이어서 행정자치부는 2016년 5월에 저출산 · 고령화 등 사회현안 증가, 정부 3.0 추진에 따른 행정 패러다임 변화, 지능정보기술 발전 등 급변하는 환경에 대응하기 위해 향후 5년 전자정부 추진방향을 결정하는 "전자정부

2020 기본계획"을 수립했다.

전자정부의 5대 과제로는 1)정부서비스 재설계 2)인지 · 예측기반 지능행정 실현 3)산업과 상생하는 전자정부 신생태계 조성 4)신뢰기반 미래형 인프라 확충 5)글로벌 전자정부 질서 주도 등을 선정했다. 이를 통해 '새로운 디지털 경험으로 국민을 즐겁게 하는 전자정부'를 실현할 계획이다. 보다 구체적으로 '모바일 온리'전자정부 서비스를 정착시키기로 했다. 정부 홈페이지, 민원24 등 주요 정부서비스를 모바일에서 이용하기 쉽도록 환경을 개선할 방침이다. 모바일 기기로 문서작성과 전자결재까지 할 수 있는 시스템도 도입한다.

따라서 이러한 내용은 정부 3.0에서 슬로건으로 내건 '손끝으로 만나는 정부'와 거의 같다고 볼 수 있다. 이처럼 현재 정부 3.0과 전자정부는 혼재되어 있는 실정이다. 혹자들은 이것을 융합과 협업이라는 미사여구로 포장할 수 있지만, 정책의 추진에서는 중복이라고 평가할 수 있으며, 정부 3.0이 전자정부의 기존 업적에 무임승차하는 형국으로도 볼 수 있을 것이다.

② 정부2.0시대로의 회귀: 정부 3.0 앱의 강제 설치 사례

2016년 6월 16일에 행정자치부는 삼성전자와 협의해 갤럭시 노트 차기 모델에 정부 3.0 서비스 기능을 담은 정부 3.0 앱을 선탑재하기로 했다고 밝혔다. 이에 대하여 IT 업계와 시민단체 그리고 소비자들 사이에서는 '관치행정'이라는 비판이 쏟아졌다. 그런데 2016년 6월 기준으로 정부 3.0 앱은 다운로드 수가 (안드로이드 마켓 기준) 5만건에 불과한 것으로 나타났다. 이마저도 대부분 공무원들이 설치한 것으로 보고 있다. 따라서 100만명 공무원들 가운데 5%가 설치한 셈이다. 이처럼 행정자치부가 정부 3.0을 국민에게 널리 알리고, 이용 편의를 높이기 위해 인기 스마트폰에 선탑재 방식을 추진했다고 밝혔지만, 오히려 사용자가 원하지 않는 선택을 강제로 하도록 하는 셈이어서 소비자의 권익을 위축시킨다는 지적이 일었다.

특히 최근 미래창조과학부와 방송통신위원회는 스마트폰 이용자의 선택권 강화를 위해 스마트폰 운용에 필수적이지 않은 앱을 이용자가 선택적으로 삭제할 수 있도록 의무화하는 내용의 '전기통신사업법시행령'개정안을 입법

예고한 바 있어, 당장 정부 간 소통부터 필요하다는 지적이 나왔다.

이에 대응하여 녹색소비자연대 전국협의회 ICT소비자정책연구원은 "행자부는 대통령의 관심 정책이란 이유로 이용자의 선택권을 제약하고, 제조사에 강요하는 강제적 홍보가 아니라, 정부 3.0이 왜 실패했는지를 반성하고, 국민들이 필요성을 느끼고 접근하고 싶은 콘텐츠로 재탄생시키는 일이 먼저"라고 주장하였다.

녹색소비자연대는 "지금 정부가 나서서 사실상 강제적으로 신형 스마트폰에 정부 3.0앱을 설치하려고 하는 것은, 정부가 자신들이 말했던 '비정상적 관행'을 스스로 실행하려드는 촌극"이라며 "전 세계 그 어느 민주국가에서도 정부 홍보 앱을 자국 스마트폰에 의무 설치하도록 하는 경우는 없다"고 강조했다.

정부 앱 선탑재 소식에 스마트폰 이용자들의 반발이 확산되는 이유는 크게 세 가지로 정리해 볼 수 있다. 우선 정부가 스스로 자신의 정책을 부정했다는 측면에서 비롯된 비난이다. 2014년 1월 미래창조과학부는 '스마트폰 앱 선탑재 가이드라인'을 발표하며 "스마트폰 이용자 불편을 야기하고 공정경쟁을 저해하는 비정상적 관행을 정상화하겠다"며 선탑재 앱 축소 방침을 분명히 밝혔다.

정보기술(IT) 업계 관계자는 "운영체제(OS) 업체들의 강요로 깔렸지만 사용자들은 외면하던 선탑재 앱을 '좀비앱'이라며 비판하던 정부가 스스로 좀비앱을 유포하고 있다"고 지적했다.

마지막으로 정부의 정보통신기술(ICT) 발전 정책 방향이 잘못 설정됐다는 비판도 나온다. 이제까지 오픈넷 등이 '공공앱 생태계 조성을 위해 정부는 모든 것을 만들어 국민에게 주는 벤딩머신(자동판매기) 정부 대신 공공정보 공개를 늘리고 민간이 공공앱을 만들게 하는 플랫폼 정부가 돼야 한다'고 조언했지만, 정부는 이번에 정반대 경로를 따르고 있다(서울신문, 2016년 8월 16일).

이러한 시민단체의 비판과 반대에도 불구하고 정부는 2016년 8월에 출시된 삼성전자의 갤럭시 노트7에 다음과 같이 정부 3.0앱의 설치를 강행하였다. 삼성전자 측은 "무조건 선탑재가 아니라 소비자가 개통할 때 다운로드할지 선택할 수 있다"고 해명했다.

그러나 실제적으로는 초기 설정 시, 선택 설치가 가능한 어플리케이션은 마이크로소프트의 문서 관련 앱이나 삼성헬스 등이다. 그러므로 대부분 사용자가 유용하게 쓸 수 있는 것들이어서 기본으로 설치하는 경우가 많다. 삼성전자의 갤럭시노트7 초기 어플리케이션 설치 화면의 맨 아래에 (그림 9-7)과 같이, 이 항목들 중 맨 아래에 '안전신문고', '서비스알리미'란 이름의 어플리케이션이 들어있다.

이처럼 로고에 '정부 3.0'이란 문구가 있긴 하지만 자세히 살펴보지 않으면 휴대전화의 시스템 운영과 관련한 앱으로 오해하게 된다. 설치할 어플리케이션을 꼼꼼히 따져보지 않는 사용자라면 이런 앱이 있었는지도 모르고 설

그림 9-7 갤럭시 노트7 정부 3.0 앱 다운로드 화면

치하게 될 가능성이 높다.

서비스알리미(정부 3.0)는 워크넷 일자리 찾기, 에듀넷 등 기존에 출시된 194개의 정부 서비스를 연결하는 허브 역할을 한다. 안전신문고의 경우 사용자의 생활환경 주변에서 발견되는 위험요소를 신고해 안전사고를 예방하자는 취지다. 이 때문에 위치정보, 사진, 미디어 등 액세스 권한 부여 등이 부여된다.

서비스알리미는 2013년에 출시된 '정부 3.0앱'를 개선한 새 버전이다. 정부 3.0앱은 출시된지 3년이 넘었지만 지금까지 구글 플레이스토어의 다운로드 횟수는 5만건 정도에 불과하다. 100만 명이 넘는 공무원들조차 외면하는 실패작인 셈이다. 이런 단점을 보완해서 이번에 새로 출시한 게 '서비스알리미'이다. 하지만 이 역시도 조잡하다는 비판에 직면하고 있다.[18]

이러한 정부 3.0 앱의 강제 설치 사례는 정부 3.0 추진 정책이 정부2.0, 아니 정부1.0의 산업사회로 회귀하여 추진되고 있음을 보여주고 있다. 최근에 대통령 비서실장이 봉건시대임을 자인한 사례도 있다. 특히 청와대에 근무하는 고위공직자들은 모두 폴더 폰을 사용하면서 국민들에게 정부 3.0 앱의 설치를 강제하는 것은 정부 스스로가 정부신뢰를 저버린 것으로 평가받을 것이다. (실제로 그들은 폴더폰 뿐만이 아니라 대포폰을 사용하였다). 더 나아가 이러한 정부 3.0 앱의 강제 설치는 박근혜정부가 정부 3.0 정책을 국민을 섬기기 위해서가 아니라, 실제적으로는 시혜(施惠)적인 정책으로 착각하여 추진하고 있기 때문일 것이다.

세월호 7시간의 대통령 행적 논란에 대해서도 청와대 위민시스템의 대통령 보고 및 결재 등 청와대 업무시스템의 내용을 공개하면 간단하게 해결할 수 있는 문제였다. 하지만 자신들은 대면보고를 선호하며 시스템을 활용하

---

18 갤럭시노트7에 선탑재된 '정부 3.0 서비스 알리미'애플리케이션이 시장에서 조악하다는 평가를 받는 것은 지나치게 적은 비용으로 제작됐기 때문이라는 지적이 나왔다. 녹색소비자연대는 8월 31일 "행정자치부에 확인한 결과, 정부 3.0 앱 제작비가 겨우 500만원에 그쳤던 것으로 드러났다"며, "결국 수준 이하의 완성도로 뭇매를 맞게 됐다"고 지적했다. 녹소연은 "올해 정부 3.0 성과공유(홍보) 예산은 18억5천만원, 정부 3.0 추진위원회 운영 예산은 10억2천800만원에 달했으나 이용자를 위한 선탑재 앱에는 제대로 된 투자를 하지 않았다"고 주장했다. 통상 널리 쓰이는 스마트폰 선탑재 앱은 개발비, 디자인비, 인건비 등을 포함해 최소 2천만~3천만원의 비용이 드는 것으로 알려졌다(연합뉴스, 2016년 8월 31일).

지 않으면서, 국민들에게만 사용을 강제하는 것은 주객이 전도된 것이다. 정부 3.0은 국민이 아니라 정부가 먼저 시스템적으로 업무를 처리하는 것이 우선이다. 따라서 정부내에서 정보기술을 활용한 행정혁신을 하면 되는 것을, 국민들에게 '정부 3.0의 생활화'라는 이상한 구호 아래 활용을 강요한 것이다. 이것은 박근혜정부가 정부 3.0을 국민3.0으로 착각해서 정책을 추진했기 때문이다. 정부 3.0이 진정 좋은 정책이었다면 가만히 놔두어도 국민들이 다 알아서 잘 활용했을 것이다.

제5절

정책 제언

과거 이명박정부는 집권 초반의 중요한 시기를 미국 쇠고기 수입과 광우병 파동 그리고 이에 따르는 촛불시위에 대응하느라 허비하였다. 또한 한반도 대운하 정책의 공론화 과정에서 불필요하게 국론이 분열되는 경험도 하였다. 더 나아가 대통령이 국가정보화에 관한 관심과 의지를 적극적으로 표명하지 않음으로써, 전자정부가 강력한 추진력을 가질 수 없는 환경이 조성되었다. 그러므로 국민들에게 이명박정부의 이미지는 한반도 대운하, 4대강 살리기, 경제위기 극복을 위한 일자리 창출 등의 산업사회 구호만으로 인식되었다.

이어서 박근혜정부는 정부 3.0을 통한 데이터 개방에만 초점을 둠으로 인하여 스스로 바닥을 향하는 모습을 보여주고 있다. 초반에 박근혜대통령의 정부 3.0에 대한 의지는 매우 강력해 보였지만 추진 체계의 관점에서 권한의 이양을 통한 리더십을 부여하지는 않았다. 박근혜정부는 기존의 전자정부를 활용하여 부정부패의 척결을 포함하는 정보기술을 활용한 행정개혁을 추진할 수 있었음에도 불구하고 데이터의 개방에 치중하는 정부 3.0을 선택함으로 인하여 입지를 축소시킨 결과를 초래하였다.

이제까지 지난 30여년 동안에 대한민국 정보화와 관련하여 ICT거버넌스 체계에서 가장 성공한 조직은 김대중정부 시절의 전자정부특별위원회로 평가되고 있다. 그 이유는 물론 당시 대통령의 절대적인 관심을 통한 리더십 확보 및 위원장과 위원들의 헌신적인 노력이 바탕이 되었다. 그러나 이제 ICT의 급속한 발전으로 인하여 이 세상은 스마트 인공지능 지식정보사회로 변모하였다. 또한 각 부처의 공무원들도 그동안의 학습효과를 통하여 이제 과거처럼 위원회 조직을 대하지 않고 있다. 하지만 김영삼정부에서 박근혜정부에 이르기까지 지난 30여년 동안에 ICT 거버넌스는 변함없이 위원회 체제를 유지하여 왔다. 현재 정부 3.0을 추구하는 박근혜정부는 과거 정부 2.0 시절의 위원회 조직으로 정책을 추진하고 있는 실정이다. 따라서 이러한 문제점을 해결하기 위한 정책방안들은 다음과 같이 정리해 볼 수 있다(이하 정충식, 2016b의 수정).

1. 문재인정부 국정기획자문위원회에게 주는 충고

이제 우리에게 전자정부의 리더십 관점에서 앞으로의 정책방향은 확실하다. 그것은 대통령이 집권 초반에 정보화 전반을 포함하여 전자정부에 대한 명확한 비전을 제시하면서 국가적 의제로 설정하는 것이다. 대통령에 의해 제시될 전자정부의 비전에는 "정보기술을 활용한 행정혁신으로 신뢰받는 정부 구현"을 정책의 기본 방향으로 담는 것이 바람직할 것으로 보인다.

즉 전자정부가 단순히 정부의 생산성과 효율성을 높이고 국민이 정부의 서비스를 편리하게 받을 수 있게 한다는 것에서 더 나아가 참여민주주의를 증진시키고 정부의 투명성을 높이는 핵심 수단이 됨을 천명하는 것이 필요하다. 또한 전자정부를 통하여 공공부문의 부패를 척결하여 정부에 대한 국민들의 신뢰를 다시금 찾겠다는 의지를 표명하여야 한다.

이러한 비전의 제시와 함께 대통령 구상에는 전략적으로 중요한 핵심 전자정부 사업의 리스트, 구체적인 성과 목표 및 목표 연도, 추진 원칙들을 담아야 한다. 그리고 마지막으로는 강력한 추진체계를 구성하고 전자정부 구현의 전권을 위임하여 집권기간 5년 동안 지속적으로 추진하여야 할 것이다.

이와 관련하여 중요한 점은 새로운 것을 추구한다고 하면서 작명(作名,

Naming)에만 신경을 써서는 안 된다는 것이다. 즉 차기 정부에서 정보화와 관련하여 플랫폼정부, 디지털정부 및 데이터정부 등 수 많은 이름이 거론될 수 있다. 그러나 이처럼 새로운 정부 이름에 집착하는 순간 정부 3.0과 같은 운명을 맞이하게 될 것이다.

따라서 앞에서 이야기한 것처럼 근본으로 돌아가는(Back to the Basic) 것이 중요하다. 차기 정부는 정보화의 새로운 작명과 수단을 찾으려고 하지 말고 그냥 전자정부 하나만 열심히 잘 하면 된다. 이 과정에서 쓸데없이 100여개 이상의 국정과제를 남발하지 말고 선택과 집중을 통하여 대통령 어젠다를 선별하고 축소하는 작업을 수행하길 바란다(박재완, 2016).

2. ICT의 정치적 외풍 배격: 지속가능성의 확보

우리 정부는 5년의 대통령 단임제하에서 집권 기간에만 작동하는 ICT위원회를 신설하여 운영하고 폐기하는 작업을 반복하여 왔다(정진우, 2012; 이승종 외, 2012). 따라서 앞으로 ICT와 관련하여 거버넌스의 정립에서 가장 중요하게 부각되는 부분은 지속가능성을 확보하는 것이다. 이를 위해서는 이제 전자정부에 대한 정치적 인식을 바꾸어야 한다. 즉 전자정부는 노무현정부 때 열심히 추진하여 진보진영의 정책적 수단으로 인식되어 있지만, 보수진영에서도 이를 열심히 추진하여야 한다는 것을 강조해야 한다. 왜냐하면 전자정부는 수단일 뿐 어느 진영의 목표가 될 수는 없기 때문이다. 따라서 다음 정부에서 진보와 보수 어느 진영이 집권하든지 간에 전자정부는 지속적으로 추진해야 할 대한민국의 국정과제일 뿐이다.

하지만 정보화 추진체계의 측면에서 볼 때, 박근혜정부에서 신설된 ICT 관련 4개의 위원회들이 다음 정부에서 모두 존속할 수 있을지 의문시 된다. 우선 큰 관점에서 볼 때, ICT산업의 진흥을 통한 국가정보화 추진과 관련한 위원회 1개와 ICT를 활용한 정부혁신을 주도할 위원회 1개 등 2개의 위원회는 존치시켜야 할 것이다.

따라서 현재의 4개 위원회 가운데 정보통신전략위원회를 ICT산업 진흥을 통한 국가정보화 추진체계로 남겨둘 수 있다. 그리고 공공데이터전략위원회, 정부 3.0위원회 및 전자정부위원회는 하나로 통합하여 ICT를 활용한 정부혁신을 주도할 수 있는 범정부적인 위원회로 재편하여야 한다. 공공데이터 전략위원회의 폐지가 힘들 경우에는 존치시키되 전자정부의 우산으로 들어올 수 있도록 제도적 방안을 마련해 주어야 한다.

이를 위해서는 현재 행정자치부 훈령으로 되어 있는 전자정부추진위원회의 근거를 전자정부법으로 상향시켜서 전자정부 추진체계를 법제화하면서, 기존의 공공데이터전략위원회 및 정부 3.0위원회의 기능을 분과위원회로 구성하면 될 것이다.

이 과정에서 중요하게 부각되는 것이 ICT관련 정책의 정치적 중립성을 확보하는 것이다. 과거에는 국가정보화 및 전자정부와 관련하여 대통령의 관심 및 리더십이 중요한 성공요인으로 부각되던 시절이 있었다(Accenture, 2001; 소영진, 2003). 물론 현재에도 이러한 대통령의 관심은 중요하며 이를 통하여 국가정보화 및 전자정부 사업들이 대통령 임기 중에 국정과제에 포함되어 추진 동력을 확보할 수 있는 장점이 있다.

하지만 이제 그 반대의 상황도 나타나고 있다. 즉 대통령이 자기 임기 중에 ICT를 활용하여 자신의 업적을 이루겠다고 새로운 국정과제를 추진할 경우에 야당이 다수를 점한 국회 및 지방자치단체의 협조를 얻지 못하는 상황이 발생하고 있다. 실제로 박근혜정부는 2013년 2월에 출범하였지만 미래창조과학부는 국회에서 정부조직법 개정이 늦어져서 4월에 신설되었다. 또한 박근혜정부가 추진하는 정부 3.0의 경우에 야당 자치단체장이 집권하고 있는 지역에서는 상대적으로 실적이 저조한 모습을 보여주었다. 따라서 지속가능성의 측면에서 볼 때, 다음 정부에서 사라질 정부 3.0위원회는 전자정부추진위원회의 산하에 이름을 바꾸어서 분과위원회로 편제하는 것이 적절할 것이다.

3. 범정부적인 위원회 구성 및 권한 확보

이제까지 우리정부는 ICT관련 위원회를 구성하면서 이른바 명망가 중심의 보여주기 방식의 위원회를 구성하였다. 따라서 많은 교수들이 김대중정부에서 박근혜정부에 이르기까지 다양한 위원회에 위원으로 참여하였다. 그러나 앞으로는 이러한 임시적인 위원회 구성이 아니라 지속가능성을 감안한 일하는 위원회가 구성되어야 한다. 그 방식은 미국 클린턴정부 시절에 구성된 NPR의 성공사례를 참조할 필요가 있다.

1993년 미국 클린턴정부에서 시작된 NPR은 미국 행정개혁 최초의 성공사례로 우리에게 잘 알려져 있다(김병섭, 1996; Gore, 1997).[19] 이러한 NPR의 성공요인으로 크게 세 가지가 지적된다. 첫째는 당시 클린턴 대통령이 부통령인 엘 고어에게 환경과 정보화관련 모든 권한을 이양하여 리더십 체계를 확실하게 하였다는 점이다. 둘째는 정부혁신을 시도하면서 정보기술을 최초로 접목시켰다는 점이다. 우리에게는 이것만 잘 알려져 있지만 보다 중요한 것은 세 번째 요인이다.

셋째는 공무원들로만 NPR을 구성하였다는 점이다. 클린턴정부는 과거 100년 동안 미국의 행정개혁 실패사례를 분석하면서 명망가 중심의 위원 선임에 문제가 있다고 판단하였다. 즉 과거 미국정부의 행정개혁은 Harvard나 Yale 및 Stanford 등 유명한 대학교의 저명한 교수들을 위원으로 위촉하여 진행되었기 때문에 실패한 것이다(Kamensky, 1996). 따라서 고어 부통령의 NPR에는 초기에 약 250명의 공무원들만이 참여하였다.

따라서 앞으로 차기 정부의 ICT관련 위원회는 교수들 중심이 아니라 중앙정부와 지방정부에서 행정혁신 및 ICT관련 공무원들이 중심이 되어서 운영하는 구조이어야 한다. 이것은 48개 중앙부처 및 17개 광역지방자치단체로부터 1명씩만 파견 받아서 구성하면 간단하게 해결할 수 있는 문제이다. 굳이 전문성 보강을 위하여 교수들과 전문가들이 필요할 경우, 소속 대학과 기관에 휴직계를 제출하고 2-3년 동안을 임시 위원이 아니라 정식직원으로, 파견이 아니라 채용되어 상시 근무를 하는 환경을 조성하여야 한다. 이렇게 위원회를 구성하여야 지금처럼 '아니면 말고'행태의 일하는 방식을 혁신할 수 있

19 1900년대 들어서서 미국 연방정부의 행정개혁은 Keep Commission(1905-1909)부터 Grace Commission(1982-1984)까지 10여 차례가 있었다. 그러나 이들의 행정 개혁은 대부분 행정부내의 조직개편이나 사무관리 방법의 개선 등 단편적인 행정 효율성 목적으로 추진되었고, 정보기술의 활용과 연계되지 못하여 그 효과는 제한적이었다(송희준, 1996).

을 것이다.

그리고 이보다 더욱 중요한 것은 정보화사업들과 관련하여 예산권을 확보하는 것이다. 기획재정부의 반대로 예산권의 확보가 어려울 경우에는 정보화사업들의 평가권을 확보하여 이를 부처 예산 배정과 연계시키는 방식을 활용하여야 한다.

4. 총체적 정부변혁의 수단으로의 ICT 거버넌스 정립

차기정부에서는 ICT를 행정혁신의 주요 수단으로 활용하여 국정을 혁신한다고 하는 스마트 국정운영 혁신 전략을 수립하여야 한다. 특히 이제까지 ICT 강국인 우리나라에서 다양한 소셜네트워크 서비스(SNS)가 발달되었음에도 불구하고, 소통과 사회적 통합이 원활하지 않은 것은 시사하는 바가 크다고 할 수 있다(황성수, 2012).

그러므로 차기정부에서는 ICT 융합을 하부 기반으로 하여 국정을 혁신시킬 수 있는 정부부처를 신설하여야 한다. 신설되는 ICT기반의 국정혁신 기구는 종합적인 미래예측 기능이 약한 현재의 상황을 개선하고, ICT 융합을 활용한 정부혁신 전략을 대통령의제(Presidential Agenda)로 격상시켜서 국정과제로 설정하여 추진하여야 한다(정충식, 2016a).

이 과정에서 가장 우려되는 부분은 전자정부를 대통령 의제로 추진한다고 하여서 정치적 중립성을 훼손하는 경우이다. 정보기술을 활용한 정부혁신을 대통령 의제로 추진하되 전자정부만큼은 국가적 의제로 지속성을 확보하여야 한다. 많은 대통령 후보들이 현재 제4차 산업혁명을 이야기하고 있지만 이것은 하루살이 정부의 정책일 뿐이다. 제4차 산업혁명을 위한 위원회 구성도 좋고 디지털 정부를 구현하는 것도 좋지만 보다 중요한 것은 정부혁신과 국가변혁이며 이 과정에서 정보통신기술(ICT)이 중요한 역할을 하여야 한다는 것이다.

따라서 차기 정부에서 관련 부처의 명칭은 (가칭)국가변혁전략부로 설정하고 조직의 독립성, ICT융합관련 전문성, 장기성을 확보할 수 있어야 한다. 독립성을 위해 대통령직속 기구로 설치하되 산하에 기존에 ICT전략위원회 및 전자정부위원회 등을 흡수하여 운영하여야 한다. 또한 전문성을 위해 다양한 ICT융합 분야의 전문가들을 충분히 활용할 수 있어야 하며, 구체적으로는 현재의 한국정보화진흥원, 한국정보통신산업진흥원, 정부통합전산센터, 그리고 미래전략센터 및 행정정보공유추진관련 등의 조직과 기능을 신설 또는 이관 받아서 운영하여야 한다. 그리고 장기성을 위해서는 정권의 변화에 관계없이 조직이 유지될 수 있는 법적 · 제도적 장치가 마련되어야 한다. 이를 위해서는 정부조직법 뿐만이 아니라 전자정부법의 관련 규정을 개정하여 (가칭)국가변혁전략부의 장관이 국가CIO로 지명되어서 중앙 부처 및 지방자치단체들의 정보화책임관(CIO)협의회를 이끌어야 한다.

5. 교훈

정부 3.0의 실패에서 얻을 수 있는 교훈은 간단하다. 차기 정부가 진정하게 정부혁신이나 행정개혁을 추진하기를 원한다면, 정보기술을 활용한 행정혁신 즉 전자정부를 구현하면 될 것이다. 이 때는 전자정부를 단순히 정보시스템을 구축하고 고도화하는 기술지향적인 관점이 아니라, 도래하는 스마트 지식정보사회에서 새로운 정부의 국정이념을 지원하는 정보기술을 활용한 총체적인 정부혁신으로 인식하여야 한다.

데이터정부, 디지털정부, 사이버정부 및 플랫폼정부 등 수 없이 많은 용어들이 등장하기 때문에, 시류에 휩쓸려서 새로운 것을 찾아서 작명을 하고, 세계에 하나밖에 없는 것을 정권 임기 중에 추진한다고 정치적 수사(Political Rhetoric)를 내세우고 싶겠지만, 근본으로 되돌아가는 것만이 성공의 지름길이라는 것을 명심해야 한다.

참고문헌

국가정보화전략위원회. (2011a). "빅데이터를 활용한 스마트정부 구현(안)". 2011년 10월 26일.

________. (2011b). "「국가정보화 거버넌스 개편방안」. 2011년 12월.

________. (2012a). "제2기 국가정보화전략위원회 운영방안". 2012년 1월 30일.

________. (2012b). "빅데이터 마스터플랜 추진현황 및 향후 계획". 2012년 6월 21일.

________. (2012c). 「미래 전자정부를 위한 플랫폼 e-Gov 추진전략」. 2012년 7월 27일

김명환 · 강제상 · 김동현(2008). "자문위원회 효율적인 운영을 위한 통합적인 관리체계 구축", 「현대사회와 행정」 제18권 제3호, pp. 1-24. 한국국정관리학회.

김병섭. (1996). "기업가적 정부혁신의 길 ; 그 의미와 한계"「한국정책학회보」. 제5권 제2호:11-30. 서울: 한국정책학회.

________. (2007). "정부혁신지방분권위원회의 활동과 행정학자의 역할"「한국행정학보」. 제41권 제4호:23-44. 서울: 한국행정학회.

김병준. (2016). "정부 전환기의 정책변동과 행정변화: 참여정부 대통령직 인수위원회를 중심으로"「한국행정연구원 25주년 학술대회논문집」. 2016년 10월 21일. 서울: 한국행정연구원.

김정해 · 조성한(2007). "정부위원회의 운영 및 관리상의 문제점과 개선방안", 「현대사회와 행정」 제17권 제2호, pp. 173-204. 한국국정관리학회.

나채준(2013). "정부조직법상 행정위원회제도의 문제점에 대한 재검토", 「홍익법학」, pp335-365. 홍익대학교 법학연구소.

남궁근. (2012). 「정책학」. 제2판. 2012년 2월 15일. 서울: 법문사.

대통령직인수위원회. (1998). 「국민의정부 100대 국정과제」. 1998년 2월 12일.

명승환 · 허철준. (2012). "스마트사회 전환에 따른 Gov3.0 기반의 전자정부 개념과 패러다임 변화", 「한국정책학회춘계학술대회논문집」:325-341 . 2012년 4월. 한국정책학회.

박재완. (2016). "정부 전환기 정치와 관료제의 관계 형성"「한국행정연구원 25주년 학술대회논문집」. 2016년 10월 21일. 서울: 한국행정연구원.

서울신문. "빅데이터 · 사물인터넷 · AI 등 활용… '스마트 정부'만들어 재난 선제대응", 2016년 6월 30일

________. "V20에도? … '정부앱'선탑재 여부 촉각", 2016년 8월 19일

소영진. (2003). 전자정부 구축사업 추진체계의 딜레마와 극복방안: 전자정부특별위원회의 사례를 중심으로, 「정보화정책」, 제10권 제2호 30-49. 2003년 여름호.

송효진 · 황성수. (2014). "정부 3.0 추진에 따른 공공데이터 개방과 지방정부의 방향성 모색 :공공데이터법에 관한 이해와 개방 사례를 중심으로", 「한국지역정보화학회지」 제17권 제2호: 1-28. 2014년 6월. 한국지역정보화학회.

송희준. (1996). "한 · 미 · 일의 전자정부 구축 사례에 대한 국제 비교". 「국가기간전산망저널」, 3(3) : 96-106. 한국전산원.

________. (2003). 「전자정부 추진체계 발전방향」. 정부혁신지방분권위원회.

안전행정부. (2013). "공공정보 개방 및 공유 활성화 방안", 2013년 9월 17일.

윤상오. (2015). "전자정부와 정부신뢰의 관계에 관한 연구", 「한국지역정보화학회지」 제18권 제4호: 29-58. 2015년 12월. 한국지역정보화학회.

이승종 · 최영출 · 권혁주 · 오영균. (2012). "차기정부 정부조직 개편의 원칙과 방향", 「한국행정학회 2012년 하계학술대회 발표논문집」. 2012년 6월 28일.

안문석. (1996). "한국정부의 정보화 현황 및 과제". 「한국행정연구」. 서울 : 한국행정연구원. 5(3): 5-25.

________. (2016a). "한국 전자정부의 과거 현재 미래: 혁신 이론적 접근". 「심층분석」. Vol 17, 12-17, 서울 : 한국행정연구원. 2016년 6월.

________. (2016b). "전자정부 구축과정에 나타난 대통령의 리더십 사례", 제159회 국가리더십 포럼 발표자료, 서울대학교 국가리더십 연구센터. 2016년 10월 12일.

연합뉴스. "갤노트7 선탑재 정부 3.0 앱 제작비 겨우 500만원", 2016년 8월 31일.

오철호. (2013). "정부 3.0 이해하기: 맥락, 지향성 그리고 성공조건", 「정부 3.0 심포지움 자료집」.2013년 7월 12일.

전자정부특별위원회. (2003). 「전자정부 백서」. 2003년 1월.

정보통신정책연구원. (2010). 「IT 실용화를 통한 국가정보화 선진화 방안(II) 연구」. 2010년 12월.

________. (2011). 「국가정보화 아키텍처 기반 공공-민간 협업시스템 구축 방안 연구」. 2011년 12월.

정부혁신지방분권위원회. (2003). 「참여정부 전자정부 로드맵」. 2003년 8월.

________. (2005). 「참여정부의 전자정부」. 2005년 12월.

정진우. (2012) "우리나라의 지역정보화 조직에 관한 연구", 「한국지역정보화학회지」 제15권 제4호: 71-87. 2012년 12월. 한국지역정보화학회.

정충식. (1996). 「전자정부 구현의 주요성공요인에 관한 연구」 성균관대학교 대학원 박사학위 논문.

________. (2009). "국가정보화 추진체계에 대한 비판적 검토: 추진체계의 변화과정을 중심으로", 「한국지역정보화학회지」 제12권 제4호: 39-66. 2009년 12월. 한국지역정보화학회.

________. (2010). "정보통신산업 지원을 위한 정부조직 개편 방안: 정보통신산업 지

원 기능의 재설계를 위한 논의", 「한국사회와 행정연구」 제21권 제3호: 2010년 9월. 서울행정학회.

________. (2012). "행정안전부 조직 개편을 통한 국가정보화 정립 방안 -정보화전략실의 기능 재편을 중심으로-"「한국정책학회 추계학술대회 논문집」. 2012년 9월 15일. 서울: 한국정책학회.

________. (2015). 「2015 전자정부론」. 개정4판, 서울: 서울경제경영.

________. (2016a). "휴보젠트시대 정부 운영 방향 모색 - ICT 거버넌스 개편 방안을 중심으로"「ICT플랫폼학회 하계학술대회 논문집」. 서울: ICT플랫폼학회.

________. (2016b). "박근혜정부의 ICT 거버넌스 분석: ICT관련 정부위원회를 중심으로"「한국지역정보화학회지」. 제19권 제3호: 53-90. 한국지역정보화학회.

주간동아. "정보 공개는 말뿐, 정부 투명성은 낙제점: 박근혜 정부 국정운영 비전으로 추진 2년 만에 국제기구 평가에서 '정보 공유 부족'판정". 1026호, 2016년 2월 24일.

중앙SUNDAY. "정부 3.0 속 뜯어보니 '정부 0.3'수준: 창조경제의 기초, 공공데이터 허와 실", 2014년 2월 9일.

________. "모른다""딴 데 알아봐라"… 자료 못 구해 창업 포기할 판: 중앙SUNDAY가 이용해 본 '정부 3.0', 2014년 2월 9일.

한국정보화진흥원. (2009). "ICT를 활용한 소프트파워 강화 전략", 「IT & Future Strategy」. 제16호. 2009년 12월.

________. (2013). "국가정보화 투자의 특성과 시사점: 지난 10년간(2003-2013)의 정보화 투자 현황을 중심으로", 2013년 5월.

한국정책학회. (2013). 「정부 3.0의 이론적 배경 및 변화관리에 관한 연구」. 서울: 한국정책학회.

한국행정연구원. (2010). 「Web2.0과 컨버전스 환경 특성을 반영한 I-Government 구축 방안 연구」. 2010년 3월. 서울: 한국행정연구원.

________. (2012). 「미래 전자정부를 위한 정부조직 재설계에 대한 연구」. 2012년 12월. 서울: 한국행정연구원.

황성수. (2012). "스마트 정부시대에 맞는 참여적 거버넌스 모색: Social Media를 활용한 정책홍보와 시민참여를 중심으로". 「한국지역정보화학회지」. 15(4): 29-46. 한국지역정보화학회.

Accenture. (2001). eGovernment Leadership: Rhetoric vs Reality - Closing the Gap.

Gore, Al. (1997). Access America: Reengineering Through Information Technology. Report of the National Performance Review and the Government Information Technology Services Board. Washington, D.C.: U.S. Government Printing Office.

Kamensky, M. John. (1996). Role of the "Reinventing Government" Movement in Federal Management Reform, Public Administration Review. 56(3) : 247-255.

NPR. (1993). Reengineering Through Information Technology. September 7, 1993

OMB. (2003). Implementation Guidance for the E-Government Act of 2002. August 1, 2003.

제 10 장

스마트 시대 보안 뉴거버넌스 실천 전략

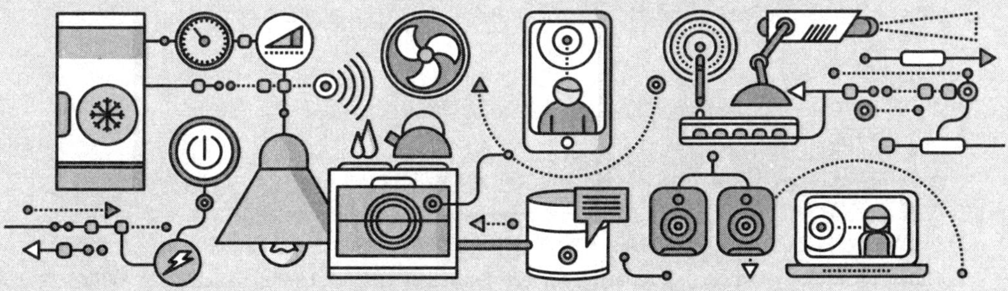

제 1 절

서론

혁명이란 정치, 사회, 제도, 경제 등 분야를 막론하고 기존의 전통적인 질서가 뒤바뀌는 것을 의미한다.[1] 이러한 의미에서 현 시대의 우리는 또 다른 변화를 마주하고 있다. 이른바 4차 산업혁명으로 명명되는 기술기반의 변화는 전 세계에 기대와 혼란을 함께 가져다주고 있다. 각 국은 이로부터 야기되는 국가와 사회, 경제구조의 지각 변동에 대응하기 위해 적극적인 방책을 마련하고 있다. 미국은 백악관 차원에서 인공지능과 관련된 공개워크숍을 지속적으로 개최한 바 있으며,[2] 작년 12월 20일, 인공지능이 경제에 미치는 영향에 관한 보고서를 발간하였다.[3] 중국은 AI굴기를 주창하며 연구 분야에서 미국을 초월하고 관련 지식재산권을 망라적으로 획득하고 있다.[4] 우리

---

1 Yoder, Dale. "Current definitions of revolution." American Journal of Sociology Vol. 32 No. 3, 1926, P. 441.

2 미국은 백악관 주최로 2016년 5월 24일, 6월 7일, 6월 28일 3차에 걸쳐 세미나를 진행하였으며, 국가과학기술위원회(NSTC, National Science and Technology Council)는 정부 서비스에 인공지능과 머신러닝 기술 도입을 적극 추진한다고 발표한 바 있다; Ed Felten(a Deputy U.S. Chief Technology Officer), "Preparing for the Future of Artificial Intelligence", U.S. White House, https://www.whitehouse.gov/blog/2016/05/03/preparing-future-artificial-intelligence, 2017.04.07. 최종방문.

3 U.S. White House, 『Artificial Intelligence, Automation, and the Economy』, 2016.

4 Li Yuan, "China Gears Up in Artificial-Intelligence Race", 2016.08.24., The Wall Street Journal, http://www.wsj.com/articles/china-gears-up-in-artificial-intelli-

나라 또한 구글 알파고의 사례를 계기로 인공지능기술 발전에 전폭적인 지원을 하고 있다. [5]

그러나 정보의 가치 증가, 국가 사회의 기술 의존도 심화, 기술 발전에 따른 분야별 융합과 개인 집중형 서비스의 확산은 필연적으로 보안 문제를 동반한다. 작금의 보안 문제는 우리가 익히 알고 있는 기업의 개인정보 유출 사건들에 그치지 않는다. 최근 중국은 한국의 THADD 배치와 관련하여 롯데 홈페이지를 해킹하는 등 사이버 보복을 수행한 바 있다.[6] 또한 작년 말 러시아의 미국 선거 개입 등의 사례는 보안 문제가 비단 경제뿐만 아니라 정치에도 영향을 미칠 수 있다는 점을 보여주었다.[7] 나아가 2010년 이란 핵시설에 대한 Stuxnet 공격과 핵티비스트(Hactivist)의 활동과 더불어 스마트 TV와 자율주행자동차 해킹은 이미 버젓이 벌어지고 있는 일이다.[8] 사이버 공간과 현실 공간을 구별하는 것은 무의미해졌다. 언제 어디서든 컴퓨터로 사생활 침해 및 물적, 인적 피해를 야기할 수 있게 된 것이다. O2O(Online-to-Offline)화된 정보보안과 사이버 물리시스템(CPS, Cyber Physical System) 개념[9]의 도입은 선택이 아닌 필수다. 보안 문제를 해결하지 못하면 4차 산업혁

---

gence-race-1472054254, 2017.04.07. 최종방문.

5 Mark Zastrow, "South Korea trumpets $860-million AI fund after AlphaGo shock", 2016.03.18., Nature, http://www.nature.com/news/south-korea-trumpets-860-million-ai-fund-after-alphago-shock-1.19595, 2017.04.07. 최종방문.

6 Allen Cone, "Website of Korea retail giant Lotte hacked in China", UPI, 2017.3.1., http://www.upi.com/Top_News/World-News/2017/03/01/Website-of-Korea-retail-giant-Lotte-hacked-in-China/3071488387209/, 2017.04.04. 최종방문.

7 Toni Clarke, Dustin Volz, "Trump acknowledges Russia role in U.S. election hacking: aide", REUTERS, 2017.1.9., http://www.reuters.com/article/us-usa-russia-cyber-idUSKBN-14S0O6, 2017.04.03. 최종방문.

8 중국 연구진은 테슬라의 자동차를 해킹하여 실제로 사이버 공격을 통해 혼란을 야기할 수 있음을 증명한 바 있다.; Olivia Solon, "Team of hackers take remote control of Tesla model S from 12 miles away", theguardian, 2016.09.20., https://www.theguardian.com/technology/2016/sep/20/tesla-model-s-chinese-hack-remote-control-brakes, 2017.04.07. 최종방문.

9 사이버물리시스템(CPS, Cyber Physical System) 개념은 2006년 미국과학재단(NSF)의 연구를 통해 논의가 시작되었으며, 2013년 오바마 대통령은 동 개념을 '국가 혁신 프로젝트'에 포함시킨 바 있다.; 한국정보화진흥원, 『사이버물리시스템(CPS) 기반의 사회시스템 최적화 전략』「IT & Future Strategy」, 2015, P. 5.

명은 성공할 수 없다.

'혁명'에 뒤처지지 않으려면 그에 걸맞은 대응이 필요하다. 특히 우리나라는 차기 정권을 앞두고 4차 산업혁명에 대응하기 위한 국가적 전략 추진을 준비하고 있는 상황이다. 그러나 아직도 우리는 보안을 IT 기술의 하위 개념으로 취급하던 전통적 관념을 뿌리치지 못하고 있다. 보안을 다른 분야와 별도의 개념으로 바라보고 있다는 점은 정보보호책임자 제도의 현상을 통해 간단히 파악할 수 있다. 전문가에게만 의무와 책임을 부여하는 일은 무의미한 일을 반복하는 것밖에 되지 않는다. 이러한 현상은 기업뿐만 아니라 국가 차원에서도 동일하게 나타나고 있다. 본 고는 이러한 개념에 입각하여 새로운 거버넌스 정립의 필요성을 제기하고 그 실현을 위한 혁신 과제를 제시하고자 한다. 아래에서는 4차 산업혁명의 도래에 따라 정보보안 환경이 어떻게 변화하였는지 살피고 새로운 문제에 대응하기 위한 거버넌스 도입의 필요성을 역설한다. 나아가 이를 실현하기 위한 새로운 정보보안 추진체계의 과제를 제시하는 것으로 결론을 갈음할 것이다.

제2절

제4차 산업혁명과 정보보안의 환경변화

1. 제4차 산업혁명과 데이터의 속성

지난 2016년 1월 다보스 포럼(WEF; World Economic Forum)에서는 4차 산업혁명이 국가와 사회, 산업과 경제 등 인간의 삶에 어떤 영향을 미칠 것인지에 대한 논의가 이루어졌다. WEF의 의장 클라우스 슈밥(Klaus Schwab)은 제4차 산업혁명으로의 도약은 기존의 그것에 비해 그 내용의 규모와 깊이가 다르고, 무엇보다 신속히 이루어지고 있다는 점을 강조하고 있다.[10] 결국 제4차 산업혁명은 슈밥의 표현과 같이 속도(Velocity), 범위(Scope), 사회, 문화 등 각종 체계에 미치는 영향의 깊이(Systems Impact)가 기존과는 확연히 차이가 남에 따라 '혁명'의 의미를 가진다고 하겠다. 그런데 이러한 변화의 근본적인 요소는 거대한 데이터를 의미하는 빅데이터[11]의 특징인 이른바 '3V'와 궤를 같이 하고 있는 것으로 보인다. 빅데이터는 데이터의 양(volume), 데이터의 종류(variety), 데이터의 속도(velocity)라는 이른바 3V를 갖춘 데이터

---

10 Klaus Schwab, "The Fourth Industrial Revolution: what it means, how to respond", WEF, 2016.

11 McKinsey Global Institute, 『Big Data: The next frontier for innovation, competition, and productivity』, McKinsey & Company, 2011.6, P. 1.

의 집합을 의미하고, 이러한 빅데이터는 제4차 산업혁명의 원동력이 되는 사물인터넷(Internet of Things)과 클라우드 컴퓨팅(Clound Computing)의 센싱(Sensing) 기술, 나아가 인공지능(Artificial Intelligence) 기술의 원천 소스로 작용하고 있다. 이와 같은 흐름에 비추어 볼 때 제4차 산업혁명의 핵심은 '데이터'라고 볼 수 있다. 이러한 데이터는 개인의 신상 정보나, 커뮤니티에서의 게시글, 통계 및 보고서나 학술자료 등과 같이 사상이 담긴 표현과 더불어 허위 정보와 음란물 등 모든 정보를 의미한다. 별도로 기록될 필요 없이 각각의 정보는 사이버 공간에 상존하며 기술의 발달을 통해 관리할 수 있게 되었다.

이에 비해 과거 인간의 사상이나 지식을 담고 있는 정보는 직접 다룰 수 없는 대상이었다. 다시 말해 이러한 정보는 어딘가에 반드시 기록되어야만 했다. 때문에 과거의 기록매체들은 역사의 발전에 따라 보다 오랜 기간 동안 최대한 많은 정보를 담고 전달할 수 있도록 진화되어 왔다. 과거 동굴의 벽화나 건물의 벽면부터 시작하여 다양한 상황에서 사상을 담을 수 있도록 발전된 파피루스와 종이가 이를 반증한다. 이미 오래전부터 전장에서 기밀 문서가 존재해 왔고, 서신을 전달하는 연락책을 끊어내고자 했던 노력은 사상을 담고 있는 정보의 획득과 관리를 위함이었다. 인쇄술의 발전으로 인해 이

표 10-1 산업혁명의 흐름과 4차 산업혁명

산업 혁명	연도	변화 내용
1차 산업 혁명	1784	증기 동력, 기계 시스템(Steam, water, mechanical production equipment)
2차 산업 혁명	1870	노동력의 분화, 전기공학, 대량 생산(Division of labour, electricity, mass production)
3차 산업 혁명	1969	전자공학, 정보기술 및 자동화(Electronics, IT, automated production)
4차 산업 혁명	?	사이버-물리 시스템(Cyber-physical systems)

*출처: Klaus Schwab, "The Fourth Industrial Revolution: what it means, how to respond", WEF, 2016.1,

러한 시도는 더욱 극대화되었다. 국가와 언론의 관계로부터 야기되는 언론과 표현의 자유 억압이라는 문제는 인류가 기록을 시작했던 때에 기원을 두고 있는 것이다. 인터넷은 인쇄술의 발명 이후 신문, 라디오, 텔레비전 등 기존의 대중매체를 뛰어넘는 가장 중요한 '매체'로 평가받고 있다.[12] 그러나 당시에도 관리의 대상은 정보를 담고 있는 '인터넷'이었으며, 인터넷서비스제공자(ISP, Internet Service Provider)와 인터넷 신문사는 그 표면적인 수단이 되었다.

그러나 이제는 상황이 달라졌다. 기존의 데이터 관리는 빅데이터 기술의 발전으로 인해 데이터를 담는 매체의 한계를 극복할 수 있게 되었다. 나아가 인간의 사상과 감정을 담은 메시지[13]는 언제 어디서든 수집되어 데이터의 형태로 체화된다. 이러한 데이터는 소멸되지 않고 쉽고 빠르게 수집, 이용할 수 있다는 특성에 따라 공급과 수요의 양 측면에서 경제적 규모와 범위를 확장시키고 있다.[14] 정보주체도 모르는 사이에 수집, 처리되는 데이터는 사상이자 지식이며 매체 그 자체가 됨에 따라 관리의 대상이 되었다. 기술 발전으로부터 야기된 혁신적인 구조 변화로 인해 기존의 관리 체계는 매체에서 데이터 그 자체로 완전히 탈바꿈된 것이다.

2. 데이터의 무경계성과 보안위험의 증대

(1) 매체 경계의 붕괴와 융합적 위협

데이터 관리 기술의 발달로 데이터의 활용은 매체를 넘어서게 되었다. 그러나 이러한 데이터 자체의 성격에서 발현되는 문제와 더불어 통신기술의 발

12 Dutton, William H., et al. "Freedom of connection – freedom of expression.", Report prepared for UNESCOs Division for Freedom of Expression, Democracy an Peace, 2010, P. 6.

13 필자의 이러한 주장은 마샬 맥루한의 매체론에 기반을 두고 있다. 맥루한은 '매체는 메시지다(medium is message)'라는 명제를 통해 인간이 바로 매체이며, 각종 매체 기술은 인간의 확장이라고 보고 있다. 자세한 내용은 마샬 맥루한 · 꽹땡 피오르 著, 김진홍 譯, 『미디어는 메세지다』, 커뮤니케이션북스, 2002. 참고.

14 OECD, 『Data-Driven Innovation: Big Data for Growth and Well-Being』, OECD Publishing, Paris, 2015, P. 184.

달은 또 다른 문제를 야기하였다. 빅데이터와 사물인터넷 기술로 인해 데이터의 분야별 경계가 무너진 것이다. 이른바 데이터의 '무경계성'이다. 일례로 2016년 9월, 프랑스 OVH사는 해킹된 IoT 디바이스 약 14만대를 통해 역대 최대인 초당 1TB의 대규모 DDoS공격을 받아 논란이 된 바 있다.[15] 당시 사용되었던 공격 수단은 우리가 일상에서 흔히 접할 수 있는 라우터와 웹캠으로 구성된 봇넷(Botnet)이었다. 네트워크에 연결된 기기라면 무엇이든 위협이 될 수 있는 것이다. 이처럼 사물인터넷은 물체가 일상과 항상 닿아 있으며, 그만큼 접근이 용이하고 단말기의 패스워드라는 낮은 보안수준에 의존하고 있어 더욱 위험하다.[16] 복합적인 보안의 위험성은 자율주행자동차, 스마트 그리드, U-헬스, 스마트홈 등의 서비스가 상용화되는 경우 더욱 극대화될 것으로 보인다. 산업연구원은 국내에서 융합보안에 효율적으로 대응하지 못하는 경우 2015년 13조 4,000억원, 2020년 17조 7,000억원, 2030년 26조 7,000억원 정도의 피해가 발생할 것으로 예상하고 있다.[17] 현 시대의 보안위험은 사회 분야를 가리지 않고 융 · 복합적으로 나타나고 있다.

매체를 넘어서는 데이터의 활용과 연결의 무경계성은 분절적 보안 대응을 무력화시킨다. 공격자의 최종 목표는 암호의 키(key), 네트워크 관리자의 권한 획득을 위한 수단, 사상적 가치나 재산적 가치가 있는 데이터들이다. 따라서 매체 관리에 치중된 보안 개념으로는 융 · 복합적으로 발생하는 위험에 대응할 수 없다. 4차 산업혁명으로 정보기술이 더욱 고도화되고 사이버공간에의 의존도가 증가할수록 임기응변식 정책으로는 새로운 보안 위협에 휘둘릴 수밖에 없는 것이다.[18] 정부와 시장 및 국경개념과 더불어 행정, 국방, 금융, 의료, 교육 등 개별 분야에서 매체 중심적 사고방식의 대전환이 요구되고 있다.

---

15 Anmol Sachdeva, "French hosting company OVH suffers world's largest 1 Tbps DDoS attack, launched using 145K IoT device botnet", TheTechPortal, 2016,09,27, https://thetech-portal.com/2016/09/28/worlds-largest-ddos-attack-ovh-iot/, 2017.04.08. 최종방문.

16 R Roman, P Najera, J Lopez. "Securing the internet of things." IEEE Computer Vol. 44 No. 9, 2011, P. 51-58.

17 산업연구원, 『사물인터넷 시대 안전망, 융합보안산업』, 2014, P. 8.

18 한국인터넷진흥원, 『사이버보안체계 강화를 위한 정보보호법제 비교법연구』, 2015, P. 6.

(2) 현행 사이버보안 거버넌스의 문제점

이러한 관점에서 융합적 위험의 발생에 대한 우리의 보안 대응 현황은 그리 효율적이지 못한 것으로 보인다. 우리나라는 다양한 대형 보안사고를 경험하면서 이에 대응하기 위한 국가 전략을 수시로 수립하여왔다. 2008년 옥션 해킹사태로 개인정보보호를 포함한 정보보호 대응의 필요성을 인식하고 국가정보원, 방송통신위원회, 舊지식경제부, 舊한국정보보호진흥원은 2010년까지 정보보호 사회안전망 구축을 목표로 하는 '정보보호 중기 종합계획'을 발표하였다. 이듬해인 2009년 7.7 DDoS를 통해 사이버 공격이 국가안보에 위협이 된다는 점을 인식하고 방송통신위원회는 '국가 사이버위기 종합대책'을 발표하였다. 2011년 3.4 DDoS 및 농협 전산장애 사건이 발생하자 정부는 보다 실효적인 대응방안을 마련하기 위해 '국가 사이버안보 마스터플랜'을 수립하였다. 또한 2013년 3.20 및 6.25 사이버테러로 인해 정부는 각 부처에 분산된 사이버 역량의 통합을 목표로 사이버컨트롤타워를 청와대에 두고, 실무 총괄은 국가정보원에 두며, 개별 중앙행정기관이 소관분야를 담당하도록 한 '국가 사이버안보 종합대책'을 마련하였다. 2015년 한수원 해킹사고를 계기로 기반시설에 대한 보호 강화 또한 요구되었다. 이에 정부는 관계부처 합동으로 청와대 국가안보실의 사이버안보 컨트롤타워 기능을 강화하고 범정부 사이버보안 전담조직을 신설하는 '국가 사이버안보 태세강화 종합대책'을 마련하였다. 이에 따라 당해 연도에는 대통령비서실 조직을 개편하며 안보특별보좌관을 임명한 바 있으며, 「국가안보실 직제」 개편을 통해 사이버안보비서관을 신설, 임명하였다.[19] 이러한 정책 흐름의 결과에 따른 우리나라의 현행 사이버보안 대응체계는 아래 〈그림 10-1〉과 같다. 청와대 국가안보실을 컨트롤타워로, 국가 및 공공 분야는 국가정보원을 중심으로 국가사이버안전센터가 담당하며, 민간 분야는 미래창조과학부를 중심으로 방송통신위원회, 한국인터넷진흥원의 인터넷침해사고대응센터, 국방 분야는 국군사이버사령부가 각각 담당하고 있다. 사이버보안 법제 체계 또한 이러한 흐름에서 크게 벗어나지 않는다. 공공부문의 사이버 보안은 「전자정부법」, 「국가사이버안전관리

19 한국인터넷진흥원, 『2016 국가정보보호백서』, 2016, P. 35.

그림 10-1 한국의 사이버보안 대응 체계 현황

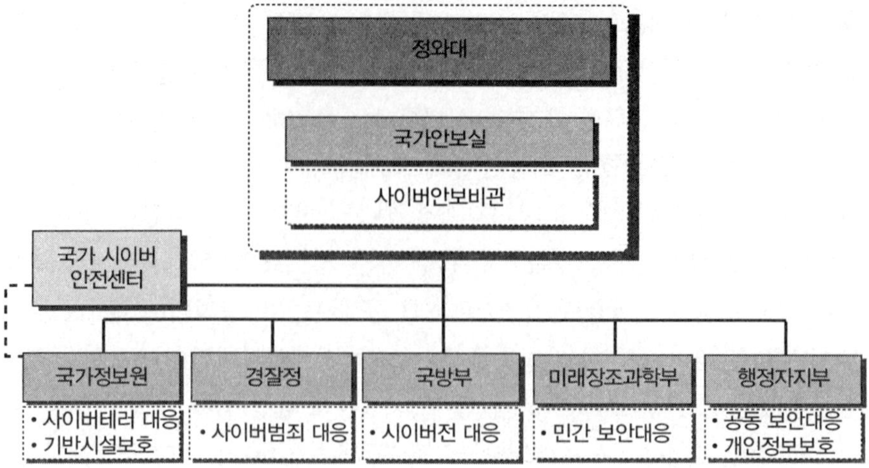

규정」이, 민간 부문의 경우 「정보통신망 이용촉진 및 정보보호 등에 관한 법률」에 따라 이루어지고 있다. 이를 바탕으로 「정보통신기반보호법」, 「개인정보보호법」, 「군사기밀보호법」, 「위치정보의 보호 및 이용 등에 관한 법률」, 「전자금융거래법」 등 개별 분야에서 보안 관련 규정을 두고 있는 상황이다.

이러한 방식의 전략 수립 및 거버넌스 현황은 아래의 세 가지 이유로 인해 현 시대 환경에 부합하지 않는다. 첫째, 거시적인 관점에서 보면 시시각각 대응하기에 기술의 변화 속도는 너무나도 빠르다.[20] 이는 필연적으로 제도적 공백 또는 결함을 동반하여 부가적인 문제를 야기한다. 무엇보다 이를 공식적으로 제도화할 수 있는 법제도적 기반 또한 갖추어져 있지 않다. 사실 기술의 경우 특성상 그 발전이 미치게 될 사회적 영향을 예측하기 어렵다는 점에서 사실 조사와 진단 및 평가를 요하는 입법 과정은 불가능하거나, 가능하더라도 불확실성을 내포할 수밖에 없다. 나아가 입법자는 당해 기술에 대한 제

---

20 이러한 기술의 발전 속도에 관하여 '무어의 법칙'이나 '수확가속의 법칙'을 떠올려보면 규범 정립의 딜레마는 쉽게 이해될 수 있다. 자세한 내용은 Gordon E. Moore, "Cramming More Components onto Integrated Circuits,"Electronics, 1965; Kurzweil, Ray. "The law of accelerating returns." Alan Turing, 『Life and Legacy of a Great Thinker』. Springer, Berlin Heidelberg, 2004 참고.

한적 지식을 가지고 있는 것이 일반적이기 때문에 기술의 도입과 활용에 따른 부작용을 예측하기 어렵고, 이에 따라 각 분야 전문가들의 참여가 필수적이다. 이러한 기술적 의견들을 법적으로 해석하고 수용하는 과정은 다양한 이해관계가 엮일 수밖에 없기 때문에 공론 과정을 통한 사회적 합의를 요한다. 또한 기술은 기본적으로 유동적이며 지속적으로 발전한다는 속성을 가지고 있다. 이에 비해 법은 항구성을 추구한다는 점에서 고정적인 편에 속한다. 물론 규범과 법 또한 사회로부터 요구되는 점에 맞추어 변화되어야 하는 것이 타당하지만, 법의 규범적 역할 수행을 위한 신뢰는 법적 안정성으로부터 도출되는 것이고, 이러한 법의 변화적 속성은 시시각각 변화하는 기술의 변화적 속성과 대치될 수밖에 없다. 그럼에도 불구하고 사회 전 분야에 만연하는 위험을 방치하는 것은 입법 부작위의 형태로서 국가의 의무를 다하지 못하는 것이므로 정부와 입법자는 개별 사안의 발생에 급급히 대응하고 있는 상황이다.

둘째, 사이버 공격은 더욱 다양화, 고도화되고 있으며, 사물인터넷과 센싱기술 등 수시로 이루어지는 데이터 통신으로 인해 보안 사고는 더욱 복합적이며 동시다발적으로 발생한다. 즉, 여러 부문에서 동시에 발생하고 더욱 다양한 수단을 통해 이루어지는 사이버 공격에 대한 탄력적인 대응이 어려운 상황이다. 이러한 상황에서 현재의 거버넌스 체계는 그간 발생해왔던 사고들에 대응하기 위해 수시로 신설, 개편되며 정립되었기 때문에 제도의 비정합성, 규율대상의 중복, 부처 간 권한 중복 등의 문제들을 담고 있다.

마지막으로 우리의 보안 거버넌스는 매체 중심적 사고방식을 벗어나지 못하고 있다. 데이터의 역할이 변화된 환경에서 매체의 관리에 방점을 두고 있는 사고방식은 보안에 큰 도움이 될 수 없다. 이러한 문제는 우리나라 보안 거버넌스 전반에 만연한다. 보안에 관한 전문 지식을 가지고 있는 담당자가 관련 문제를 총괄하며 그에 대한 책임도 모두 진다는 구조는 보안의 중요성에 대한 인식, 보안 분야의 인력 양성, 전문성 있는 인력 확보 등에 악영향을 미칠 수밖에 없다. 고객들의 개인정보를 담고 있으며 이를 활용하여 이익을 향유하는 기업을 강하게 규제만 하는 구조 또한 왜인지 그저 기업은 악의 축에 속하는 것으로 보이게 한다. 우리가 겪고 있는 변화의 본질인 데이터를 바라보고 보호할 수 있어야 한다. 이러한 점에서 4차 산업혁명의 토대를 이루고 있는 빅데이터는 역설적이게도 사이버 공간의 거버넌스에 있어 가장 큰 취약점이라고 할 수 있겠다.[21] 따라서 4차 산업혁명시대에 통용될 수 있는 기본 원칙을 정립하고 이를 바탕으로 거버넌스 전략을 수립하여야 한다.

3. 초연결(hyper-connected society)의 의미와 국가안보 전략

작금의 기술 · 사회 환경은 이른바 '초연결'이라는 용어로 표현할 수 있다. WEF에 따르면 초연결사회(hyber-connected society)는 사람과 사람간의 관계뿐만 아니라 사람과 기계, 나아가 인간의 개입 없이 기계와 기계간의 통신이 구현되는 사회를 의미한다.[22] 이러한 초연결사회는 일반 개인, 소비자와 기업, 시민과 정부의 관계를 연결함으로써 상호영향력을 증대시킨다.[23] 물리적 공간에 존재하는 개념들이 네트워크를 통해 사이버 공간에 연결되어 구현하는 가치는 새로운 지식을 형성한다. 초연결사회로부터 발현되는 혁신은 여기에 있다. 연결되지 않고 각자의 전문성을 가진 인간, 각자의 기능을 가진 기계들은 소속된 고유의 분야에서 본연의 목표를 달성하고자 가치를 생성한다. 그러나 모든 것이 연결된 체계에서는 목표가 무엇인지, 어떠한 가치가 생성될지 아무도 예측할 수 없고 이로부터 혁신과 위험이 함께 도출되는 것이다.[24]

초연결사회는 보안을 IT기술의 하위 개념으로 보던 전통적 관념에 역습으로 다가왔다. 모든 것이 연결된 사회는 달리 말해 모든 것이 위험에 처해있

---

21 M. N. Castellon Machado, "Cyber Security Governance: Securing the European Union's Cyber Domain", Leiden University Master's Dissertation, 2015. P. 16.

22 WEF, 「Global Information Technology Report 2012: Living in a Hyperconnected World」, 2012, P. 5.

23 ibid. P. 5.

24 WEF 「Risk and Responsibility in a Hyperconnected World: Pathways to Global Cyber Resilience」, 2012, P. 10.

다는 것을 의미한다.[25] 그러나 지난 정보화 과정에서 정보화의 순기능만을 고려하여 정보유출이나 각종 보안사고 등 역기능을 고려하지 못했던 패러다임은 정보보호라는 개념이 정보화 정책의 일부라는 인식을 형성하였다.[26] 이러한 인식과는 달리 현재의 사이버 공격은 공공과 민간, 국가간 국경, 행정, 금융, 교육, 국방 등의 분야를 막론하고 종합적으로 이루어지며, 초연결성으로 인해 공격의 영향이 쉽게 전파될 수 있다. 기존의 보안 관념으로는 초연결성을 기반으로 다가오는 보안 위협에 대응할 수 없다.

나아가 사이버보안은 국가와 국제사회의 안전에 대한 위협으로 급부상하였다. 이미 모든 선진국이 인터넷과 사이버 공간에 의존하고 있고, 개발도상국은 앞다투어 정보화를 이룩하고자 하고 있다. 국가 차원에서 사이버 공격은 국가 안보 문제로 인식되고 있다. 미국의 경우 최고의사결정자의 적극적 관심을 토대로 각 행정조직이 활발한 활동을 수행하고 있다. 2016년 2월, 오바마 대통령은 '사이버보안 국가추진계획(Cybersecurity National Action Plan)'을 발표하여 정부의 노후 장비 교체를 위해 31억 달러를 투자하고 정부 시스템 접근을 위한 인증체계를 개선하며 연방 보안시스템 EINSTEIN의 예방능력 강화 및 보안 전문인력 양성을 위한 투자 증대 등의 세부 계획을 제시한 바 있다.[27] 2016년 12월에는 오바마 대통령 지시로 설립된 국가사이버안보위원회(Commission on Enhancing National Cybersecurity)에서 사이버안보 강화를 위한 6가지 핵심 목표와 권고사항 등을 제시하였다.[28] 나아가

---

25 前 미국 사이버안보센터 및 ICANN의 의장 Rod Beckstrom은 2011년 11월 The London Conference on Cyberspace에서 초연결사회의 3가지 법칙을 제시하였다. 첫째, 인터넷에 연결된 모든 것은 해킹될 수 있다. 둘째, 모든 것이 인터넷에 연결되고 있다. 셋째, 위의 법칙들에 모든 현상은 종속된다. 자세한 내용은 스피치 원문을 참고; https://www.icann.org/en/system/files/files/beckstrom-speech-cybersecurity-london-02nov11-en.pdf. 2017.04.09. 최종방문.

26 권헌영, "정보통신보안법제의 문제점과 개선방안", 정보보호학회논문지 제25권 제5호, 2015, P. 1270.

27 The White House, "Fact Sheet: Cybersecurity National Action Plan", 2016. https://obamawhitehouse.archives.gov/the-press-office/2016/02/09/fact-sheet-cybersecurity-national-action-plan. 2017.04.09. 최종방문.

28 해당 보고서에 따르면 정보 기반구조와 디지털 네트워크 보안 강화, 디지털 환경 및 경제체제의 빠른 성장에 대비한 보안 투자, 디지털 시대의 소비자 교육, 사이버 보안을 위한 인력 양성, 디지털 시대의 안전하고 효율적인 정부, 자유롭고 공정하며 안전하게 경쟁할 수 있는 세계적 디

2017년 1월, 백악관은 트럼프 대통령 취임에 맞추어 6대 국정기조를 발표하고 사이버 위협 대응을 위한 국가 정책의 추진방향을 설정하였다. 해당 문헌은 군사적 역량 강화를 대주제로 하여 사이버 공간을 새로운 전장으로 인식하고, 국가 사이버 보안 강화를 위한 보호조치 마련, 미 사이버사령부의 공세적 역량 강화 및 최정예 인재의 양성 및 지원을 강조하고 있다.[29]

또한 초연결성에서 도출되는 전파성으로 인해 특정 국가나 지역에 행해진 사이버 공격은 국제사회 전체에 대한 위협으로 작용한다.[30] 이에 대비하기 위하여 국제 사회 차원에서도 다양한 민관 협력 논의가 이루어지고 있다. 이미 2001년 체결된 부다페스트 사이버범죄협약(Convention on Cybercrime)은 대표적인 성과이다.[31] 2005년 UN 총회 결의를 통해 설립된 정부전문가그룹(UN GGE)의 활동이나 2008년 UN 국제 사이버보안 다자간 협력기구(IMPACT)의 설립, 2009년 UN 총회에서 사이버 공간 신뢰 구축 및 국가 안보에 관한 논의[32]가 이루어졌던 점 또한 사이버안보에 대한 국제사회의 관심이 지대하다는 점을 보여준다. 나아가 2013년 우리나라에서는 사이버스페이스 총회가 개최되어 사이버 보안, 국제 안보, 사이버 범죄를 의제에 포함하여 논의가 이루어졌다.[33] 2016년 미국에서는 주요기반시설의 사이버안보 논의를 위해 한미일 전문가 워크숍이 개최된 바 있다.[34]

지털 경제 체계를 목표로 하고 있다. 자세한 내용은 U.S. Commission on Enhancing National Cybersecurity, 『Report on Securing and Growing the Digital Economy』, 2016. 참고.

29 The White House, "Making Our Military Strong Again", 2017, https://www.whitehouse.gov/making-our-military-strong-again. 2016.04.09. 최종방문.

30 정준현, "고도정보화사회의 국가사이버안보 법제에 관한 검토", 법학논총 제37권 제2호, 2013, P. 441.

31 장규현, 임종인, "국제 사이버보안 협력 현황과 함의: 국제안보와 UN GGE 권고안을 중심으로", 정보통신방송정책 제26권 제5호, 2014, P. 23.

32 "CYBERWARFARE AND ITS IMPACT ON INTERNATIONAL SECURITY", United Nations, 2009.02.19. New York.

33 사이버스페이스 총회는 2011년 영국 런던에서 처음 개최되었으며, 사이버 관련 경제, 안보, 정치 등 다양한 이슈들을 종합적으로 논의하는 국제회의이다.

34 U.S. Embassy & Consulate in Korea, "U.S.-ROK-Japan Experts Metting on Cybersecurity of Critical Infrastructure", 2016.12.19. https://kr.usembassy.gov/121916-u-s-rok-japan-experts-meeting-cybersecurity-critical-infrastructure/ 2017.04.10. 최종방문.

4. 새로운 문제로서의 사이버보안과 새로운 해결방안으로서의 거버넌스

4차 산업혁명과 초연결사회의 도래로 인해 기존 사이버보안의 관념에 거대한 변화가 요구되고 있다. 앞선 논의들을 정리하자면 사이버보안은 다음과 같은 요인으로 인해 더욱 크고 새로운 위험을 가져다주고 있다. 먼저 4차 산업혁명의 본질과 보안 환경의 변화에 대한 이해가 필요하다. 보안의 개념을 실현하기 위해서는 '무엇'을 '어떤 위험으로부터', '어떻게'보호해야할지 고민이 필요하다.[35] 따라서 보호의 대상부터 정확히 식별하지 못하면 이 후 정리되는 보안 대책은 무용지물이다. 이제는 매체가 아닌 데이터 그 자체를 관리해야 한다는 점에서 보안 기능을 수행하는 주체, 객체들 사이에 새로운 관계 정립이 필요하다. 둘째, 데이터의 활용이 매체를 넘어섰다는 점에서 연결의 무경계성으로 인한 복합적 위험이 실현되었다. 빅데이터 기술의 발전으로 인해 접근할 수 있는 집적된 데이터의 종류는 다양하고 방대하다. 이러한 데이터가 사물인터넷 기술로 인해 국가와 민간, 개인과 사물, 국가와 국가 및 사회의 개별 분야를 막론하고 실시간으로 신속하게 수집, 활용되고 있다. 나아가 네트워크 기반의 연결성은 한 분야에 대한 사이버 위험을 네트워크 전체에 확산시킬 수 있는 환경을 조성하고 있다. 기존의 분절적 대응이 아닌 종합적 대응이 필요하다. 셋째, 사이버보안의 문제는 국가적이며 국제적 안보 위기로 다가왔다. 조직적이든 개인적이든 다양한 위협 요소로부터 수행되는 사이버 공격은 시공간을 가리지 않고 타국 및 기업에 피해를 야기하며 그 책임과 관련한 문제는 범죄인 인도나 관할권 및 국제조사 등 국제법적, 국제정치적 문제를 짙게 담고 있다. 국가 안보 차원에서 개별 국가의 보안 거버넌스 체계가 새롭게 정립될 필요가 있으며, 동시에 글로벌 공동체간의 협력 또한 고려할 수 있어야 한다. 따라서 새로운 공동체 위협이라는 문제에 대한 해결방안은 공동체 협력 모델로서의 새로운 거버넌스 보안 대응 체제를 정립하는 것이다.

---

35 supra note at 26. P. 1270.

제3절

정보보안 추진체계의 혁신과제

1. 기본 방향

(1) 인식과 관념의 혁신

'혁명'에 대응하기 위한 혁신 과제 중 우선되어야 할 것은 전문 분야의 대응 과제라는 인식, 다른 이들이 지켜준다는 인식과 같은 전통적 보안 관념을 타파해야 한다는 점이다. 기존의 보안 관념은 과거 우리나라의 보안 체계 수립 과정에 기인한다.[36] 해방 이후 우리나라의 보안에 관한 인식은 일제와 북한과의 관계 등으로 인해 국가 안보적 관점에서 이루어진 첩보나 방첩에서 시작되었다. 즉, 국가 주도의 막강한 공법적 관계를 보이고 있는 것이다. 한편 경제의 재건을 위한 정보화 집중 전략에 따라 우리는 보안을 정보화의 곁가지로 인식하여왔다. 그러나 이러한 기존의 인식은 앞서 언급하였듯이 현재의 국가 사회 상황과는 맞물려 돌아갈 수 없는 구조를 형성한다.

과거의 보안 관념은 공동체의 생존을 위한 필수 요건이었다. 현재 요구되는 보안 관념 또한 크게 다르지 않다. 보안은 공동체의 존립을 위해 반드시 필요하며 정치, 사회, 경제 구조가 뒤바뀌는 상황에서 이를 함께 이끌어나가는 것은 여간 쉬운 일이 아니다. 따라서 정보보호 문제를 국가 및 기업 등

36 supra note at 26, P. 1271.

개별 공동체의 생존이 걸린 문제로 인식하는 공통의 문제의식이 가장 중요하다.

(2) 최고 의사결정 기구의 핵심 의제 설정

정보보안이라는 목표 달성을 위해 최고 의사결정 기구에 의한 의제 설정과 추진이 필요하다. 현행 거버넌스 체계에서 문제가 되는 점은 정보보안을 담당하는 부서가 공동체의 모든 정보를 보호하고 사고가 발생하면 이에 대한 책임을 전적으로 진다는 것이다. 이러한 구조는 정보보안 인력의 부담을 증대시키고 책임의 문제에서도 동일한 희생양을 지속적으로 양산하는 그림밖에 되지 못한다. 경영의 관점에서 보아도 공동체는 소속된 조직들 간의 소통과 협력, 희생을 필요로 한다. 이러한 점에서 공동체의 목적 달성을 위한 최적의 방안은 부분 최적의 희생이다.[37] 나아가 이를 실현하기 위해서는 강력한 목표 설정과 함께 조직 전체의 방향을 이끌어 갈 수 있고, 그 과정에 조직 간의 소통과 일부 희생을 담아낼 수 있는 지도자가 요구된다.[38] 이를 통해 보안에 대한 중요성을 강조하고 공동체의 전략적 의사결정을 바탕으로 각종 정책의 우선순위를 재설정할 수 있어야 한다.

(3) 기관과 구성원의 유기적 협동

최고 의사결정 차원에서 보안 의제가 설정된 이후에는 누가 어떤 역할을 담당할 것이며, 어떻게 연계할 것인지 구조 정립이 필요하다. 따라서 특정 기관이나 대표자의 역할과 더불어 공동체 구성원의 역할 모델과 협력 모델을 체계화할 수 있어야 한다. 특히 새로운 정보보안 환경은 예측가능성이 낮고 융합성을 보인다는 특징을 고려할 필요가 있다. 결국 이러한 모델은 기능과 역할에 대한 유기적 연계를 도출하고 주기적으로 보안 환경의 변화를 관리할 수 있어야 한다. 이는 기관과 소속 구성원의 지속적인 소통을 통한 유기적 협동이 이루어질 때 가능하다.

---

37 윤양철, "공동체의 전체최적 의사결정을 위한 정보", 서울대학교 경영정보연구소, 경영정보논총 제13권 제1호, 2003, P. 104.

38 Hunt, James G. Leadership: A new synthesis. Sage Publications, Inc, 1991.

(4) 공식 의사결정 과정으로서의 제도화

소통을 실현하기 위해서는 모든 구성원의 의견 수렴이 이루어져야 하고, 이는 상향식 제도화 과정을 통해 실현된다. 이러한 방식은 민주주의의 가치 실현 과정과 궤를 같이 한다. 구성원 전원의 의견을 반영해야 하는 이유는 다양한 의견을 통해 진실을 발견하거나, 소수의 의견을 통해 다수의 의견을 검증함으로써, 결정된 제도에 정당성을 부여하여 종국적으로 진정한 민주주의를 실현할 수 있기 때문이다.[39] 이렇게 정립된 제도는 조직의 강력한 의지에 의한 엄정한 하향식 집행을 통해 상호 의사결정 체계를 형성할 수 있다. 정보보호 거버넌스는 "함께 만들고 함께 지킨다." 는 슬로건을 바탕으로 끊임없이 소통하며 시시각각 변화하는 위협에 대응할 수 있도록 지속적으로 현행화 될 수 있어야 한다.

2. 국가 사이버보안 추진체계 정비

(1) 정부의 사이버보안 기획 조정 기능

국방, 행정, 금융, 교육 등 다양한 분야에서 발생하는 사이버 위협에 대해 종합적이고 체계적인 대응을 위해서는 사이버보안에 전문성을 보유하고 있는 전담 부처를 신설할 필요가 있다. 최고 의사결정 기구에 의한 정책 추진이 요구된다는 점에서 대통령의 리더십 아래 유관 부처의 기능과 업무 및 정책을

39 밀(J. S. Mill)은 다양한 담론을 형성함으로써 공동체의 이익을 이끌어내는 과정에서 구성원 전원의 의견이 묵살되지 않아야 하는 이유로 첫째, 묵살되거나 억압된 의견이 진실일 수 있고, 둘째, 의견이 옳지 않더라도 그 주장과 근거에 일부 진리가 있을 수 있으며, 셋째, 다수 통설이 확실히 옳다 하더라도 반대의견을 통해 검증하지 않으면 대부분의 구성원들은 제대로 이해하지도 못한 채 편견을 형성하게 되고, 넷째, 이로 인해 결과적으로 다수가 공감한 통설은 독단적이며 편견이 가득한 신념으로 인식될 뿐이며, 이성과 경험을 기반으로 이루어지는 신뢰와 확신을 가질 수 없기 때문이라고 주장한다. 따라서 전체의 의견이 검토되거나 반영되지 못한 채 형성된 공론은 진실인지의 여부, 혹은 진실성에 대한 평가가 이루어지지 못한 것으로 결론지어질 수 있다. 이렇게 수렴된 의견을 기반으로 사회 정책이 추진되는 경우 다양한 사회적 비용이 야기될 수 있을 뿐만 아니라 민주주의의 본질적 가치 훼손에 대한 우려 또한 존재한다. 다수 의견의 정당성을 보충할 수 있는 역할이 필요한 것이다. 자세한 내용은 Mill, John Stuart, On liberty, Longmans, Green, Reader, and Dyer, London, 1869. P. 8-95 참고.

일원화할 수 있는 전담조직을 신설하여 국가 사이버안보 정책을 신속하고 효율적으로 수행할 수 있도록 해야 한다. 이러한 과정에서도 앞에서 정립한 의사결정의 기본 방향을 벗어나서는 안 된다. 제도를 수립하는 과정에서는 유관 부처들이 모두 참여하여 의견을 제시함으로써 상향식 제도화를 이끌어내고, 이를 집행하는 과정에서는 새로운 전담조직에 의한 강력한 추진이 이루어져야 한다. 업무 범위 또한 명확히 구분하여야 한다. 청와대 차원에서 설립되는 사이버 보안 전담 조직은 국가 사이버 보안 정책의 기획 조정 기능을 수행하고 분야별 소관 부처에서 시행하는 일선의 업무를 관리 감독할 수 있어야 한다. 나아가 보안 산업 활성화 및 사이버보안 전문 인력 양성과 사이버안보 국제공조 체계 구축, 국내 보안기업의 해외 진출 지원 등 국가적 차원에서 공공과 민간을 구분하지 않고 일관된 추진 체계를 구축, 운영하여야 한다.

(2) 각 행정 분야별 추진 체계 정비

한편 개별 행정 분야 소관 부처들의 추진 체계 정비가 함께 진행되어야 한다. 정부 차원에서 컨트롤 타워 역할을 수행할 수 있도록 기획 조정 기능을 갖춘 전담조직이 신설되었다 하더라도 해당 정책을 일선에서 구현하는 하위 부처들의 추진 체계가 변하지 않으면 의미가 없다. 또한 분야별 특성을 고려하여 그에 맞는 거버넌스를 구축할 수 있어야 한다. 정보 보안은 자기 분야의 전반적인 업무를 정확히 파악하고 있을 때 실현 가능하다. 이들은 조직의 인적 · 물적 · 기술적 · 관리적 취약점이 무엇인지 파악하고 있기 때문이다. 이러한 점에서 지나친 전문가 문화는 오히려 정보보안에 걸림돌로 작용할 수밖에 없는 것이다.

(3) 제도적 기반

법치주의 원리에 따라 국가 사이버보안 체계 정비를 위한 제도적 기반의 마련이 필요하다. 여기서 요구되는 점은 추진 체계 정립의 명확한 근거를 위한 조직법적 성격의 내용과 국가 사이버 안보를 총괄할 수 있는 실정법적 성격의 내용을 포함할 수 있는 제 · 개정이 이루어져야 한다는 것이다. 정부 조직은 행정조직법체계에 따라 정립되며 이는 다시 말해 정부 조직이 헌법의 가치를 구현할 수 있어야 한다는 점을 의미한다.[40] 즉, 법치주의원리에 기인한 행정조직법정주의 실현이 요구된다는 점에서 조직 신설 및 개편 등 추진 체계 정비를 위한 제도적 기반을 마련하는 작업은 투명성, 합목적성, 공정성, 전문성, 효율성과 같은 원리에 입각하여 진행되어야 한다.[41] 이에 따라 가칭 '사이버안보기본법'등 사이버안보를 총괄할 수 있는 법제를 신설하는 방법을 고려할 수 있다. 국가 차원의 사이버 안보 전략이 하위 법규에 근거하고 있다는 점은 사이버 안보 경쟁에서 스스로 뒤처지는 꼴이다.[42] 따라서 앞서 제시한 점들을 종합하여 해당 법률은 전담 부처 설립의 근거, 민간과의 사이버 위협 정보 공유를 주요 골자로 담아야 할 것으로 보인다. 특히 명확한 정의와 권리 관계 정립을 통해 예측가능성을 부여하고, 정보 공유와 조사 등의 내용에 있어서도 본질적 내용을 침해하지 않아야 하며 과잉금지 원칙과 비례성의 원칙들이 준수되어야 함은 물론이다.[43]

40 나아가 우리 헌법 제96조 또한 "행정각부의 설치 및 조직과 직무범위는 법률로 정한다."고 명시하고 있다. 권헌영, 김경열, "정부조직개편과 ICT 규제체계의 개선: CPND와 정부기능배분", 경제규제와 법 제6권 제1호, 2013, P. 180.

41 이원우, "행정조직의 구성 및 운영절차에 관한 법원리 – 방송통신위원회의 조직성격에 따른 운영 및 집행절차의 쟁점을 중심으로", 경제규제와 법 제2권 제2호, 2009, P. 103.

42 현행 국가 사이버 안보 체계는 국가정보원 소관의 「국가사이버안전관리규정」에 근거하고 있다. 이와 달리 미국은 2015년 12월부터 민 · 관 사이버보안 위협정보 공유를 주요 골자로 하는 「Cybersecurity Act of 2015」를 시행 중이며, 일본은 2014년 11월 사이버 보안 추진체계의 근간을 제도적으로 뒷받침하는 「사이버안보 기본법」을 제정하였다. 나아가 최근 중국 또한 2016년 11월 인터넷에 대한 통제 강화를 주 내용으로 하는 「사이버보안법」을 채택, 올해 6월 시행을 앞두고 있는 상황이다.

43 이러한 관점에서 정보 오남용에 대한 감시 및 통제 장치를 통한 투명성 확보가 추가적으로 필요하다. 모니터링 강화, 예측 활동 등 침해 예방적 조치를 통해 정보 수집이 빈번해지고 그 영역이 확장될 우려가 존재하기 때문이다. 이는 권력분립원칙의 목적인 '견제'의 측면에서 보아도 국민의 기본권 침해여지가 다분하므로 사이버 안보에 대한 현실적인 예방활동을 보장하되, 국민의 정보인권의 침해를 최소화하는 형태의 제도적 보완방안을 강구하는 것이 바람직하다. 따라서 전문성 있는 민간 위원이 대규모 참여할 수 있는 제3의 전담 조직으로서 정보인권 침해 신고센터 및 권익 구제 기관을 마련하여 국민의 정보 인권 침해를 통제할 수 있도록 하여 정보인권의 보장과 더불어 국가 기관의 신뢰를 제고할 수 있다.

3. 공동체 구성 주체의 사이버보안 추진체계 정비

(1) 기업의 사이버보안 체계 정립

정보보안 관념의 변화와 함께 이루어지는 최고의사결정차원의 정책 추진은 민간 분야에서도 시급하게 요구된다. 따라서 기업의 최고경영자는 종합적인 정보보호 정책을 수립하여 조직의 정보보호에 대한 의지를 보여주어야 하며, 지속적으로 목적 달성을 위한 정책 추진 관리와 적절한 자원 활용, 위험 관리 정책 등을 감독, 지원할 수 있어야 한다.[44] 나아가 공동체적 관점에서의 대응이 필요하다는 점에서 대표자뿐만 아니라 실질적인 기업의 소유자인 대주주의 책임 강화와 조직 내 의사결정 권한을 가지고 있는 이사회, 임원 등의 역할 강화가 요구된다.[45] 이러한 전략 실현을 위해 법적 책임의 강화를 고려할 수도 있다. 정보보호책임자 및 대표자와 더불어 대주주와 임원들이 함께 정책을 수립하고 책임을 부담할 때 조직의 정보보호 수준은 향상될 수 있다. 긴급한 때에 정부의 개입 근거와 협력체계를 마련하는 것 또한 중요하다. 언급하였듯이 현재의 사이버 위협에 대응하기 위해서는 유기적인 협력이 이루어져야하기 때문이다.

(2) 개인의 사이버보안 기능과 역할

개인이 보안에 대한 인식과 역량을 갖추지 못하면 다른 주체들의 노력은 물거품과 다름없다.[46] 이러한 점에서 개인은 공동체를 구성하는 가장 중요한 주체라고 할 수 있다. 따라서 개인은 주체적이고 자율적인 실천과 의사결정의 행위자인 시민의 지위에서 공동체의 활동에 참여할 수 있어야 한다. 이를 위해서는 먼저 개인의 사이버보안 역량 강화를 위한 노력과 이에 대한 지원이 필요하다. 또한 자율적 규제와 연대를 위한 사회적 기반을 조성해주어야 한다. 자율적 규제와 연대는 민간 단체의 이익관계가 쉽게 반영된다는 점에서

---

44 ME Whitman, HJ Mattord, Principles of Information Security, Cengage Learning, 2011, P. 240.

45 Williams, Paul. "Information security governance." Information security technical report Vol. 6 No. 3, 2001, P. 63.

46 ibid, P. 68.

의견의 주장이나 정책의 집행이 온전한 방향으로 이루어지지 못할 가능성과 더불어 법적, 정치적 판단 및 견제가 어려울 가능성도 존재한다.[47] 그럼에도 불구하고 이를 주장하는 이유는 개인을 사이버보안 환경에서 주체적 위치로 격상시키고, 의무와 책임을 부여하기 위함이다. 앞서 언급한 함께 지키고 함께 만들자는 구호의 실현이다. 따라서 필요할 경우 개인 참여를 의무화하고, 법적 책임 요건을 명확히 하여 시민을 '주체'의 지위로 이끌어낼 수 있어야 한다.

4. 글로벌 협력 추진체계

(1) 정부간 협력

국제적 차원에서 정부간 협력은 크게 두 가지로 구분해 볼 수 있다. 첫째, 공동 연구 등 연구개발 분야에서의 협력이다. 이는 사이버 안보가 글로벌 수준에서 위협받고 있다는 점과 더불어 새로운 사이버 공격 트렌드를 파악하고 국제 공동체 관점에서 신속하게 대응하기 위함이다.[48] 나아가 정부간 이루어지는 공동 연구개발을 통해 국제사회에 미치는 영향을 확장시킬 수 있으며 관련 표준의 정립이나 사고 대응을 위한 기반을 마련할 수 있다. 따라서 이러한 과정의 연장선으로 국제적 조사와 처벌, 응징의 관점에서 사이버 위협에 공동 대응할 수 있어야 한다. 예방적 관점에서는 선제적 사이버공격이나 테러 금지에 대한 합의를 이끌어 낼 수 있을 것이다. 그러나 공동 대응의 핵심은 실제 사이버 위험이 발생한 경우 국제 사회 차원에서 사이버공격의 근원을 확인할 수 있어야 한다는 점이며, 이것이 기술적으로 어려운 경우 제재 조치를 사전에 구상하고, 국가로의 책임 전환을 통해 해결할 수 있어야 한다.[49]

47 Michael, Douglas C. "Federal agency use of audited self-regulation as a regulatory technique." Administrative Law Review Vol. 47 No. 2, 1995, P. 181-191.

48 일례로 2016년 9월, 미래창조과학부와 미 국토안보부(DHS)간 개최된 '사이버보안 정책협의회'에서는 2017년부터 공동연구, CERT 및 산업 협력 등을 추진하기로 합의하였다.

49 권헌영 외, 『사이버공간에서 신뢰구축조치 적용가능성 연구』, 외교부, 2012, P. 118.

(2) 민간 협력

정부 기관 간의 협력이 가지는 한계는 국가간 이익관계를 고려하지 않을 수 없다는 점이다. 이러한 이유로 국제사회에서 이루어지는 논의는 깊은 정치적 문제를 담고 본질을 다루기 어려운 경우도 허다하다. 따라서 기업이나 연구기관 등 민간 차원에서의 공동연구, 인력 교류 및 양성, 기술협력이 이루어지는 경우 이는 국가 기관들의 논의 과정에 반영되어 핵심적 논의를 가능하게 할 수 있다.[50] 이를 위해 민간 협력을 활성화 또는 정례화 할 수 있는 체계를 마련하는 것도 방법이 될 수 있겠다.

---

50 김소정, 박상돈, "국제협력을 통한 사이버안보 강화방안 연구", 융합보안논문지 제13권 제6호, 2013, P. 57.

제4절

결론

빅데이터와 사물인터넷 기술의 발달로 야기된 데이터의 무경계성으로 인해 사이버 위협은 더욱 지대해져만 가고 있다. 새로운 위협에도 불구하고 우리는 구시대의 보안 관념을 떨쳐내지 못하고 있다. 매체 중심적 사고방식을 바탕으로 한 현재의 보안 거버넌스는 개념과 역할의 중복, 권리관계와 의무의 불명확성, 책임의 혼란으로 표현될 수 있다. 특히 사고 대응 위주의 단기적 보안정책을 수립해 온 우리나라는 4차 산업혁명이라는 기술적, 사회적 격변에 따라 발생하는 종합적인 보안 위협에 대응하기 어려운 상황이다. 이러한 분절적 대응 체계에서 융·복합적 위협으로 다가오는 사이버 보안 문제의 해결은 요원하기만 하다.

공동체 위협으로 다가온 사이버보안 문제의 해결을 위해서는 소통과 협력 기반의 공동체 관점에서 대응하는 수밖에 없다. 급변하는 시대에서 보안은 국가사회의 생존과 운영에 필수적인 요소가 되었다는 점을 인식하여야 한다. 기존의 보안 관념을 버리고 주인 의식을 가져야 한다. 따라서 사이버 공간의 구성원 모두가 문제의식을 갖고 의사결정 과정에 참여할 수 있어야 한다. 점적인 대응으로는 융합형 위협에 대응할 수 없다. 국가 혹은 기업 등 조직 전체를 통합적으로 보호하는 면적인 보안 대책의 수립이 필요한 상황이다.

새로운 보안 거버넌스는 함께 만들고 함께 지킴으로써 실현 가능하다. 이를 위해 먼저 보안에 대한 공동체의 문제의식이 형성되어야 한다. 나아가 최고의사결정자가 구성원과의 유기적인 협력을 통해 정책을 구성하여야 하며, 구성된 정책은 최고의사결정자에 의한 컨트롤 타워를 중심으로 일선까지 닿을 수 있어야 한다. 따라서 보안 거버넌스는 엄격한 집행이 가능함과 동시에 관리체계의 투명성과 민주주의에 걸맞은 적합한 지위에서 이루어져야 한다. 이를 현실과 접목시키자면, 국가 차원에서는 대통령이 직접적으로 중심에서 사이버 안보에 관한 정책추진 및 조직 관리를 실현할 수 있어야 한다. 무엇보다 국가 차원의 새로운 사이버 안보 전담 조직은 사이버 안전에 관한 정부 기능의 필요성이 증대되는 만큼 그에 상응하는 위상을 갖출 필요가 있다. 이를 통해 직접 사이버 안전에 관한 사항을 관리하면서 부처 갈등 및 비효율을 해소하고, 종합적인 대응체계를 실질적으로 형성할 수 있을 것이다. 나아가 컨트롤 타워의 지휘에 따라 하위 조직에서는 개별 분야의 전문성과 차별성을 고려하여 그에 맞는 특성 기반의 보안 거버넌스를 정립, 운용하여야 한다. 예를 들면, 융합적 대응이라는 점에서 민간 · 공공 · 국방을 아우르는 종합대응체계 기반 아래 국방 및 사이버 범죄 분야를 분할하여 관리할 수 있다. 사이버 테러 및 전쟁 수준의 침해행위와 사이버 범죄에 대응하는 규범 수준 및 내용은 상이하기 때문에 국방 분야의 특수성을 고려하여 사이버 안보 영역의 경우 국방부를 중심으로 역할을 부여할 수 있는 것이다. 민간 차원에서는 최고경영자와 대주주, 이사진 등이 의무와 책임을 가져야 하며, 개인 또한 사이버 공간의 공동체 구성원으로서 역량을 갖추고 정책 집행에 참여하여 함께 대응할 수 있어야 한다. 한 발 더 나아가, 국제적 차원에서도 국가간 연구개발, 공동 조사와 처벌, 민간 연구기관 및 교육기관, 기업 차원에서 전문 인력의 교류와 양성 및 기술 협력이 이루어질 수 있어야 한다.

참고자료

국문

권헌영, "정보통신보안법제의 문제점과 개선방안", 정보보호학회논문지 제25권 제5호, 2015

권헌영 외, 『사이버공간에서 신뢰구축조치 적용가능성 연구』, 외교부, 2012

권헌영, 김경열, "정부조직개편과 ICT 규제체계의 개선: CPND와 정부기능배분", 경제규제와 법 제6권 제1호, 2013,

김소정, 박상돈, "국제협력을 통한 사이버안보 강화방안 연구", 융합보안논문지 제13권 제6호, 2013

산업연구원, 『사물인터넷 시대 안전망, 융합보안산업』, 2014

윤양철, "공동체의 전체최적 의사결정을 위한 정보", 서울대학교 경영정보연구소, 경영정보논총 제13권 제1호, 2003

이원우, "행정조직의 구성 및 운영절차에 관한 법원리 – 방송통신위원회의 조직성격에 따른 운영 및 집행절차의 쟁점을 중심으로", 경제규제와 법 제2권 제2호, 2009

장규현, 임종인, "국제 사이버보안 협력 현황과 함의: 국제안보와 UN GGE 권고안을 중심으로", 정보통신방송정책 제26권 제5호, 2014

정준현, "고도정보화사회의 국가사이버안보 법제에 관한 검토", 법학논총 제37권 제2호, 2013

한국인터넷진흥원, 『2016 국가정보보호백서』, 2016

한국인터넷진흥원, 『사이버보안체계 강화를 위한 정보보호법제 비교법연구』, 2015

한국정보화진흥원, 『사이버물리시스템(CPS) 기반의 사회시스템 최적화 전략』, 「IT & Future Strategy」, 2015

영문

D. C. Michael, "Federal agency use of audited self-regulation as a regulatory technique." Administrative Law Review Vol. 47 No. 2, 1995

E Felten(a Deputy U.S. Chief Technology Officer), "Preparing for the Future of Artificial Intelligence", U.S. White House, https://www.whitehouse.gov/blog/2016/05/03/preparing-future-artificial-intelligence, 2017.04.07. 최종방문.

G. E. Moore, "Cramming More Components onto Integrated Circuits,"Electronics, 1965

J. G. Hunt, Leadership: A new synthesis. Sage Publications, Inc, 1991.

J. S. Mill, On liberty, Longmans, Green, Reader, and Dyer, London, 1869

K Schwab, "The Fourth Industrial Revolution: what it means, how to respond", WEF, 2016

McKinsey Global Institute, 『Big Data: The next frontier for innovation, competition, and productivity』, McKinsey & Company, 2011.6

M. E. Whitman, H. J. Mattord, Principles of Information Security, Cengage Learning, 2011

M. N. Castellon Machado, "Cyber Security Governance: Securing the European Union's Cyber Domain", Leiden University Master's Dissertation, 2015.

OECD, 『Data-Driven Innovation: Big Data for Growth and Well-Being』, OECD Publishing, Paris, 2015

P Williams, "Information security governance." Information security technical report Vol. 6 No. 3, 2001

Rod Beckstrom's speech in The London Conference on Cyberspace, https://www.icann.org/en/system/files/files/beckstrom-speech-cybersecurity-london-02nov11-en.pdf. 2017.04.09. 최종방문.

R Kurzweil, "The law of accelerating returns." Alan Turing, 『Life and Legacy of a Great Thinker』. Springer, Berlin Heidelberg, 2004

R Roman, P Najera, J Lopez. "Securing the internet of things." IEEE Computer Vol. 44 No. 9, 2011,

The White House, "Fact Sheet: Cybersecurity National Action Plan", 2016. https://obamawhitehouse.archives.gov/the-press-office/2016/02/09/fact-sheet-cybersecurity-national-action-plan. 2017.04.09. 최종방문.

The White House, "Making Our Military Strong Again", 2017, https://www.whitehouse.gov/making-our-military-strong-again. 2016.04.09. 최종방문.

The White House, 『Artificial Intelligence, Automation, and the Economy』, 2016.

United Nations 『CYBERWARFARE AND ITS IMPACT ON INTERNATIONAL SECURITY』, 2009. New York.

U.S. Commission on Enhancing National Cybersecurity, 『Report on Securing and Growing the Digital Economy』, 2016

U.S. Embassy & Consulate in Korea, "U.S.-ROK-Japan Experts Metting on Cybersecurity of Critical Infrastructure", 2016.12.19. https://kr.usembassy.gov/121916-u-s-rok-japan-experts-meeting-cybersecurity-critical-infrastructure/ 2017.04.10. 최종방문.

WEF, 『Global Information Technology Report 2012: Living in a Hyperconnected World』, 2012

WEF 『Risk and Responsibility in a Hyperconnected World: Pathways to Global Cyber Resilience』, 2012

W. H. Dutton et al. "Freedom of connection – freedom of expression.", Report prepared for UNESCOs Division for Freedom of Expression, Democracy an Peace, 2010

Y Dale. "Current definitions of revolution." American Journal of Sociology Vol. 32 No. 3, 1926

기 사

Anmol Sachdeva, "French hosting company OVH suffers world's largest 1 Tbps DDoS attack, launched using 145K IoT device botnet", TheTechPortal, 2016,09,27, https://thetechportal.com/2016/09/28/worlds-largest-ddos-attack-ovh-iot/, 2017.04.08. 최종방문.

C Allen, "Website of Korea retail giant Lotte hacked in China", UPI, 2017.3.1., http://www.upi.com/Top_News/World-News/2017/03/01/Website-of-Korea-retail-giant-Lotte-hacked-in-China/3071488387209/, 2017.04.04. 최종방문.

C Toni, V Dustin, "Trump acknowledges Russia role in U.S. election hacking: aide", REUTERS, 2017.1.9., http://www.reuters.com/article/us-usa-russia-cyber-idUSKBN14S0O6, 2017.04.03. 최종방문.

Li Yuan, "China Gears Up in Artificial-Intelligence Race", 2016.08.24., The Wall Street Journal, http://www.wsj.com/articles/china-gears-up-in-artificial-intelligence-race-1472054254, 2017.04.07. 최종방문.

Mark Zastrow, "South Korea trumpets $860-million AI fund after AlphaGo shock", 2016.03.18., Nature, http://www.nature.com/news/south-korea-trumpets-860-million-ai-fund-after-alphago-shock-1.19595, 2017.04.07. 최종방문.

S Livia, "Team of hackers take remote control of Tesla model S from 12 miles away", theguardian, 2016.09.20., https://www.theguardian.com/technology/2016/sep/20/tesla-model-s-chinese-hack-remote-control-brakes, 2017.04.07. 최종방문.

찾아보기

한글 찾아보기

ㅈ

영어 찾아보기

T

U

W

기타

스마트 지능정보시대 혁신을 위한 정책

2017년 6월 15일 | 1쇄 인쇄
2017년 6월 20일 | 1쇄 발행

지은이 | 김동욱 외 지음
발행인 | 김은중
발행처 | 서울경제경영출판사
북디자인 | (주)우일미디어디지텍

주 소 | 03767 서울시 서대문구 신촌로 205, 506호
전 화 | 02)313-2682
팩 스 | 02)313-8860
등 록 | 1998년 1월 22일 제5-63호

ISBN 978-89-97937-61-5 • 93350 • 정가 20,000원

※ 이 책은 2014년 정부(교육부)의 재원으로 한국연구재단의 지원을 받아 수행된 연구임(NRF-2014S1A3A2044645)